复旦政治学评论

FUDAN POLITICAL SCIENCE REVIEW

Vol.20 / 2018

《复旦政治学评论》第二十辑 / 2018 年
FUDAN POLITICAL SCIENCE REVIEW Vol.20/2018
主办单位：复旦大学国际关系与公共事务学院

政治发展新战略：回归与超越

复旦政治学评论

第二十辑

复旦大學出版社

Contents

专　论

治国安邦：当代中国政治形态定型*

林尚立

[内容提要] 当代中国政治形态在不断发展演变中逐渐走向定型。政治发展层面上，政治建设的发展与国家建设的结构性拓展，推进中国政治形态从转型迈向定型。政治体系层面上，在人民当家作主和依法治国趋向定型的趋势下，党的建设就成为中国政治形态定型的关键与根本，党需要通过自强方略时刻保证政治本色和先进性。国家治理层面上，中国政治形态的定型依赖于国家治理体系与国家治理能力的现代化建设。政治意识层面上，中国政治形态的定型依赖于国家和人民自信的回归与认同的深化，把认同建立在“四个自信”的基础上。世界层面上，中国政治形态的定型建立在中西文明“体”关系的基础上，通过创建“命运共同体”，保证中西文明的和谐共生。

[关键词] 政治形态　定型　政治发展　党的建设

政治的功能在于创造秩序，政治的使命在于促进发展。治国安邦的最理想状态就是国家始终处于秩序与发展的持续互动、相互促进之中。任何国家的政治建设和发展，都会有自己的价值和目标追求，但评判其实际成效的，还主要看其是否具有创造秩序、促进发展的能力，是否达到治国安邦的水平。政治是国家的上层建筑力量，其存在与发展不是孤立的，只有确立在一定经济基础之

---

* 林尚立，复旦大学国际关系与公共事务学院。本文是作者2017年为《当代中国政治形态》修订而增补的一章，成书前文稿寄送本刊未曾刊用。为纪念改革开放四十周年，编辑部经天津人民出版社同意，按照原稿并对文字略加改动刊发于本辑，特此向天津人民出版社和作者致谢。刊用稿未经作者审阅。

上并与之相适应才能得以存续和发展。因此,政治发挥功能、履行使命的首要前提是与现实的经济基础相适应,并在这个基础上不断实现自我完善、自我提高、自我定型和自我巩固。

在现代政治发展中,从传统迈向现代是一个飞跃;从建构现代政治到定型现代政治又是一个飞跃。世界上任何一个比较成熟的现代国家,无不经历这两个历史性飞跃。中国的第一个飞跃可以说是从戊戌变法到中华人民共和国成立。戊戌变法拉开了用现代政治改造中国千年帝制的序幕;变法失败后,经过辛亥革命推翻帝制,孙中山开启中国现代民主共和道路;最后,通过新民主主义革命,中国共产党领导人民实现国家独立、民族解放、人民自由,建立了中华人民共和国,确立了社会主义的民主共和政治。中国政治实现第二次飞跃性发展的历程始于 1954 年中华人民共和国宪法的颁布,①这部宪法明确了社会主义中国的国家制度体系和政治制度架构。从此以后,中国发展的基本使命就是用这新型的政治制度去创造社会主义经济与社会的发展,并逐渐形成政治、经济与社会相互协调的发展局面。在这个过程中,我们虽然遇到了挫折,但很快就找到了中国特色社会主义发展道路。在中国特色社会主义实践中,中国共产党领导的改革确立了以社会主义市场经济为取向的现代经济体系,并在深化政治体制改革和推动政治形态转型中,明确了与之相对应的社会主义基本政治形态,即党的领导、人民当家作主和依法治国相统一的政治形态。中国进入 21 世纪以来的成功发展表明:经济形态的变革和政治形态的转型,有效保证了中国经济与社会的快速发展,使党、国家和人民确立起了自己的道路自信、理论自信、制度自信和文化自信。正是在这个基础

① 1949 年中华人民共和国成立,《共同纲领》已明确未来国家的基本架构,但毕竟《共同纲领》还仅仅是一个过渡性的纲领,而且这个时候国家内部还有一些地方尚未建立新生的政权,所以 1949 年至 1954 年应属于政权确立和巩固时期。1954 年颁布宪法,不仅使政权拥有绝对的合法性,而且也系统建构了社会主义中国的现代政治体系。

上，中国政治形态迈出了向定型化发展的步伐，为最终完成第二次历史性飞跃而努力。

在推动中国改革开放和政治建设的实践中，中国共产党很早就把促进国家制度定型作为改革发展的内在使命。邓小平在1992年不仅明确表达了对国家制度定型的期待，而且给出了一个时间估计——三十年。他说："恐怕再有三十年的时间，我们才会在各方面形成一整套更加成熟、更加定型的制度。在这个制度下的方针、政策，也将更加定型化。"①在经历了1992年之后的中国二十年大发展之后，2013年党的十八届三中全会将最终实现这个任务全面提上议事日程，开启了以完善和发展中国特色社会主义制度，推进国家治理体系和治理能力现代化为总目标的全面深化改革。这场全面深化改革，将通过顶层设计、全领域改革来体现其全面性；将通过敢涉深水区、细耕基础制度体现其深化性，从而在健全制度体系、稳固制度根基、优化制度功能、提高制度能力的基础上，推动整个国家制度体系的成熟和定型。

一、政治建设与国家建设

在中国政治发展中，改革开放的推动作用是决定性的，改革每向前推进一步，都给中国的政治发展提供新的基础、新的动力和新的平台，促进政治形态转型、优化与巩固。20世纪90年代以来，社会主义市场经济体制的确立，引发了中国社会结构深刻变化，给中国政治发展提供了全新的经济与社会基础；而在此基础上进行的治国方略转变，将中国民主政治建设与建设社会主义法治国家

① 《在武昌、深圳、珠海、上海等地的谈话要点》，载《邓小平文选》(第3卷)，人民出版社，1993年，第372页。

紧密地联系起来，使中国政治形态建设跃升到一个新境界。在中华政治文明发展史及在世界社会主义政治发展史上，20 世纪 90 年代的这两次深刻的变革都是革命性和开创性的。中国政治形态的转型和发展因此全面迈向现代、科学与民主，朝着能够与经济、社会和文化有机互动、相互促进，进而不断完善的方向发展。

所以，进入 21 世纪后的第一次党的全国代表大会，即党的十六大，用一个新的概念与二十年“政治体制改革”概念平列，这就是“政治建设”，提出了“政治建设与政治体系改革”，从而把“政治体制改革”置于“政治建设”的框架中，而这个“政治建设”使命就是坚持中国宪法和政治制度，“借鉴人类政治文明的有益成果”，“建设社会主义政治文明”。①党的十六大报告不仅在政治领域用这个逻辑，在经济和文化领域也用这个逻辑，从而构筑出了国家发展的新逻辑框架，即：以创造新文明为目标、以建设新体制为使命、以深化改革为途径，在改革中建设以社会主义市场经济为基础的经济、政治和文化。相较于之前的发展战略与实践，显然这个逻辑框架力图使改革与国家发展朝着能够建设新体制、形成新形态的方向发展。于是，改革的取向就从破旧转向立新，即从改旧制转向了立新制，以新制替代旧制或补旧制的漏缺，完善和充实整个制度体系。

在此后出现的国家建设的结构性拓展中，这个变化得到进一步增强，从而真正开启了中国政治形态从转型迈向定型的发展历程。尽管党的十六大将所有的改革都置于“建设和创造文明新成就”的战略逻辑中进行，但是整个国家建设的基本框架依然是“三加二”的框架，即经济建设、政治建设、文化建设加上国防建设和党的建设。其中，经济、政治与文化三大建设布局，是依据毛泽东在 1940 年的《新民主主义论》中提出的未来新国家要建立新民主主

① 《江泽民文选》(第 3 卷)，人民出版社，2006 年，第 553—558 页。

义经济、政治和文化的构想框架演化而来的，[①]学界习惯上把这个框架视为“三位一体”的国家建设框架。但到了党的十七大，在建设社会主义和谐社会的大战略下，这个国家建设框架就从“三位一体”发展为“四位一体”，加上了“社会建设”。虽然党的十七大报告提出的社会建设是以民生建设为重点，但其对社会组织功能与地位的认可，对社会结构分化以及对“人们思想活动的独立性、选择性、多变性、差异性明显增强”这一事实的强调，[②]则从社会建设的角度给政治建设提供新基础的同时，也提出了新要求和新任务。

在“四位一体”的国家建设框架中，政治建设不仅仅要考虑经济建设、文化建设对政治的要求，而且要充分考虑社会建设对政治的要求。在社会主义市场经济条件下，随着社会成员和社会组织日益具有独立性和自主性，随着社会阶层结构与组织结构分化的不断深入，国家与社会关系、党与群众的关系以及社会内部各阶层的关系都在发生深刻的变化。政治体系要容纳和适应这种变化，建设和发展必须深化：一是要进行更为深刻的体制机制变革，以适应社会对民主化和法治化的新要求，如政府社会管理体制中的公众参与问题、发挥社会组织作用问题等；二是要整体提高党的执政能力和国家治理能力，以保障党和国家既能放活社会、激发个人的活力和创造性，同时又能更好地服务人民和治理社会；三是要把民主与法治更加紧密地结合在一起，用法治来保障民主，用民主来深化法治。显然，有了这样“四位一体”的国家建设框架，政治体系和整个政治形态的定型也就有了更完备的行动框架和更加扎实的现实基础。所以党的十七大再次明确了党的十六大提出的中国社会主义民主政治的内在结构，即党的领导、人民当家作主和依法治国三者有机统一，同时也更加坚定了中国特色社会主义政治发展

① 《毛泽东选集》(第2卷)，人民出版社，1991年，第672—698页。
② 《胡锦涛文选》(第2卷)，人民出版社，2016年，第622页。

道路。

可见，迈入21世纪后，中国的政治发展形成了三个鲜明的新特点：一是从单纯的体制变革开始逐渐转向整体性的体系建设，如基层社区治理体系、预防与惩治腐败体系、政府依法行政体系以及国家治理体系等；二是从权力优化与管理强化开始逐渐转型为整体的能力建设，如党的执政能力建设、国家治理能力建设等；三是从理论上强调中国政治发展特色规定逐步走向积极开发中国政治的特色优势，如在民主集中制原则上开发出来的党总揽全局、协调各方的领导方式，以及在人民民主实践中全面开发出社会主义协商民主等。体系的建构、能力的建设和功能的开发，极大地推动了中国政治形态的自我健全和完善，使其更加系统、更有基础、更能平衡。

改革开放以来，中国共产党始终从国际和国内发展的两个大局把握中国社会进步与发展的进程，不仅在每十年一个执政周期中，而且在每五年一个中期发展计划中，都会在坚持党的基本路线前提下形成新的发展布局，提出新的发展任务，从而在更广的领域、更深的层次上，以更高的标准推进改革和发展。这种执政和治国模式是世界上绝无仅有的。党的基本路线，就是以经济建设为中心，坚持四项基本原则，坚持改革开放，这个“一个中心、两个基本点”的基本路线，保证了中国发展的大思路、大原则、大方向，对整个国家建设来说，这既是基础和底盘，同时也是方向和战略。“一个中心、两个基本点”基本路线的行动哲学，实际上就是一个以不变的使命促进大胆创新、以不动摇的目标谋求持续发展的哲学。不变的是精神和原则，不动摇的是根本与目标，大胆创新的是思想、理论、制度与科技，持续发展的是整个社会主义现代化事业。正因为有不变的立足点和不动摇的目标，才有安定团结，才有战略定力，才有全局秩序，从而为改革和创新提供扎实的基础和良好保障；正因为有不动摇的决心和毅力，发展才能可持续，活力和动力才能获得持续集聚。改革开放以来，中国之所以能够实现快速的发展，与中国共产党这种绝无仅有的执政和治理模式所创造的持续性、累积性、倍增性的发展模式有直接关系。在这样的模式下，政治建设与发展也就自然形成了固根本、强体系、重协调的发展模式。这就使得围绕政治建设所展开的任何重大政治变革，都不可能动摇政治制度的根本和政治体系的基本架构，相反，只会使其更加充实、合理和完善。这样的政治建设和政治发展每向前迈进一步，都将进一步促进政治形态的定型。

党的十八大进一步充实国家建设的结构布局，将“四位一体”发展为“五位一体”，在原有的四大建设基础上，加上了“生态建设”。“生态建设”本质上是协调人与自然的关系。没有良好的生态，人不能生存，社会也不能存在。国家要保障社会、维护个人的生存与发展，不仅要在社会空间中创造人与社会、人与人的秩序，而且要在自然空间中创造人与自然的秩序。历史上许多国家的毁灭，都多少与国家无力解决人与自然的关系有直接原因。任何生存危机都会导致政治危机，一旦人与自然的关系出现了严重的生存危机，其对政治的冲击和破坏往往是致命的。所以，将生态建设纳入国家建设范畴所具有的意义不仅在生态本身，更为重要的是在人的生存、社会和谐和国家稳定这些重大问题上，具有深刻的政治意义。

在这样“五位一体”的国家建设中，中国政治建设，既要考虑经济建设、社会建设、文化建设和生态建设对政治建设的要求，同时也要服务于这四大建设。这种相互作用、相互决定的互动关系，既扩充了政治形态的结构，也强化了政治形态的基础，使政治形态在服务多方需求中更加充实和完善，在多维力量的作用下更加现代和稳定。政治建设推进了国家建设，反过来国家建设也深化政治建设。当代中国政治形态将在这种相互推动、共同前进中趋向定型。

二、党立于不败之地的自强方略

在中国的政治逻辑中,政治形态的定型化发展,既需要比较定型的经济与社会基础,同时也需要比较定型的政治体系。中国政治体系是以人民为中心,以宪法和制度为根本,以党的领导为核心建构起来的,形成了党的领导、人民当家作主和依法治国三者统一的结构形态。政治体系的定型化,离不开党的领导、人民当家作主和依法治国三者有机统一的定型化发展。到目前为止,党十八届四中全会提出的全面推进依法治国和建设社会主义法治体系的法治国家建设战略部署,对整个国家的法治体系和治理体系提出了更为细化的改革要求和健全举措,涉及改革和建设的领域近 200 项,这将在价值、组织、制度和运行等多层面上进一步充实和规范社会主义法治国家建设,努力将我国建设成为一个结构合理、系统有效、功能到位的法治国家。与此同时,中国共产党在人民群众实践基础上,从党的群众路线、人民共和的协商传统以及广泛公民参与的综合实践中,系统地培育和开发出了中国特色的社会主义协商民主,其广泛、多层次地展开,将为人民民主提供更为切实有效的实践形式,在具体的实践层面上为中国政治形态的定型化发展提供有效的实践平台和基础性支撑。在人民当家作主的实践形式和依法治国的法治体系都趋向定型化的大趋势下,进一步深化党的建设,巩固党的执政基础,提高党的领导和执政能力,就成为巩固政治体系、推进政治形态定型化的关键与根本。党的十八大之后,党的建设全面落实于从严治党的战略布局之中,与有效实践人民民主和全面依法治国一起,共同支撑和推动全面深化改革大战略,共同服务和贡献于国家治理体系和治理能力的现代化。

党的建设问题始终是党领导革命、建设和改革的基本问题,是党成立近百年来始终坚持的基本方略，是党长期持续进行的“伟大工程”。①在这持续不断的自我建设、自我革新、自我完善、自我提高中，中国共产党从弱小走向强大，从边缘走向中心，从封闭走向开放，从革命走向执政，从摸索走向自信，从被封锁走向赢得世界尊重。伴随着中国共产党强大及其对中国革命、建设和改革的有效领导，中华五千年文明得到延续，中华民族在现代化大转型中依然维系一体，社会主义在中国的实践冲破重重阻力，在自我探索和实践中走出了中国特色社会主义道路，使人口最多的国家成为世界第二大经济体。党的建设，不仅成就了一个伟大政党，而且也成就了一个伟大的社会主义的中华人民共和国。

历史实践证明，中国共产党是具有高度领导力、创造力和治理力的政党。这是中国共产党在百年的探索和实践中所形成的区别于世界上所有其他政党的独特品质和能力，其根植于中国共产党在革命、建设和改革的长期实践中所形成的稳定而持久的自强方略。党的自强方略，确保党能够在任何时候都能够进行自我净化、自我完善、自我革新和自我提高，始终保持其根本政治本色和党的先进性，使当代中国政治形态成为拥有生机活力的新型政治形态。中国共产党持续不断进行的“伟大工程”和在这个过程中形成的自强方略是有机统一的，没有“伟大工程”的持续进行，就形不成自强方略，反过来，没有自强方略，“伟大工程”也就不可能随着时间的推移而不断深入、不断系统化。只要中国共产党能够不断地传承和弘扬自强方略，持续地推进“伟大工程”，中国共产党就能立于不败之地，就能不断地实现自我革新和发展。一个国家完全有可能在世界上长期稳定地存在，并不断向前发展，像中国共产党这样旨在实现国家持续稳定发展的政党，也能够在这个世界上长期稳定

① 1939年，在党成立18年后，毛泽东在《共产党人》发刊词中，把党的建设视为一项“伟大的工程”。改革开放后，党把这项工程定名为“新的伟大工程”。

地存在,并不断向前发展。任何人从中国共产党的自强方略中都应该能够得到这样的结论。中国共产党的自强方略由以下六方面内容构成。

第一,生于忧患。中国共产党是一个具有高度忧患意识的政党,其品质源于中国人千古不变的信念,即生于忧患,死于安乐。中国共产党诞生于民族危难之机、山河破碎之时,其与生俱来的使命就是要解决民族与国家的生存和发展问题。近百年来,中国共产党在任何时候都把这个问题置于心中,并抱有强烈的忧患意识,认为党如果不关注、不全力解决这个问题,党、国家和民族就会面临风险和危机。在长期的探索和实践中,中国共产党在这个问题上形成了十分科学的战略把握路径,具体包含三个方面:一是始终把人民或者人民中最活跃的力量作为保障国家与民族发展依靠的力量,为此,要全力集聚或激发这种力量。二是始终从国情和具体实践中探索适合中国发展的道路,其思想路线就是实事求是,把实践作为检验真理的唯一标准。三是任何时候都要明晰国家与社会发展的战略重心,并紧紧抓住不放,例如在革命时代强调武装斗争的重要,明确枪杆子里出政权;在改革年代,强调要解放和发展生产力,强调没有现代化就没有社会主义。

第二,担当先锋。中国共产党之所以能够从一个边缘性的政党发展成为领导中国工人阶级革命、领导中华民族独立、领导人民解放运动的核心性政党,并最终成立中华人民共和国,最根本的一点就是中国共产党始终把自己定位为这个国家、这个民族的先锋力量,担当起凝聚人民、引领发展、开创局面的先锋队角色和使命。中国共产党之所以能成为先锋队,担当先锋作用,除了与中国共产党自身拥有的先进性有关之外,还与中国社会从传统迈向现代需要这样的先锋力量支撑有直接关系。中国从半殖民地半封建社会迈向民主共和的现代社会,面临两大任务:一是摆脱帝国统治;二是实现从传统社会向现代社会整体转型。孙中山先生在不断受挫的革命实践中发现，完成这两大任务的最迫切需要是生成现代政治力量，这就是先进的革命党。为此，孙中山先生改组了国民党，希望国民党能够担负起这个角色。①但后来的国民党仅仅是获取了政权，却没能成为推动国家和民族现代转型的先锋力量。只有中国共产党在马克思主义思想指导下，不仅把自己定位为中国工人阶级的先锋队，而且把自己定位为中华民族的先锋队、中国人民的先锋队，并在此后的革命和建设中，始终以先锋队的要求来建设、完善和提高自己。先锋队，既要能够担当，又要能够引领，其本质就是要成为国家和民族的引领推动力量，支撑发展的全局，把握国家和民族的前途命运。所以，中国共产党的领导带给中国社会的，不仅是轴心力量，而且也是引领力量。这要求中国共产党必须时刻从这个角色和功能定位来完善和发展自己，而不能仅仅从一般的执政党身份来要求自己。为此，中国共产党在任何时候都把不断提高自我净化、自我完善、自我革新、自我提高、自我建设能力作为党建的重要内容，并不断努力将其内化到党的组织机体、制度体系和党内生活的方方面面，真正成为中国共产党内在的生存方式和发展机制。

第三，自主建制。中国共产党不是因议会政治而产生的，而是因民族救亡图存、国家现代转型的内在需求产生的，与生俱来的使命不是像西方政党那样通过议会政治谋得权位，而是领导人民建设现代国家，并推动国家发展和民族复兴，其具体实践集中于建构国家制度，确立国家发展战略。从中国共产党近百年的奋斗历程和中华人民共和国六十多年的发展来看，中国共产党始终坚持独立自主地建构党和国家制度，独立自主地确定国家发展战略。在这种实践中，中国共产党始终将建党、建军和建国三者有机统一在一起，进而在执政条件下，也坚持治党、治军和治国三者的有机统

① 《党义战胜与党员奋斗》，载《孙中山选集》，人民出版社，2011年，第572页。

一。在自主建构党的领导体系、现代军队体系和现代国家体系的过程中,中国共产党始终坚持从中国国情和发展实际需要出发,从保障中国内在统一和形成强大发展力出发,在自我探索实践的基础上,通过吸收人类现代文明的优秀成果,形成了中国特有的政治体系和制度框架。改革开放以来的发展证明,这套自主建构的政治体系和制度框架,既具有现代性,又具有中国特色;既体现社会主义制度的优越性,又具有创造治理与发展的有效性;既具有内在的统一性和稳定性,又具有能动的自我完善性和与时俱进性。中国共产党认为这种自主的制度建设,不是一时的行为,而是与领导和执政相伴始终。对此,中国共产党明确改革开放中形成的党的基本路线将长期坚持,永不动摇,因为这条基本路线把坚持经济建设、坚持改革开放、坚持党的领导、坚持社会主义都统一在一起,使自主建制获得强大内生机制,保证制度建设和健全能够持续不断地进行。

第四,开放开拓。中国共产党具有很强的自主性,强调维护人民主权,坚守党的领导权。但是中国共产党并不因此而成为封闭性的政党,相反,党始终把对外部力量开放作为开创新伟业的根本前提。在党领导革命、建设和改革的历程中,先后经历过三次大的开放行动,每一次开放都给党的事业开拓出崭新的局面。第一次是党在领导长征到达陕北后,明确提出反对关门建党,主张开门建党,建立广泛的民族革命统一战线,这次开放不仅使党从工人阶级先锋队跃升为中华民族的先锋队,而且也使得党通过统一战线这个集聚力量的机制逐渐从边缘移向中心,为全面领导和推动抗日斗争,为全面把握中国革命的进程和前途创造了大格局。第二次是中华人民共和国建立后,在“一边倒”的战略下,党推动中国向社会主义世界开放,打破了西方世界的围堵,巩固了新生的社会主义政权。第三次是改革开放之后,党领导人民向整个世界、向人类文明开放,中国因此融入世界,世界因此走进中国,中国不仅实现了前所未有的快速发展，积蓄了实现中华民族伟大复兴的强大力量，而且在成为世界第二大经济体的同时，也在世界舞台上巩固了中国特色社会主义，开辟了人类社会主义事业发展的新境界。这三次开放及其取得的成功，从根本上塑造了中国共产党独特的品质，即以开放谋开拓创新，以进取谋与时俱进。有了这种品质，党、国家和人民就具有不竭的生命力和创造力。

第五，本立道生。中国的为人之道是：君子务本，本立而道生。①这也同样可以成为为政之道，其精神就是：为政要务本，本在治国安邦，国泰民安；务本在求索治国安邦、国泰民安之道。深谙中国千年治国之道的中国共产党，始终把求索中国发展面临的根本问题作为为民执政，为天下开太平的基本前提。不论是革命年代，还是建设和改革年代，中国共产党都努力求索事业发展面临的根本问题，并给予科学的回答和形成系统的实践方案。中国共产党执政至今，先后成功探索了三个根本性的重大理论和实际问题，分别是：什么是社会主义，怎样建设社会主义？建设什么样的党，怎样建设党？实现什么样的发展，怎样发展？今天新一代中央领导提出了第四个重大问题：怎样治理社会主义大国，怎样实现国家治理体系的现代化？这些问题的探索和回答，既巩固了党和国家的根本，也找到了推进党和国家事业发展的正确之路，可谓“本立而道生”。

第六，敢于胜利。纵观中国共产党的历史，中国共产党领导中国革命、建设和改革发展的整个过程，实际上是一个不断突破各种围堵、不断战胜各种困难，敢于追梦、敢于胜利的奋斗过程。在这个过程中，中国共产党形成了鲜明的领导和执政风格，即不畏一切艰险、不被任何围堵所困，敢于突破，敢于胜利。从突破战争年代的反围剿到今天突破崛起过程中的各种围堵，中国共产党始终保

---

① 《论语·学而》。

持着敢于突破、敢于胜利的强大自信心和勇往直前的奋斗精神。这种领导和执政风格是建立在中国共产党始终坚持立根本、讲大义、走大道之上的。立根本，即立足自己，巩固核心，做好自己的事，走好自己的路。讲大义，即始终从民族大义、人民大利出发把握问题，掌握进退。走大道，即遵循事物发展规律，其中主要包括党的执政规律、社会主义建设规律、人类社会发展规律，顺应人类发展潮流，把握国际国内发展大局。这种立大志、谋大智、强自信、敢胜利的领导和执政风格，从精神气质上塑造了中国共产党自强不息的政治品格。

2004 年，中国共产党在《关于加强党的执政能力建设的决定》中明确写道："党的执政地位不是与生俱来的，也不是一劳永逸的。我们必须居安思危，增强忧患意识，深刻汲取世界上一些执政党兴衰成败的经验教训，更加自觉地加强执政能力建设，始终为人民执好政、掌好权。"①可以说，这是中国共产党立于不败之地的根本思想基础。有了这个思想基础，其自强方略就能真正保障其长期领导和长期执政。

三、国家治理体系和治理能力现代化

现代国家的成长有其内在的逻辑与进程。纵观世界各国，可以发现两个事实：其一，所有比较成功迈向现代化的国家都有经历国家治理体系和治理能力现代化的实践；其二，并非所有处于现代化进程中的国家都具备条件进行国家治理体系和治理能力现代化的实践。这两个事实表明，不进行国家治理体系和治理能力现代化，国家就不可能迈向成熟和定型；而只有发展到一定程度，国

---

① 2004 年 9 月 19 日中国共产党第十六届中央委员会第四次全体会议通过的决定。

家才有可能进行国家治理体系和能力现代化的实践。从这个意义上讲，国家治理体系和治理能力现代化的实践，本质上是国家在实现有效发展的基础上迈向成熟与定型的建设和发展。

基于简单的比较分析，可以把现代国家成长分为四个阶段。第一个阶段，建构政权与制度阶段，其行动主要是两个：变革（或革命）与立宪，主要解决权力从何而来、权力如何配置、权力作用何方。第二个阶段，制度整合国家阶段，其行动是构建有效的中央政府与实现内部的制度和政令统一，主要解决制度一体化、国家一体化和中央政府有效化。第三个阶段，经济与社会迅速成长阶段，其行动主要是推动经济快速发展，通过制度和政策维系不断分化的社会，主要是解决经济发展的基础体制和内在结构，推动正在发育和成长的社会形成内在的治理体系。在第三个阶段，现代国家借助统一的制度、国际国内市场和有效的中央政府，在推动经济与社会快速发展的同时，也迅速积累起现代国家生存与发展所需要的基本资源和财富。但也正是在这个阶段，经济力量的迅速成长与社会分化的不断深入对国家既有制度及其能力提出了新的要求和新的挑战，这就要求国家建设必须进入第四个阶段，就是充实和完善既有的制度体系，开发既有制度体系的内在功能，使既有的制度体系既能充分发挥出其应有的功能，又能有效整合各方力量构建多方合作的治理体系，把市场、社会与国家的力量整合为一个整体，共同治理和保障经济与社会，共同推动国家全面走向繁荣。这第四个阶段，中国共产党称之为国家治理体系和治理能力的现代化。在美国的历史上，这第四个阶段就是美国历史上著名的“进步时代”。[1]如果用所谓的“跨越中等收入陷阱”理论来看，这第四阶段就是国家“跨越中等收入陷阱”的政治努

---

[1] 参见马骏：《经济、社会变迁与国家治理转型：美国进步时代的改革》，载马骏、刘亚平主编：《美国进步时代的政府改革及其对中国的启示》，格致出版社、上海人民出版社，2010年，第13—70页。

力与实践,①因而其成败将直接关系国家是否能够最终崛起,关系国家是否能够进入可持续发展稳态,关系国家是否能够全面趋向成熟与定型。

经过六十多年的建设和发展,尤其是经过改革开放以来的巨大进步与发展,中国全面融入世界发展潮流,全面确立社会主义市场经济制度,在政治、经济、社会和文化等领域都实现了高速发展,迎来了迈向国家全面崛起和中华民族伟大复兴的发展新时代。这样的发展基础和时代背景顺理成章地将中国的国家建设推进到关键的第四个阶段,即实现国家治理体系和治理能力现代化的阶段。中国共产党在2013年的十八届三中全会上将这个阶段的任务定位为全面深化改革的总目标。对此,本次大会通过的《关于全面深化改革若干重大问题的决定》给出了完整的阐述:"全面深化改革的总目标是完善和发展中国特色社会主义制度,推进国家治理体系和治理能力现代化。必须更加注重改革的系统性、整体性、协同性,加快发展社会主义市场经济、民主政治、先进文化、和谐社会、生态文明,让一切劳动、知识、技术、管理、资本的活力竞相迸发,让一切创造社会财富的源泉充分涌流,让发展成果更多更公平惠及全体人民。"结合《决定》的整个报告,这段阐述揭示了中国共产党通过国家治理体系和治理能力现代化来定型国家制度和政治形态的基本战略原则和实践路径,具体体现在以下四个方面。

第一,以坚守和发挥既有制度为出发点,以完善和巩固既有制度为归属点。中国特色社会主义制度是中国共产党在领导人民长期奋斗中形成的现代制度,既体现了人类社会发展的根本价值追求,又体现了社会主义社会的内在要求,既符合世界发展潮流,又

---

① 参见郑秉文编:《中等收入陷阱——来自拉丁美洲的案例研究》,当代世界出版社,2012年。该书从国际比较和中国视角多维度地考察和分析了"中等收入陷阱",其中包括从政治学的角度来分析这个问题。

符合中国国情，实践证明其是具有鲜明中国特色和社会主义优越性的好制度。半个多世纪的实践，实现了千年文明国家的整体现代转型，使五千年的中华文明获得了现代发展，推动了世界上人口最多的国家迈向全面小康社会，创造了十几亿人全部脱贫的伟大创举。不论从哪个角度讲，这个制度都是有效的。然而，有效的并不等于就是完善的。不论是现代化实践，还是社会主义探索，中国都还有处于初级阶段，还需要长时间的建设和发展，其制度建设和成长也需要更全面、更深入的展开。既有制度的有效性和适应性，决定了中国在任何时候都必须坚守既有制度，发挥既有制度的优越性和创造力；而既有制度不完善、不健全的现实状况，也决定了中国改革和现代化的建设实践都必须以完善和巩固既有制度为内在使命，并由此来推动制度的成熟和定型。国家治理体系和治理能力现代化的内在使命就是完善和发展中国特色社会主义制度。这是推动中国政治形态定型化发展的根本和基础。

第二，以创新和建构基础性的体制机制为改革重点，以深化制度、体制、机制的系统性、整体性、协同性为改革使命。不论是国家的组织，还是国家的治理，其对规则或制度的需求均包含三个层面：一是制度，其使命就是对国家权力进行整体配置和功能定位，通过宪法性的制度安排来确立；二是体制，其使命是规范权力具体运行的形式和程序安排，如普选制、预算制、分税制等；三是机制，其使命是为权力功能的实现提供最合适的途径和方式，如选举中的选民登记，预算中的监督和协商机制，分税制中的转移支付机制等。可见，对于国家的组织和运行来说，任何一项制度要真正运行并产生效能，都还需要相应的配套体制和机制，而且各项制度之间关系的协调，也需要形成相关的体制和机制。一般来说，国家发展越深入、越全面，制度对体制和机制的要求也就越强烈、越具体、越全面。所以，当国家必须从广度与深度上运用国家制度体系和领导力量来推动国家治理水平全面提高的时候，国家就面临一个极为现实的任务,即:系统而有效地建构支撑根本制度与全面治理的各类体制和机制。这些体制、机制本质上也属于制度,相对于决定国家权力配置的根本制度来说,这些体制、机制属于支撑根本制度和全面治理的基础制度。所以,推动国家治理体系和治理能力现代化的核心任务就是在根本制度框架下,根据根本制度的内在逻辑、运行方式以及国家治理面临的实际要求,改革、创新和建构各类体制、机制,并将其系统化、协同化和操作化,从而使国家治理体系更加系统和有机,使国家制度的功能实现更为科学和有效。所以,党的十八大之后的全面深化改革不再是单个领域的单项改革,而是全领域的全面改革,内容多达几百项,涉及方方面面,是中国国家建设中基础制度的大建构、大建设,其对国家制度和政治形态的定型化发展具有决定性意义。

第三,以“五位一体”推动国家治理体系和治理能力的现代化,以现代化的国家治理体系保障和推动“五位一体”的国家建设。党的十八大明确,中国特色社会主义事业的总体布局是经济建设、政治建设、社会建设、文化建设和生态建设“五位一体”,这也就是通常说的“五位一体”国家建设。“五位一体”,既强调五个方面的同等重要,也强调五个方面相互依赖,不可偏废。这决定了国家治理体系必须是能够治理这五大方面,并推进五大方面发展的制度、体制和机制所构成的有机体系。这无疑是巨大的基础制度建设工程。另外,从国家建设和中国特色社会主义事业有效展开的角度讲,这些基础制度建设既不是一个从无到有的过程,也不是一个从虚到实的过程,而是一个使制度真正运转起来的过程,是一个使运转起来的制度真正有效能的过程。因此,这种基础制度建设从一开始就具有很强的系统性要求,其使命就是提升制度的效能,提高国家的治理能力。可见,国家治理体系现代化对基础制度建设,不仅有量的要求,而且有质的规定,不仅强调全面布局,而且强调系统集成。这些实践和努力将内在地推动国家制度和政治形态的定型化发展。

第四,以改革激发活力、动力和新的发展,以新发展、新动力和新活力深化改革。这是中国过往改革的成功之道,也是以国家治理体系和治理能力现代化为总目标的全面深化改革的根本要求。从中国改革发展的历程来看,当全面深化改革把“让一切劳动、知识、技术、管理、资本的活力竞相迸发,让一切创造社会财富的源泉充分涌流,让发展成果更多更公平惠及全体人民”作为自己现实使命的时候,中国也就形成了具有自己鲜明特色的发展模式,即:把改革从一种外在的推动力,内化为一种能够创造活力和动力的“生产力”,并通过自觉的周期性改革,持续不断地在经济、社会、文化和生态中激发出新的生产力,从而创造更为全面、更为先进的进步和发展。改革的内化,既能为国家实现可持续发展提供内在动力,也能够为国家制度定型和政治形态定型提供内在活力,从而使这种定型不是定格性的定型,不是僵化性的定型,相反,而是动态性的、具有很强适应性和自我修复性的定型。

综合上述分析,中国共产党在十八大之后推进的全面深化改革,确实是从推动国家制度更加成熟和定型而展开的改革,既是对过往改革的深化,同时也是全新谋划的改革。这场全面深化的改革虽然还在进行中,但由于改革已内化到中国发展之中,成为推动发展不可缺少的内在“生产力”,所以全面深化改革,一定能够走向深入,闯过深水区,达到胜利的彼岸。全面深化改革成功之时,就是中国政治形态整体定型之日。

四、自信回归与认同深化

国家制度与政治形态的定型化发展,除与国家制度本身的发展水平和完善程度有关之外,在很大程度上还与既是国家制度的决定力量又是国家制度服务对象的人民有关。具体来说，就是与作为政治形态组成部分的政治意识有直接关系。制度好不好、政治形态是否合适，最终的评判者，不是制度或政治形态本身，也不是与制度或政治形态没有直接关系的外人，而是成长于这个制度下、生活在这个政治形态中的人民。人民认同制度，接受相应的政治形态，是制度得以巩固、政治形态得以完善和定型化的关键基础；相反，人民对制度和政治形态的认可与认同一旦出现问题，政治发展和国家建设就难免要面临危机。美国学者鲁恂·W.派伊(Luclan w. Pye) 认为在现代化进程中，许多国家面临的发展危机中，首要的就是认同危机，其次是合法性危机，随后连带出现的将是贯彻危机、参与危机、整合危机和分配危机。①在这种危机状态下，人们就不可能形成那种“分享同一个政治结构的组织，也分享相同的政治命运”的“政治共同体感”。②在这样的状况下，要推动国家制度和政治形态的定型化发展是根本不可能的。

在任何政治形态中，认同的建构与巩固都是一项十分复杂的行动逻辑和行动过程，既包含国家通过制度力量和公民教育体系来建构民众的政治认同，也包含广大民众本身基于自身的信念、感受以及价值偏好而形成的认同建构。如果把认同对象的因素考虑其中，例如宪法、制度、政权、政府、政党、领袖、政策等，那认同的建构及其内在关系就更加繁杂了，最终可能形成剪不断理还乱的局面。但是不管如何多面、繁杂，在正常状态下，判定一个国家人民是否认同国家、认同制度都离不开一个基本面，即国家是否发展、人民是否从国家发展中获益以及是否对国家发展充满希望和信心。简单地说，就是人民生活与国家发展是否都进入相对稳定和

① 白鲁恂：《政治发展面面观》，任晓、王元译，天津人民出版社，2009 年，第 80—81 页。

② 戴维·伊斯顿：《政治生活的系统分析》，王浦劬译，华夏出版社，1999 年，第 215—216 页。

发展的状态。

之所以把发展作为国家和人民建构认同的基本面，是因为在这世界上，人民对制度和国家的认可与认同，除了与生俱来的文化归属感和自己选择的信仰之外，就主要看是否从中获得实现自我发展的可能。这既是人的现实性，也是现实对人的决定性。一个国家人民或一个民族的共同情感和认同，固然有历史传承和文化信仰的一面，但其实际的感受、想法和感情，是由每个人认知、情感和感受汇聚而成的。从理论上讲，国家可以通过特定的制度安排和系统的宣传教育来塑造民众的政治认同；反过来，民众基于国家塑造和自我感受所确立起来的真实的政治认同，也会对国家制度、国家发展产生直接的反作用和影响。可以说，它们之间是一种相互塑造的关系。①在这种关系中，国家发展越好，民众对国家的认同就会越高，进而进一步推动国家发展；反之，国家发展不力，民众对国家的认同就会降低，国家发展的支撑和推动力也会大幅削弱。

但发达国家的实践表明，当国家发展到一定水平，其为每个人实现自我发展提供了稳定性制度保障的时候，民众的政治认同会发生结构性的变化，即人们会把对国家制度本身的认同抽象出来，不再与国家实际发展状况的评判直接勾连，从而把对制度本身的认同与决定国家发展实际状况的具体政府的认同区隔开来。在这样的状态下，国家制度和政治形态也就达到了相对的定型状态。考察中国改革开放以来的发展历程，人们不难发现，中国人民对国家制度和政治形态的认同开始发生这种结构性的变化，其最直接、最鲜明的体现，就是把认同确立在道路自信、理论自信、制度自信和文化自信的基础之上。

不论对民族生存来说，还是对国家发展来说，自信都是极为重要的精神和信念力量。然而对一个民族和国家来说，自信不是想

① 林尚立：《现代国家认同建构的政治逻辑》，《中国社会科学》，2013 年第 8 期。

确立就能确立的，一定是在长期奋斗进取中确立起来的，一定是在对自我过去、现在和未来的认识不断深化中确立起来的，一定是在对国家和民族前途、命运的把握不断全面和深化中确立起来的。在前现代，中国是地区性泱泱大国，文明历史源远流长，是文化高地，因而王朝中央政权往往自视为华夷秩序中的中央之国，不论是整个中华民族，还是王朝帝国，都具有高度的自我认同和自信。但到了近代，随着西方现代文明的冲击，尤其是西方列强的侵略，无法实现自我转型的王朝帝国土崩瓦解，中华文明的传统基础在现代化中遭到否定，陷入停滞和危机状态，民族的前途与国家的命运面临前所未有的危机和挑战，原有的高度自我认同和自信也消解殆尽。不甘屈辱的中华民族没有因此自我放弃，相反，而是从头再来，于是开始了在人类文明体系和全世界的舞台上重新寻找中国的现代之路与中华民族复兴的希望。在这个过程中，无数的仁人志士上下求索，作出了巨大牺牲。

中国共产党的出现彻底改变了中华民族的命运。中国共产党以自己的崇高信念和坚强的组织力量，将一个四分五裂的国家、将一盘散沙的社会重新凝聚起来，不仅打败了日本帝国主义，赶走了一切在华的西方列强势力，而且彻底赢得了新民主主义革命的胜利，实现了国家独立、民族解放和人民自由，在中国缔造了前所未有的社会主义社会，中国人民也前所未有地成为国家的主人。从此，中华民族有了全新的社会、全新的国家，开始了全新的发展历程，即社会主义现代化。然而社会主义，不仅对中国来说，就是对整个人类来说，都是全新的社会形态，也是全新的发展实践。由于在相当长时间里，我们没有搞清楚什么是社会主义和在中国这样落后的国家如何建设社会主义这个根本问题，所以中华人民共和国的社会主义现代化实践遇到了挫折，刚刚从新国家、新社会中找回的一点自信也受到了重大打击。但是中国人民依然没有气馁，以“而今迈步从头越”的豪情开启了改革开放，重新探索中国的社会主义道路。经过近四十年改革开放的探索和实践，在中国共产党的领导下，在十几亿中国人民在改革开放中迸发出来的无限创造力的推动下，中国成功地走出了中国特色社会主义道路，形成了与时俱进的中国特色社会主义理论，全面巩固和发展了中国特色社会主义制度，并通过发展所取得的巨大成就，重新回到世界舞台的中央，成为推动世界发展的新兴力量。基于此，2012年在党的十八大上，中国共产党第一次提出最终实现国家崛起和民族复兴的"两个一百年"的奋斗目标，并号召全国人民坚信我们自己的道路、制度和理论，全面坚定道路自信、理论自信和制度自信。党的十八大报告这样写道："只要我们胸怀理想、坚定信念，不动摇、不懈怠、不折腾，顽强奋斗、艰苦奋斗、不懈奋斗，就一定能在中国共产党成立一百年时全面建成小康社会，就一定能在中华人民共和国成立一百年时建成富强民主文明和谐的社会主义现代化国家。全党要坚定这样的道路自信、理论自信、制度自信！"①

这种自信的回归，既是中华民族和中国人民近代以来一百多年不懈奋斗的成果，也是改革开放以来中国特色社会主义成功实践的成果。中国人的追求"两个一百年"的奋斗目标，实现中华民族伟大复兴中国梦，就是确立在回归自信的基础上。当然，回归自信，不是前现代中国在王朝帝国下形成的自信，而是对中华民族和中国人民在现代化征程中，对中国社会主义事业发展所探索的道路、理论和制度的自信，是对中华民族和中国人民的自信。中华民族和中国人民重新确立了对自己、对未来的充分自信，从这个意义上讲，自信回归中华民族，回归十几亿的中国人民，这无疑是现代中国继进行现代制度积累、物质基础积累之后所形成的最大的精神财富积累，将为国家制度和政治形态的定型化发展提供最有力

---

① 胡锦涛：《坚定不移沿着中国特色社会主义道路前进 为全面建成小康社会而奋斗》，2012年11月8日在党的十八大会议上作的报告。

的精神基础和认同力量。

必须看到，伴随着这种自信回归的是中国人民对中华文明和中华文化认同的深化。从中国共产党的成功探索和中国创造出来的人类前所未有的发展奇迹中，中国人民重新感受到中华文明的强大生命力和创造力，感受到中华民族及其所蕴含的民族精神的坚强和伟大。正是基于这种感受，中国人民慢慢重新找回被现代化忽视的中华文明和文化的力量，重新珍视中华民族创造的五千年文明延续不断的人类文明发展奇迹，重新反思和审视中国现代国家建构与千年大国整体转型之间的内在逻辑及其对中国特色的决定关系。① 在这种文化自觉中，中国人民重新确立了文化自信，更为重要的是把前面提到的道路自信、理论自信和制度自信与基于文化自觉所形成的文化自信有机统一起来，从而使得我们所有的自信，不仅有现实的发展基础，有社会主义制度的优越性支撑，更为重要的是有了五千年文明和文化的支撑，以至于我们今天的道路、理论和制度，从单纯的实践产物、意识形态产物和制度产物，升华为中华文明、中华历史以及中华民族精神的产物。所以，伴随着文化自信的不断增强，中国人民对自己国家、对社会主义制度、对中国梦的认同，也就相应地走向深化，从而超越以发展成就建构认同的路径依赖，从更为深远的历史、更为宏大的文化、更为崇高的目标来认同我们这个民族，我们这个国家，我们这个制度和我们民族的梦想。

有了自信的回归和认同的深化，当代中国政治形态的定型化发展，就不再仅仅是一种政治意义上的定型化发展，而是具有比较深厚的社会基础和认同力量支撑的定型化发展。随着国家发展日趋成熟，国家制度日趋完善，这种定型也将最终成为能够超越现实状况左右的、以制度信仰和文化认同为基础的定型。

---

① 参见林尚立：《论人民民主》，上海人民出版社，2016 年。

五、在命运共同体中共存

从古至今，中国的存在实际上始终是一个世界性的存在，古代与现代的差别是：在古代，中国是在自己建构的世界中存在，即在华夷秩序中存在；在现代，中国则要在西方兴起后所创造的现代世界中存在。历史上所谓从自我封闭向西方世界开放，其实就是从存在于自我建构的世界转变为放弃自我建构世界，进入西方力量所建构的现代世界中存在。这个过程既有过因为文化上的差异而出现的抵触和抗拒，也有过因为意识形态的差异而出现的抵触和抗拒。但为了更好地生存与发展，中国最终都越过这种抵触和抗拒，向世界开放，全面迈向世界。然而这种开放始终不以自我否定或自我放弃为前提，而是以坚持生存主体性和发展自主性为前提，因而近代以来，中国在开放中始终有"体"与"用"的问题，最后形成的共识是：应该从中国的"体"出发，吸纳世界最好的成果，"用"人类的成就充实中国的"体"。只是在不同的时代，对以何为"体"的问题有不同的看法。中国的改革开放是在坚持四项基本原则的前提下展开的，即坚持社会主义道路，坚持人民民主专政，坚持中国共产党领导，坚持马克思列宁主义、毛泽东思想。坚持这四项基本原则，也就守住了社会主义中国的"体"，并以这个"体"进入世界，与世界潮流和人类发展的进程相融合，共同发展。

然而，自从人类从区域化的存在迈入全球性联通和世界性的存在以来，主导世界发展潮流的力量始终是西方的力量。西方有西方的"体"，当年列强不远万里来到中国，就是要把中国吞食在西方的"体"中，成为西方建构的新世界一员。正因为如此，中国在向世界开放，进入世界体系的时候，始终存在两个文明"体"如何相处、如何共存的问题。孙中山先生当年的解决办法有三：一是通过沿海开放并辐射内地使中国文明形态从大陆文明向海洋文明转换,从而与西方文明衔接和联通;二是通过资产阶级民主革命把中国从中华文明古国转变为由现代价值和制度建构的现代国家;三是通过糅合中国古代制度和西方三权分立制度,构建独特的五权分立体系,即把国家权力的运行和监管置于立法、行政、司法、考试和监察这五权分立结构的基础之上,从而使得中国的现代制度体系,既有中国特色,又能接纳西方的原则,进而能够融入西方世界主导的政治潮流。孙中山先生努力的重要成果就是把中国引上民主共和的发展之路。然而,中国共产党领导的新民主主义革命从一开始就力图要把孙中山先生所开辟的资产阶级民主革命引导到由无产阶级领导、以实现劳动者解放为根本使命的新民主主义革命上来,并明确在新民主主义革命胜利后,开启建设社会主义社会的社会主义革命历程。虽然社会主义的思想主张和社会实践都是西方资本主义发展的产物,但由于它是以消灭资本主义私有制、推翻资产阶级政权为使命,所以它一诞生便引发西方社会的内部冲突,西方的资产阶级视社会主义为毁灭资本主义的洪水猛兽,极力反对和压制。但由于西方资本主义确实无法克服其内在的矛盾和危机,所以无产阶级革命还是在资本主义链条最薄弱的环节上取得革命胜利,"十月革命"成功地在俄国建立了世界第一个社会主义国家,从而在西方资本主义主宰的世界中有了一个力图全面超越资本主义的新生力量。"十月革命"也给中国送来了马克思列宁主义,并由此孕育了中国共产党。随着中国共产党最终取得革命胜利,世界上人口最多的国家开始建设社会主义国家,源于西方资本主义的社会主义革命和实践就在世界的东方全面铺开,从而形成了"东西对峙"的格局。冷战的"铁幕",使这种对峙演变成为"东西方对抗",这种对抗的背后,就是"两种制度""两种意识形态"之间的对抗。到了20世纪80年代,随着苏东剧变,代表"铁幕"的柏林墙倒塌,对抗"西方"的"东方"力量基本崩解,中国成为社会主义硕果仅存的最大力量。在这种格局下,中国所代表的东方文明“体”和社会主义“体”,就不得不直接面对在世界上占主导地位的,并力图把人类历史终结于西方资本主义民主的西方文明“体”的挑战。

由此可见,不论从现代文明发展的历史进程来看,还是从当今世界各种力量对比所形成的大格局来看,中国的国家制度和政治形态的定型化发展,除了要巩固自身的内部基础、内部结构以及协调好内部的制度和政治生态之外,还要在全面开放和全面融入世界发展潮流过程中,处理好中国所代表的“体”与西方文明“体”之间的关系,做到既能巩固和发展中国“体”,又能化解来自西方“体”的压力和挑战。经过三十多年的改革开放实践,中国与世界的互动是全方位的和深度的：中国不仅成为冷战结束后新一轮全球化的受益者,也成为新一轮全球化的推动者;不仅接受了 WTO 的世界贸易规则,而且利用 WTO 的规则来推动社会主义市场经济改革的深化;不仅快速发展互联网技术,并利用互联网与整个世界联系,而且还积极地联合世界各方面的力量共同开发、治理互联网,推动互联网更好地为人类共同发展服务;不仅通过中国经济发展对世界经济的拉动作用使人民币日益国际化,而且还通过“一带一路”战略与世界各国实现多方位、多层面、多领域的互联互通等。这些实践及其所创造的中国与世界关系的新格局充分表明：中国以中国之“体”融入世界发展的潮流,开辟出了自己的航道,具备了与世界各种力量进行合作、实现合作共赢发展的能力,从而形成了既能与西方文明“体”共存,又能与西方文明“体”互鉴,既能坚守中国文明“体”的价值和制度底线,又能大胆地吸纳包括西方文明优秀成果在内的人类文明优秀成果的开放合作、包容互鉴的发展局面。在这种局面下,尽管多少还有遇到来自西方在冷战思维惯性下形成的各种有形或无形的围堵和挑战,但中国以中国共产党领导的社会主义国家身份在世界上存在并发挥重要作用,已成为任何力量都无法改变的事实,已成为任何力量都必须正视和接受的事实。由于中国始终强调尊重各国的制度和政治选择,遵守现有的国际规则,所以当世界接受社会主义中国的时候,原先存在于“东西方对抗”中的关系就不可能在今天的中国与世界关系中存在。应该讲,中国已成功地为中国这个文明“体”和这个社会主义“体”在全球化世界中的生存与发展,找到了最合适的生存方式,开辟了最成功的发展道路。可以从以下三方面来总结和把握这个成功的实践。

第一,发展是立足世界的根本,实力是赢得世界尊重的关键。我们今天生活的世界,都是人在自然界所给定的底板上创造出来的,是人造的世界。世界上国与国相处的原则与人们在日常生活中相处的原则在本质上是一样的,尽管人有种族、民族、性别的差异,但人就是人,“人同此心,心同此理”,古今中外概莫能外。一个人、一个民族、一个国家,要赢得一席之地,要有尊严地生存与发展,就必须自立自强。自立,才能立足;自强,才有尊严。中华民族是一个崇尚自强不息、艰苦奋斗的民族。中华人民共和国成立以来,尤其是改革开放以来,中国人把创造发展作为实现自立自强的根本手段,强调发展是硬道理,用发展解决一切问题,让一切问题在发展中解决。为此,中国大胆地改革开放,大力地推进全面发展。正是巨大的发展,成就了中国特色社会主义的伟大事业,实践了社会主义中国应该对人类社会有更大贡献的诺言,从而赢得了世界的认可和尊重。

第二,世界是中国发展的舞台,中国是推动世界发展的力量。中国是一个大国,不论从发展的体量来看,还是从现代化发展要求来看,中国都充分意识到世界舞台对中国发展的极端重要性。而且,比较中国的改革与苏东剧变,也可以看到中国之所以没有成为苏东剧变中的多米诺骨牌,一个重要的原因是中国比苏东国家提前十年向世界开放,提前开启了追赶世界的步伐,冷战结束之前就已适应世界的新时代发展。中国始终认为,世界潮流浩浩荡荡,顺之者昌，逆之者亡，不仅要顺世界潮流而动，而且要赶上世界潮流发展的时代步伐，只有这样，中国这么大的国家才能得以生存和发展。为此，中国必须走进世界，必须借助世界的舞台与各国形成广泛的合作，为中国发展争取资源，拓展合作空间。与此同时，中国始终认为互惠互利，才能合作共赢，要赢得世界的支持与合作，就必须诚心诚意、力所能及地贡献世界，承担世界责任。因而，当中国真正发展起来后，中国就积极地以自己的发展去推动世界，以自己的责任担当去服务世界，以自己创造的公共平台去促进世界合作。中国与世界所形成的这种合作共赢、共同发展的关系，充分拓展了中国发展的世界空间，也凝聚了世界各方的友好力量，塑造了社会主义中国良好的世界形象，巩固了中国的国际地位，提高了中国的世界影响力和话语权。

第三，在相互依存中把握共同命运，在命运共同体中实现共存发展。中国的文化和哲学始终认为，任何事物都不可能孤立存在，有阴必有阳，阴阳既相互对立又共存一体，在对立共存中实现相互转化，从而生生不息。历史唯物主义和辩证唯物主义不仅升华了这种思想，而且使其成为中国共产党领导人民革命和建设的指导思想。从这种思想出发，中国共产党始终把团结一切可以团结的力量作为创造进步和发展的前提，把一切创造团结的努力都从探求共同命运出发，从而把创造合作和团结的过程、凝聚力量和打造命运共同体的过程有机统一起来。治国安邦，从中华民族命运共同体出发，强调把国家利益、民族利益与每个人的具体利益紧紧联系起来，把国家的富强、民族的兴旺与个人的幸福紧密联系起来。推而广之，在处理与邻国的周边关系、处理与各类重大的利益相关体的关系以至于在推动人类未来发展上，中国都把打造命运共同体作为出发点和归宿点，从而使中国与世界的局部或整体的共存，都成为以走向命运共同体为使命的共存。这种共存既寻求共同利益，同时又超越共同利益，努力共同创造新的局面和新的天地。为此，中国不仅要以“亲、诚、惠、容”的理念打造周边命运共同体，而且要通过“一带一路”的实践和创造合作共赢的新型国家关系打造人类命运共同体。2015年9月，习近平总书记在纽约联合国总部出席第七十届联合国大会一般性辩论时发表重要讲话指出：“当今世界，各国相互依存、休戚与共。我们要继承和弘扬联合国宪章的宗旨和原则，构建以合作共赢为核心的新型国际关系，打造人类命运共同体。”[①]具体的原则和设想如下：

> 打造人类命运共同体，要建立平等相待、互商互谅的伙伴关系，营造公道正义、共建共享的安全格局，谋求开放创新、包容互惠的发展前景，促进和而不同、兼收并蓄的文明交流，构筑尊崇自然、绿色发展的生态体系。世界各国一律平等，不能以大压小、以强凌弱、以富欺贫；要坚持多边主义，建设全球伙伴关系，走出一条“对话而不对抗、结伴而不结盟”的国与国交往新路。要树立共同、综合、合作、可持续安全的新观念，充分发挥联合国及其安理会的核心作用，坚持通过对话协商和平解决分歧争端。推进各国经济全方位互联互通和良性互动，完善全球经济金融治理，减少全球发展不平等、不平衡现象，使各国人民公平享有世界经济增长带来的利益。促进不同文明、不同发展模式交流对话，在竞争比较中取长补短，在交流互鉴中共同发展。解决好工业文明带来的矛盾，以人与自然和谐相处为目标，实现世界的可持续发展和人的全面发展，创造一个各尽所能、合作共赢、奉行法治、公平正义、包容互鉴、共同发展的未来。[②]

---

① 《人民日报》，2015年9月29日。

② 中共中央宣传部：《习近平总书记系列重要讲话读本》，学习出版社、人民出版社，2016年，第265—266页。

由此可见，中国尽管实行的是与其他国家完全不同的社会制度，但并没有因此与其他国家疏远、对立，相反，而是努力与世界各国共同把握人类的命运，打造能够合作共赢、能够共享发展、能够永久和平的人类命运共同体。这种与世界上不同文明体、不同国家相处的态度，既是对世界各国历史、社会、文化和现实政治制度选择的高度尊重，同时也是对世界和平发展和人类前途命运的强烈关怀；因而，不论在理论上，还是在实践上，中国的理念、方案和实践都处于人类社会发展的高位，这为社会主义中国在当今世界中的存在和发展提供了坚强的价值基础、社会基础和战略平台。中国越发展，这些基础和平台也就越巩固，进而中国的社会主义制度和政治形态的定型化发展也就越有基础和保障。

六、小结

巩固国家制度、定型政治形态是政治民主化的内在要求，也是政治发展的现实任务。尽管任何现代国家建设从一开始就面临这个任务，但要完成这个任务，实现这个目标，仅仅有主观愿望和努力是不够的，只有政治民主化到一定程度，国家建设到一定水平，经济和社会发展到一定高度，这个任务才可能全面提上日程。而这个任务能否最终实现，还取决于国家建设和社会发展的进一步发展，还取决于政治发展过程中的政治稳定和制度化进一步深化。总之，政治形态的最终定型，一定是历史与社会发展合力的结果。

今天中国迈入政治形态定型化发展阶段，只是表明中国的现代化发展和民主化进程已经达到一定的水平，具备了使国家制度和整个政治形态更加定型的基础和条件，并不意味着国家制度和政治形态已经成熟，且可以最终定型。其实，从中国共产党规划的全面深化改革决策来看，中国要最终实现国家制度和政治形态的定型还有许多改革和制度建设任务要做;而且就国家制度和政治形态定型化发展所需要的国际、国内条件,以及经济、社会和文化基础来说,还有许多需要进一步发展和完善的地方。正像中国全面深化改革是一场攻坚战一样,国家制度和政治形态的定型化发展也将是一场大兵团联合进行的攻坚战。要赢得这场攻坚战的最终胜利,最关键的就是要更好地坚持和发展党的领导。党是国家制度建设的领导力量,是支撑中国政治形态运行的轴心,党、军队、国家和社会的关系,决定了党的成熟和有力领导是国家制度和政治形态定型化发展的关键。没有这一点,不仅一切无从谈起,甚至可能使政治发展出现倒退。这是中国政治逻辑决定的。

所以,在中国,定型的是国家制度和政治形态,而其关键却在党的建设和发展。但这并不意味着定型的国家制度和政治形态将完全依靠党的支撑和把控。如果真是这样,那定型就不是真正定型,而只不过是一个固定罢了。真正的定型一定基于政治、经济、社会、文化、生态的有机联动,相互支撑,共同发展而形成的动态定型。这种定型对党的领导的现代化和制度化发展提出了更高的要求,其中最本质的就是要求在理论上、实践上和制度上全面推进共产党在社会主义国家领导和执政体系现代化,在现代人类政治文明发展中创造出全新的政党体系、领导体系和执政体系,进而使最终定型的当代中国政治形态真正成为人类政治文明发展的一种新型政治形态。

Towards Good Administration: The Solidification of Politics in Modern China

Shangli Lin

Abstract: The development of politics in Modern China is gradually going toward solidification and stabilization. From the perspective of political development, the development of political construction and structural expansion of national development leads Politics of China changed from a process of transition toward a state of stabilization. From the perspective of political system, the construction of Communist Party of China became the key of solidification of politics in China with people-centered approach and law-based governance. It requires Communist Party of China keep its political advancement and political characteristics through self-improvement strategy. From the perspective of national governance, the solidification of Politics in China relies on the modernization of the China's "governance system" and "governance capability". From the perspective of political conviction, the solidification of politics in China relies on confidence and cognition between the people and the government. And the cognition stems from confidence in the path, theory, system, and culture of socialism with Chinese characteristics. From the international perspective, the solidification of politics in China is based on cooperative combination as the essence with both Chinese and Western civilization. The harmony between Chinese and western culture would be ensured by building the "Community of Common Destiny".

Keywords: political forms; stabilization; political development; construction of Communist Party of China

比较政治

阶级政治、劳工政治与生产政治：工人政治的理论框架及其解释逻辑*

汪仕凯

[内容提要] 工人阶级天然是政治的产物，工人阶级政治或者说工人政治构成了现代政治至关重要的领域。诚然，工人阶级与现代国家（即现代西方民主国家）之间的互动过程是工人阶级政治的基本线索，但是由于对工人阶级以及现代国家的认知存在着显著的差异，对工人阶级在现代国家中的地位和影响存在明显不同的立场和评价，对工人阶级与现代国家之间互动过程的性质和结果存在着相互冲突的判断和解释，工人阶级政治研究形成了阶级政治、劳工政治、生产政治三个既相互联系又相互区别的理论框架。阶级政治理论框架的核心问题是工人阶级革命和工人阶级政权如何形成，也就是工人阶级如何实现劳动阶级解放，阶级革命、国家重建与劳动解放构成了劳动政治理论框架的主要内容。劳工政治理论框架的核心问题是工人阶级与现代国家如何共存，也就是现代国家是如何将工人阶级转化为公民并使其忠诚于现代国家的，于是公民权利、民主政治与福利国家就构成了劳工政治理论框架的主要内容。生产政治理论框架的核心问题则是现代国家对生产领域的塑造是如何决定了工人阶级的形成和解体的，内部国家、集体谈判和意识形态霸权构成了生产政治理论框架的主要内容。本文对阶级政治理论框架、劳工政治理论框架、生产政治理论框架的解释逻辑进行比较分析，在此基础上总结工人政治理论框架变迁的基本脉络和主要

* 汪仕凯，华东政法大学政治学与公共管理学院。

原因。

[关键词] 阶级政治　劳工政治　生产政治　理论框架　解释逻辑

一、引论：工人阶级与政治

马克思认定工人阶级是开辟人类历史新境界的主力军，在资本主义发展的某个时刻，工人阶级达成了国际团结从而形成世界范围内的总体工人，这个总体工人将发动革命推翻资产阶级统治，进而建立没有剥削和压迫的共产主义社会。然而，在历史的现实进程中，工人阶级却始终受制于现代国家（即现代西方民主国家）的政治框架及其运作过程，马克思所设想的国际团结至今付之阙如。现代国家是工人阶级形成国际团结的最大障碍，只有突破现代国家政治框架及其运作过程的限制，才能形成总体工人意义上的国际团结。但是，工人阶级却与现代国家始终相互纠缠在一起，没有实现对现代国家的突破，此种困境意味着我们必须深入分析工人阶级与现代国家的政治框架及其运作过程之间的关系，这种关系可以简要表述为"工人阶级天然是现代政治的产物"。①

工人阶级与政治有着不解之缘，无论工人阶级作为自在阶级出现在社会结构之中，抑或作为自觉阶级登上历史舞台，其始终同现代国家的政治过程有着密切的联系。一方面工人阶级是现代国家政治过程的产物，另一方面工人阶级也是现代国家政治过程的积极参与者。更为重要的方面在于，现代国家本身就是同包括工人阶级在内的社会阶级互动的产物，工人阶级作为规模巨大的集

① 汪仕凯：《在国际团结与民族国家之间：现代世界体系中的劳工阶级》，《世界经济与政治》，2017 年第 11 期。

体行动者，在现代国家形成的历史过程中发挥着不可或缺的重要作用。迈克尔·曼就曾精炼地概括道，工人阶级与现代国家是相伴而生、同时兴起的。[①] 正是由于工人阶级与现代国家之间的此种密切联系的存在，工人阶级政治或者说工人政治才具备了经验基础，作为一种研究领域和理论话题的工人政治才出现在学术界之中，于是工人阶级对现代国家的认知及其变化、工人阶级与现代国家的持续互动过程，也就成为工人政治研究的基本线索。

工人阶级(即现代无产者)是伴随着资本主义的发展而出现的，更准确地说，是伴随着资本主义大工业而出现的，因此工人阶级首先是经济力量塑造的结果。马克思写道："经济条件首先把大批的居民变成劳动者。资本的统治为这批人创造了同等的地位和共同的利害关系。所以，这批人对资本来说已经形成一个阶级，但还不是自为的阶级。在斗争(我们仅仅谈到它的某些阶段)中，这批人联合起来，形成一个自为的阶级。他们所维护的利益变成阶级的利益。而阶级同阶级的斗争就是政治斗争。"[②]马克思在此不仅对工人阶级进行了"自在"和"自为"两种存在形态的区分，而且强调了政治过程对于自为阶级形成的关键影响。但是，我们不能简单地认为自在阶级的形成就是经济过程的产物，政治过程在自在阶级形成的过程无所作用。事实上，马克思在《资本论》中澄清了可能出现的误解，他明确指出国家推行的政策以及直接的国家暴力使用，是催生资本主义大工业所需要的产业工人的关键性力量，政治过程对于自在阶级形成过程的介入被马克思描述成为充满暴力镇压、血腥立法、殖民征服、奴役劳动、财产掠夺的"原始积累"，而且"原始积累"是建立在殖民制度、国债制度、现代税收制度和保护关税制度之上的，这些制度无不以"利用国家权力，也就是

① 迈克尔·曼：《社会权力的来源》(第2卷)，陈海宏等译，上海人民出版社，2007年版，第234页。

② 《马克思恩格斯选集》(第1卷)，人民出版社，1995年，第193页。

利用集中的、有组织的社会暴力”为重要特征。①

汤普森在分析工人阶级形成时特别强调共同经历的基础性作用，他主张“当一批人从共同的经历中得出结论（不管这种经历是从前辈那里得来还是亲身体验），感到并说出他们之间有共同利益，他们的利益与其他人不同（而且常常对立）时，阶级就形成了”。② 汤普森所谓的共同经历实际上就是法国大革命和英国宪章运动等重大的政治事件，当劳动者运用文化和思想对共同经历进行加工处理之后，劳动者就以共同利益为核心形成了阶级认同即阶级意识。由此可见，由重大的政治事件构成的共同经历在工人阶级形成过程中发挥了决定性影响。艾瑞克·霍布斯鲍姆虽然不同意汤普森关于英国工人阶级形成于宪章运动的结论，但是他同样认为工人阶级是一系列重大政治事件的产物，在霍布斯鲍姆看来，正是法国大革命、美国革命以及 1848 年欧洲革命开辟了工人阶级的黄金时代。

霍布斯鲍姆对于工人阶级形成同政治之间关系的论述主要集中在两个方面。首先，他认为自美国革命以降的一系列重大政治事件，不仅构成了劳动者共同经历的重要组成部分，而且为劳动者带来了理解共同经历的新的意识形态，“世俗的民主思想，雅各宾激进思想，共和主义的思想，反对教权的思想，合作社思想，社会主义的、共产主义的无政府主义的意识形态，这些社会和政治的批判思潮如雨后春笋般出现，它们补充或取代了先前提供民众思想主要语汇的异端宗教意识形态”。③ 其次，他指出国家法律和政府政策成为劳动者实现目的的手段，进而成为将工人阶级统一起来的

---

① 马克思：《资本论》（第 1 卷），人民出版社，2004 年，第 861 页。

② 爱德华·汤普森：《英国工人阶级的形成》，钱乘旦等译，译林出版社，2001 年，第 2 页。

③ 艾瑞克·霍布斯鲍姆：《非凡小人物》，蔡宜刚译，社会科学文献出版社，2015 年，第 67—68 页。

力量，“更有甚者，是政府统一了这个阶级，因为任何社会群体都必须越来越采取全国性政府施加压力的办法，来达成其政治目的——它们或是赞成或是反对全国性法律的制定或推行。没有任何其他阶级比无产阶级更需要政府在经济与社会事务上采取积极行动，以补偿孤立无援的集体行动的不足；而全国无产阶级的人数越多，政治人物对这个庞大危险的选民团体的要求便越敏感”。①换言之，在霍布斯鲍姆看来，工人阶级同现代国家交织在一起，18世纪以来的现代国家构建进程提供了工人阶级形成的历史背景。

迈克尔·曼则描绘了工人阶级与现代国家相互交织图景的变迁过程，他认为在政治上组织起来的工人阶级是“广泛性”的阶级，也就是打破了部门、地域等要素的局限，从而在现代国家的政治过程中开展集体行动、发挥重要影响的阶级。曼写道：“阶级一般仅仅是‘潜在’的：主人、劳动者和其他人相互之间展开斗争，但通常是半隐蔽的，深入性的，局限于日常生活和地区层次。大多数广泛性斗争发生在部门之间。但是，当阶级关系逐渐占了上风时，我们就进入第二阶段，即出现‘广泛性’阶级。阶级关系有时是‘对称’的，有时是‘不对称’的。不对称的广泛性阶级通常首先出现：唯有有产者广泛地组织起来，而劳动者则局限于地区性和部门性组织。然后，在对称的广泛性阶级结构里，两大阶级都在相似的社会空间范围组织起来。最后，我们看到组织起来控制国家的‘政治阶级’。”②不言而喻，只有当工人阶级组织起来控制了国家时才成为“政治阶级”，而曼所说的“政治阶级”就是马克思所说的自觉自为的工人阶级。

“政治阶级”概念彰显了工人阶级的一个核心特性，即政治是工人阶级的重要内涵，甚至可以说，工人阶级必须从政治的角度加

---

① 艾瑞克·霍布斯鲍姆：《帝国的年代》，贾士蘅译，中信出版社，2014年，第145页。
② 迈克尔·曼：《社会权力的来源》(第2卷)，第9页。

以界定。工人阶级同政治之间存在的天然联系，说明工人阶级处在现代国家的政治框架及其运转过程的重要位置和关键环节之上，所以工人阶级政治或者说工人政治构成了现代政治至关重要的领域。诚然，工人阶级与现代国家之间的互动过程是工人阶级政治的基本线索，但是由于对工人阶级以及现代国家的认知存在着显著的差异，对工人阶级在现代国家中的地位和影响存在明显不同的立场和评价，对工人阶级与现代国家之间互动过程的性质和结果存在着相互冲突的判断和解释，工人阶级政治研究形成了阶级政治、劳工政治、生产政治三个既相互联系又相互区别的理论框架。从学理上对阶级政治理论框架、劳工政治理论框架、生产政治理论框架进行概括性分析，对于工人阶级政治研究来说显得十分必要，特别是当学术界纷纷渲染工人阶级消亡、工人阶级政治解体的理论氛围之时。①

本文的论述将围绕工人阶级与现代国家之间的互动过程而展开，从历时变迁的角度来概括性地整理工人阶级政治研究的理论框架以及不同解释逻辑之间的联系和区别。主要内容包括两个方面：一方面，我将工人阶级政治研究的理论框架概括为阶级政治、劳工政治和生产政治。阶级政治理论框架的核心问题是工人阶级革命和工人阶级政权如何形成，也就是工人阶级如何实现劳动阶级解放，因此阶级政治也可以称为劳动政治，阶级革命、国家重建与劳动解放构成了阶级政治理论框架的主要内容。劳工政治理论框架的核心问题是工人阶级与现代国家如何共存，也就是现代国

① 相关研究可以参阅：Andre Gore, *Farewell to the Working Class: An Essay on Post Industrial Socialism*, London: Pluto Press, 1982; Leo Panitch, *Working Class Politics in Crisis*, London: Verso, 1986; Terry Clark and Seymour Lipset eds., *The Breakdown of Class Politics*, Baltimore: Johns Hopkins University Press, 2001；丹尼尔·贝尔：《后工业社会的来临》，高铦等译，商务印书馆，1986年；恩斯特·拉克劳、查特尔·墨菲：《领导权与社会主义的策略》，尹树广、鉴传今，黑龙江人民出版社，2003年；汉斯彼得·克里西、鲁德·库普曼斯、简·威廉·杜温达克、马可·朱格尼：《西欧新社会运动》，张峰译，重庆出版社，2006年。

家是如何将工人阶级转化为公民并使其忠诚于现代国家的，于是公民权利、民主政治与福利国家就构成了劳工政治理论框架的主要内容。生产政治理论框架的核心问题则是现代国家对生产领域的塑造是如何决定了工人阶级的形成和解体的，内部国家、集体谈判和意识形态霸权构成了生产政治理论框架的主要内容。另一方面，我将对阶级政治理论框架、劳工政治理论框架、生产政治理论框架的解释逻辑进行比较分析，在此基础上总结工人政治理论框架变迁的基本脉络和主要原因。

二、阶级政治理论框架：阶级革命、国家重建与劳动解放

阶级政治理论框架源于马克思开创的思想传统，伴随着马克思主义理论谱系的发展而不断成熟。在马克思的理论逻辑之中，“阶级变成了革命性政治的关键性概念”，[①]阶级政治理论框架实际上就是工人阶级的革命理论。阶级政治理论框架的问题意识植根于工人阶级与人类历史进程之间的关系，马克思认为工人阶级是资本主义社会的掘墓人和建设共产主义社会的主力军，其中工人阶级革命是实现人类历史根本性变革的杠杆，因此阶级政治理论框架的核心问题就是工人阶级革命如何出现以及工人阶级政权如何建立。阶级政治理论框架在此核心问题的引导下形成的基本主张是，工人阶级要以阶级革命的方式打碎资产阶级政权，然后遵循劳动解放的原则实现国家重建，也就是建立工人阶级国家。由此可见，阶级革命、国家重建以及劳动解放构成了劳动政治理论框

---

① 戴维·李、布莱恩·特纳主编：《关于阶级冲突》，姜辉译，重庆出版社，2005年，第3页。

架的基本要素。

资本主义体制对工人阶级进行的剥削和压迫是工人阶级革命的原始基础。所谓剥削就是指资产阶级无偿地占有工人阶级的剩余劳动即剩余价值,由于工人阶级缺乏生产资料,只能以契约劳动者的身份接受资产阶级的雇佣,依靠出卖劳动力换取工资性收入。但是,雇佣劳动并不必然导致剩余价值以及资产阶级对剩余价值的占有,因为雇佣劳动不能保证劳动者以超强度的劳动创造超出劳动力价值的价值,所以压迫就是必不可少的。压迫就意味着资本采用高压手段强制劳动者创造出超过劳动力价值的价值,并且保障资产阶级对这个价值实现无偿占有,即形成剩余价值。剥削和压迫就如同资本主义生产过程中诞生的一对孪生兄弟,它们共同决定了资本主义生产过程相对于工人阶级来说的异己性质。马克思写道:“他们一进入劳动过程,便并入资本。作为协作的人,作为一个工作有机体的肢体,他们本身只不过是资本的一种特殊存在方式。”①劳动者并入资本,而且以资本的特殊存在方式而出现,既是工人阶级遭受剥削和压迫的典型写照,又是工人阶级与资产阶级之间形成利益对立的根源所在。

伴随着剥削和压迫的程度不断加深,工人阶级的反抗也会不断得到发展,但是工人阶级自发形成的形式各样的反对资本的斗争,同工人阶级革命之间还是存在很大的差距,甚至可以说资本主义体制对工人阶级进行的剥削、压迫以及由此导致的反抗,都不能自动走向工人阶级革命。因为工人阶级革命是作为自觉自为的工人阶级的集体行动,并且是以推翻资本主义制度和资产阶级政权为根本目标的政治革命,而自觉自为的工人阶级的形成及其阶级革命则是由阶级意识和阶级组织共同决定的。

工人阶级的阶级意识不是一般的身份意识、权利意识或者利

① 马克思:《资本论》(第1卷),第386页。

益意识，而是在同资产阶级对立的基础上围绕工人阶级的共同利益形成的有关替代性方案的政治知识。换言之，工人阶级的阶级意识就是社会主义。① 工人阶级的阶级意识很难由工人阶级在资本主义生产过程中自行产生，尽管资本主义生产体制对工人阶级施加了严酷剥削和压迫，但是资本主义生产体制同样具有分化、局限、蒙蔽工人阶级的效果，因此工人阶级往往难以真正理解自己的阶级利益，在它们的观念世界中充斥着资产阶级意识形态霸权所制造的“虚假意识”。列宁在讨论工人阶级的阶级意识时就指出，工人阶级不可能产生阶级意识，最多产生工联主义，工人阶级的阶级意识，只能由知识分子根据资本主义社会的发展规律、立足阶级与国家之间的关系创造出来，并且灌输给工人阶级。他写道：“阶级政治意识只能从外面灌输给工人，即只能从经济斗争外面，从工人同工厂主的关系范围外面灌输给工人。只有从一切阶级和阶层同国家和政府的关系方面，从一切阶级的相互关系，才能汲取到这种知识。”因此，“我们应当积极地对工人阶级进行政治教育，发展工人阶级的政治意识”。②

阶级组织即工人阶级政党，是同工人阶级的阶级意识紧密联系在一起的，因为工人阶级政党一方面最早获得了阶级意识，另一方面也承担着向工人阶级灌输阶级意识的历史任务。在工人阶级形成自觉自为阶级的历史过程中，工人阶级政党始终扮演着关键性角色。霍布斯鲍姆有过如是总结：“煽动者和宣传家将所有贫穷工人团结一致的消息，带到其国家最偏远的角落。他们同时也带来了组织。没有这种有组织的集体行动，工人便不能以一个阶级的形式存在。而通过组织，他们得到了一群发言人，这些发言人可以清晰地表达出男男女女的感情和希望，那些男男女女原本无法

---

① Michael Mann, *Consciousness and Action among the West Working Class*, London: Macmillan Education LTD, 1973, p.13.

② 《列宁选集》(第1卷)，人民出版社，1995年，第363、342页。

自行表达。这些人也拥有或发现了可以表达他们所感觉到的真理的言词。没有这种有组织的集体主义,他们只是贫穷的劳动者。"[①]卢卡奇也十分明确地强调工人阶级的先锋队作为阶级意识的掌握者和灌输者的角色,"共产党必须作为独立的组织存在,这样无产阶级才能够看到自己的具有历史形象的阶级意识。同样,在日常生活的每一个事件中,整个阶级的利益所要求的观点才能够充分认识到自己作为阶级的存在"。[②] 从卢卡奇的论述中不难发现,工人阶级政党实际上是由少数精英组成的理想类型式的自为阶级,并由它充当自在自发状态的工人阶级向自觉自为状态的工人阶级转变的桥梁或者中间环节。

阶级组织除了承担着灌输阶级意识的历史任务之外,还承担着动员和领导工人阶级的历史任务。工人阶级虽然规模庞大,并且伴随着资本主义大工业的发展其规模也不断增长,但是由于部门、民族、宗教信仰、地域、劳动力市场等因素的制约,工人阶级实际上处在相互竞争、冲突、分裂的状态。工人阶级如要克服相互竞争、冲突、分裂的状态,"除了组织,没有别的武器"(列宁语)。阶级组织将广大的劳动者动员到一个统一的组织网络中来,并且在阶级组织的领导下执行正确的路线、运用恰当的策略、开展统一的集体行动,进而凝聚成强大的政治力量集团。列宁就断言,工人阶级"所以能够成为而且必然成为不可战胜的力量,就是因为它根据马克思主义原则形成的思想一致是用组织的物质统一来巩固的,这个组织把千百万劳动者团结成一支工人阶级的大军"。[③] 毫无疑问,既然工人阶级政党锻造出了工人阶级大军(自觉自为的工人阶级),那么工人阶级政党自然要继续充当工人阶级大军的领导者,并将其引入阶级革命的历史轨道。

---

① 艾瑞克・霍布斯鲍姆:《帝国的年代》,第140—141页。

② 卢卡奇:《历史与阶级意识》,杜章智译,商务印书馆,1999年,第427页。

③ 《列宁选集》(第1卷),第526页。

阶级意识和阶级组织不仅共同决定了自觉自为的工人阶级的形成，而且也是阶级革命的策动力量，和自觉自为的工人阶级一起共同决定了阶级革命的爆发。工人阶级政党领导的阶级革命同过去的政治革命有着显著差异，它不只是一个简单的国家政权从资产阶级向工人阶级易手的过程，而是依照劳动解放的原则重建国家政权的过程。工人阶级革命胜利的结果当然是建立了国家政权，但是阶级革命的根本目的则是实现工人阶级的解放，国家政权不过是实现劳动阶级解放的工具而已，因此旧式的资产阶级政权是不可能实现劳动解放的，工人阶级革命必须打碎旧的国家政权，在此基础上进行国家重建以创建新的国家政权。

工人阶级革命所要打碎的国家政权是脱离社会的庞然大物，它由常备军、警察、官僚机构、司法体系、教会组织等构成，是非常具有压迫性的反动力量，马克思认为这样的国家政权是“在直接经济剥削之外对人民进行第二重剥削的手段”。[①] 工人阶级必须以现代国家这个“超自然怪胎”作为阶级革命的对象，过去所有的政治革命只是使现代国家变得更加完善，所以只有彻底打碎旧的国家政权，才能获得工人阶级解放的政治条件即工人阶级政权。不言而喻，工人阶级政权必然是旧国家政权的对立物。在马克思的理论探索中，巴黎公社成为工人阶级政权的雏形，他说“这就是公社——社会解放的政治形式，把劳动从垄断着劳动者自己所创造的或是自然所赐予的劳动资料的那批人僭取的权力(奴役)下解放出来的政治形式”。[②] 公社不仅意味着要废除常备军、职业官僚体系、实现行政机关和立法机关的统一，而且意味着工人阶级对于国家事务的广泛、直接的参与，也就是说公社要实行普遍的直接民主制，从此国家事务管理不再是“神秘的事情”，而是工人阶级都可以

① 《马克思恩格斯选集》(第3卷)，人民出版社，1995年，第92页。

② 同上书，第97—98页。

掌握的常识和工人阶级日常生活实践的一部分。

马克思根据巴黎公社的经验创造的国家重建理论在列宁那里获得了发展。列宁继承了马克思通过彻底的民主实现劳动解放的思想，他认为要想实现劳动解放，工人阶级政权就必须实行彻底的民主，这就是工人阶级要在经济平等的基础上实现政治平等，唯有如此才能杜绝国家政权的压迫性质和保证国家政权服务于工人阶级的阶级利益。列宁进一步指出，彻底的民主就是无产阶级民主，在政治形式上表现为苏维埃制度，在政治实质上则体现在工人阶级、工人阶级政党、工人阶级国家政权的相互交织和紧密结合上，用列宁的公式表述就是“国家即组织成为统治阶级的无产阶级”。① 工人阶级与国家政权紧密结合在一起，既是工人阶级进行国家重建的基本方式，又是工人阶级进行国家重建的基本结果，而且这样的结合状态得到了国家制度体系的巩固，它实际上意味着自觉自为的工人阶级在阶级革命获得成功之后，借助国家制度体系在国家政权领域之中开辟了存在空间，于是工人阶级就成为同国家政权同构在一起的政治阶级。②

国家重建的目的在于实现劳动解放，所谓劳动解放就是工人阶级的阶级解放，其实质内容则是消除劳动者的异化状态。异化是马克思对处在资本主义体制的剥削和压迫之下的工人阶级存在状态的深刻揭示，具体而言，就是指作为人的类本质的劳动蜕变成了统治人本身的力量。马克思写道：“工人对自己的劳动的产品的关系就是对一个异己的对象的关系……工人把自己的生命投入对象；但是现在这个生命已不再属于他而属于对象了。因此，这种活动越多，工人就越丧失对象。凡是成为他的劳动的产品的东西，就不再是他自身的东西。因此，这个产品越多，他自身的东西就越

① 《列宁选集》(第3卷)，人民出版社，1995年，第130页。

② 汪仕凯：《工人阶级的形成：一个争议话题》，《社会学研究》，2013年第3期。

少。工人在他的产品中的外化，不仅意味着他的劳动成为对象，成为外部的存在，而且意味着他的劳动作为一种与他相异的东西不依赖于他而在他之外存在，并成为同他对立的独立力量；意味着他给予对象的生命是作为敌对的和相异的东西同他相对立。”①异化根源于经济基础，但是弥漫于资本主义体制的各个领域，所以消除异化就必须通过工人阶级革命实现，并且消除异化就同开辟人类社会的新境界统一起来。

消除异化就是劳动解放，既然异化系统存在于资本主义体制的各个领域，那么劳动解放自然也是一个系统的过程，一般而言，它至少需要在政治、经济、社会、文化四个层面上相互配合着进行。首先，劳动解放要求实现工人阶级的政治解放，这就是说通过工人阶级革命建立工人阶级作为统治阶级的、贯彻普遍民主制度的新式国家政权。其次，劳动解放意味着实现工人阶级的经济解放，也就是说要废除生产资料的私有制度，建立生产资料的社会公共所有制度，在此基础上进一步解放和发展生产力。再次，劳动解放要求工人阶级实现价值观念的革新，这就是说工人阶级必须获得阶级意识，理解阶级利益。最后，劳动解放意味着工人阶级的社会解放，这就是指在阶级和国家都消亡的基础上所有社会成员结合成为自由人的联合体。工人阶级的经济解放和文化解放是劳动解放的基础，政治解放则是劳动解放的关键，而社会解放则是劳动解放的最高状态，工人阶级只有达到了社会解放，才能真正实现劳动解放。

总结而言，阶级政治理论框架以工人阶级形成作为历史基础和逻辑起点，围绕着工人阶级革命这个中轴建构了完整的解释逻辑，国家重建和劳动解放是其解释逻辑上最为重要的环节。以阶级革命的方式实现国家重建，进而最终完成劳动解放的目的，构成阶级政治理论框架的基本内容。

---

① 《马克思恩格斯选集》(第1卷)，第41—42页。

三、劳工政治理论框架：公民权利、民主政治与福利国家

工人阶级革命以彻底推翻资本主义秩序为核心目标，当工人阶级团结起来作为一个自觉自为的社会集团进入政治领域时，就会同资本主义秩序发生激烈对抗，如同霍布斯鲍姆所言的那样，“在政治领域异军突起并发挥重要作用的最危险社群(对资产阶级来说)是新生的无产阶级”。① 工人阶级革命的政治目标使其不能见容于资本主义秩序，必然导致资本主义秩序对其进行镇压，但是工人阶级革命始终是一种威胁和动摇资本主义秩序的强大力量，这就迫使资本主义秩序竭力将工人阶级整合进体制的轨道上来。资本主义秩序对西方国家工人阶级的整合取得了巨大的成功，欧美工人阶级革命被有效地遏制，工人阶级开始同现代西方国家实现共存，这就需要我们从现代国家制度变迁的角度来重新理解工人阶级。② 劳工政治理论框架就是在工人阶级与现代国家之间的关系以及工人阶级政治发生重要变化的基础上形成的，它的核心问题是工人阶级与现代国家是如何共存的，公民权利、民主政治与福利国家是组成劳工政治理论框架的基本要素。

公民权利是劳工政治理论框架的逻辑起点和历史基础，工人阶级与现代国家共存的历史，基本上可以从工人阶级所享有的公民权利的变化上得到说明。工人阶级最初是被资本主义秩序排斥的社会集团，这里所谓的排斥是指工人阶级除了享有公民权利中的民事权利以外并不享有政治权利，国家不仅以财产标准限制

---

① 艾瑞克·霍布斯鲍姆：《资本的年代》，张晓华译，中信出版社，2014 年，第 126 页。

② John Hall, ed., *Reworking Class*, Ithaca: Cornell University Press, 1997, pp.16-20.

工人阶级获得投票权利，而且以立法形式禁止工人阶级结社和组建政党，但是现代政治史则表明，“法律迫使工人走向国家的反面；实际上，法律在某种程度上劝诱工人拒绝接受这个社会”。[①] 其实，国家对工人阶级的投票权利和结社权利进行限制，绝非只是政治权利的问题，而且是工人阶级在国家中的地位问题，限制政治权利实际上成为工人阶级“作为被压迫的和低贱的集团地位的标志”，于是刺激了工人阶级不断地发起争取政治权利的运动。[②] 欧美国家有着相似的限制工人阶级政治权利的原初立场，但是对于工人阶级争取政治权利的运动的态度和应对策略却存在巨大的差异，因而对不同国家的工人阶级政治产生了至关重要的影响。

李普塞特在比较分析了欧美国家的工人阶级政治之后发现，国家是否满足工人阶级的政治权利要求，是决定工人阶级政治走向激进革命道路还是温和改良道路的分水岭。[③] 国家对于工人阶级的政治权利压制得越是长久和残酷，工人阶级就越是可能接受革命的政治主张，并在工人阶级政党的领导下走上阶级革命的道路；但国家要是能够逐步赋予工人阶级以政治权利，那么工人阶级将被分化，并越来越倾向于通过制度性渠道表达自己的意愿、维护自己的利益。历史上国家对工人阶级政治权利的承认经历了一个长期复杂的演变过程，根据雅各布（Antoine Jacobs）的总结，国家对待工人阶级的政治权利要求先后经历了四个阶段，即镇压、容忍、承认和整合。[④] 政治权利的实现当然表现在国家法律的

---

① Fred Ridley, *Revolutionary Syndicalism in France*, Cambridge: Cambridge University Press, 1970, p.23.

② 西摩·马丁·李普塞特：《共识与冲突》，张华青等译，竺乾威校，上海人民出版社，2011 年，第 238 页。

③ 同上书，第 229—230 页。

④ Antoine Jacobs, “Collective Self-Regulation”, in Bob Hepple ed., *The Making of Labor Law in Europe*, London: Mansell, 1986, pp.193-241.

承认上面，但潜藏在背后的决定性因素绝不是像罗坎、本迪克斯、罗杰斯等理论家所宣称的那样，是统治精英为了扩大权力基础，故而审时度势主动提供的。[①] 事实上恰恰相反，工人阶级的长期斗争以及阶级革命的巨大威胁才是实现政治权利的根本力量。

工人阶级的政治权利一旦实现，就成为将工人阶级从挑战体制的革命力量转化为认同体制的妥协力量的枢纽。政治权利的枢纽作用集中体现在两个方面：一个方面是工人阶级组成工会和政党参与到政治活动中，尤其是工人阶级政党代表工人阶级以和平方式竞争国家权力；另一个方面是工人阶级在政治权利的基础上开辟了社会权利发展的道路，这就是将就业、工作条件、医疗、退休、培训等上升为国家法律保障的利益。可以将政治权利和社会权利视为工人阶级与资本主义国家之间的妥协性契约，它们不仅重塑了工人阶级与现代国家之间的关系，而且也在很大程度上改造了现代国家。帕库斯基精要地描述了这种变化："特别是工会和社会主义政党的形成过程，以及它们后来融入政府联合治理结构，都为工人阶级提供了清晰表达的组织、意识形态和纲领的'上层建筑'，从而使工人阶级得以确立巩固……这导致了'阶级的国家化'(nationlisation of classes，也就是国内市场调控加上自由主义的法律-政治框架的约束)、联合治理的发展和福利权利的扩大。"[②]当然，工人阶级的政治权利和社会权利对现代国家带来的变化，只是使现代国家更加完善罢了。

现代国家的完善首先体现在民主政治的发展上，或者说，在寡头政治向民主政治转型的过程中，工人阶级发挥了至关重要的作

① Stein Rokkan, *Citizens*, *Elections and Parties*, New York: David McKay, 1970, p.31; Reinhard Bendix, *Nation-Building and Citizenship*, New Brunswick: Tranaction Publishers, p.125；丹尼尔·罗杰斯：《大西洋的跨越：进步时代的社会政治》，吴万伟译，译林出版社，2011年。

② 简·帕库斯基：《阶级的死亡或马克思阶级理论的死亡?》，载戴维·李、布莱恩·特纳主编：《关于阶级冲突》，姜辉译，重庆出版社，2005年，第87页。

用。劳工政治理论框架对于工人阶级与民主政治发展之间的揭示,改变了社会科学理论长期以来关于资产阶级导致民主政治的观点。① 鲁施迈耶和斯蒂芬森夫妇开创了民主政治发展的新解释路径,他们认为民主政治是阶级力量均衡的产物,民主政治的出现确实同资本主义发展有着密切关系,"因为它通过加强工人阶级和中产阶级的力量,从而使阶级结构发生了转型,不是资本主义市场,也不是作为新的支配性力量的资本家,而是资本主义的矛盾促进了民主"。② 这里所谓的资本主义的矛盾就是指资本主义增强了工人阶级的力量,并且使工人阶级力量强大到足以压倒反对民主政治的资产阶级力量。科利尔对工人阶级在民主政治发展中的作用进行了系统的总结：首先,工人阶级的集体力量是打破寡头统治的利器,持续的挑战和抗争不断侵蚀寡头统治的合法性基础;其次,工人阶级的集体行动决定了民主发展的节奏和速度;再次,工人阶级政党在民主政治发展过程中,要么充当了领导者的角色,要么居于不可或缺的次要位置;最后,获得了政治权利的工人阶级是最大的公民群体,因此构成了民主政治巩固的坚实基础。③

民主政治中的工人阶级究竟会如何投票,这是劳工政治理论框架重点解释的问题。尽管工人阶级在民主政治中的投票行为,就其形式而言是在行使作为现代国家公民的政治权利,但是就其实质内容而论则带有浓重的阶级色彩,工人阶级倾向于将选票投给工人阶级政党。李普塞特的研究结论就直白地指出:"比其他任何事情都重要的在于,政党斗争是阶级冲突。政党支持者给人印

① 汪仕凯:《西方民主发生理论辨析》,《政治学研究》,2015 年第 2 期。

② Dietrich Rueschemeyer, Evelyne Stephens and John Stephens, *Capitalist Development and Democracy*, Chicago: University of Chicago Press, 1992, p.7.

③ Ruth Collier, *Paths Toward Democracy*, New York: Cambridge University Press, 1999, p.166.

象最深刻的一个事实是，几乎在每个经济发达国家，属于低收入群体的选民都主要投左翼政党的票，而高收入的选民主要支持右翼政党。”[①]选举投票是一种民主的阶级斗争，它提供了工人阶级政党借助选票支持从而执掌国家政权的可能性，于是工人阶级政党逐渐放弃阶级革命的立场，工人阶级也寄希望于选票来改善自身的物质利益，这种状态是现代国家整合工人阶级的重大战果，也是工人阶级与现代国家之间共存关系的集中反映。

选举投票对工人阶级与工人阶级政党之间的关系产生了深远的影响，从而使现代国家对工人阶级的整合逐渐固化下来。工人阶级政党如要在选举中获胜就必须赢得多数选民的支持，但是工人阶级的人数规模从未超过全体选民半数，所以即使不考虑宗教信仰、种族等因素的分化影响，工人阶级政党在得到了全体工人阶级选民支持的情况下也不可能赢得选举，这就意味着工人阶级政党必须动员其他阶级的选民支持自己。工人阶级政党向其他阶级的成员寻求支持，就意味着不可避免地要淡化工人阶级的利益诉求，放弃以阶级身份作为选举动员的政治基础，转而以更加具有普遍性的“公民”“人民”进行政治动员，而选举动员的政治基础的调整将滋生工人阶级与工人阶级政党之间的隔阂，致使工人阶级选民不再将工人阶级政党作为自身唯一的支持对象，因此工人阶级政党陷入了“选举困境”之中。[②]

同样重要的事实在于，工人阶级政党赢得选举上台执政之后，也不可能推行局限于工人阶级利益的政策，因为民主政治是建立在阶级力量均衡基础之上的，这就是说既要体现工人阶级的利益又要体现资产阶级的利益。如果工人阶级政党组建的政府试图推

---

① 西摩·马丁·李普塞特：《政治人：政治的社会基础》，张绍宗译，上海人民出版社，1997年，第207页。

② 亚当·普沃斯基：《资本主义与社会民主》，丁韶彬译，中国人民大学出版社，2012年，第108—116页。

行严重损害资产阶级利益的政策，那么资产阶级将会为了捍卫自身的根本利益而采取行动，甚至推翻民主政治也在所不惜，由此可见，工人阶级政党制定的政策必须符合“政治上的可行性原则”。[①]政治上的可行性原则是同政治上的阶级原则相冲突的，工人阶级政党的执政如果在兑现工人阶级利益方面不能发挥明显的影响，那么工人阶级选民同工人阶级政党之间的隔阂将会进一步扩大。民主政治潜移默化地改变了工人阶级政党与工人阶级选民之间的关系，工人阶级选民更多地依靠公民身份获得利益，工人阶级政党更多地依靠公民动员赢得选举或者议会席位，于是工人阶级的政治忠诚变得越来越模糊，阶级意识开始消退，工人阶级本身也开始分化和瓦解，在此环境中，工人阶级政党如若不改弦易辙就会在现代国家中被压缩到边缘地带。

现代国家完善的另一个至关重要的方面就是福利国家的兴起。福利国家是工人阶级与统治阶级之间政治妥协的物质基础，它在形式上表现为一系列由国家法律予以保障的福利，但其实质内容则是工人阶级向国家争取到的社会权利。福利国家直接针对的是劳动力商品化问题，劳动力商品化是资本占有剩余价值的前提，同样也迫使劳动者在就业压力之下接受劳动力市场提供的更低价格，从而使得劳动力商品化成为剥削的催化剂，劳动力商品化的程度越深，劳动者切身感受到的剥削和压榨就越强烈，也就越是会激发劳动者的集体反抗；因此，劳动力商品化同时也是工人阶级激进化的催化剂。现代国家不可能改变资本主义的剥削本质，但是可以适度缓解资本主义对工人阶级的剥削程度，这就是将一部分利润以福利的形式返还给工人阶级，使工人阶级在生产过程之外获得了基本生计保障，降低了工人阶级对生产过程的依赖。要

---

① Dimitri Landa and Ethan Kapstein, “Inequality, Growth and Democracy”, *World Politics*, 2001, Vol. 53, pp.289–295.

言之，福利国家通过将劳动过程与劳动力再生产过程适度分离，实现了劳动力在一定程度上的去商品化。

福利国家借助社会权利建构了工人阶级与资本主义生产体系的共存，也换取了工人阶级对现代国家的认可，从而进一步瓦解了工人阶级组织起来的政治基础，驱使工人阶级服从于资本统治。[1]但是福利国家具有内在的矛盾，故而处在不稳定状态。具体而言，福利国家要求资本家让渡一部分利润作为工人阶级的福利，这种政策会削弱资本家的利益所得，故而降低资本家的投资动机，引发资本主义的利润率危机，利润率危机的出现就迫使现代国家采取削减福利支出的政策；但是，如果为了提高资本利润率而削减福利水平，又将引发工人阶级的反抗，造成现代国家的合法性危机。福利国家是在现代国家限制资本主义的基础上出现的，它难免是一个相互冲突的需求捆绑在一起而形成的矛盾结合体，因此福利国家存在下去的最为重要的条件，就是必须在利润率危机和合法性危机之间维持艰难的平衡。

迈克尔·曼断定突飞猛进的工人阶级运动和数量庞大的工人阶级选票，在统治集团进行政策革新和福利国家出现的过程中发挥的作用是根本性的。[2] 然而，福利国家的维持仅仅靠工人阶级是不行的，因为工人阶级已经被现代国家逐渐分化和削弱了。其实，维持福利国家具有“集中的利益”，这就是说它不仅是工人阶级的利益所在，同时也是部分资本家的利益所在，很多企业努力在重要的方面调整自身的经营，以适应福利计划所产生的激励，特别是从国家转移支付计划中获得利润。[3] 不言而喻，部分资本家与工

① 戈斯塔·埃斯平-安德森：《福利资本主义的三个世界》，苗正民、滕玉英译，商务印书馆，2010年，第77—78页。

② 迈克尔·曼：《社会权力的来源》(第3卷)，郭台辉、茅根红、余宜斌译，上海人民出版社，2015年，第421页。

③ 保罗·皮尔逊：《福利制度的新政治学》，汪淳波、苗正民译，商务印书馆，2005年，第596—608页。

人阶级在利益妥协的基础上发展出隐形的联盟，它弥补了由于工人阶级力量式微而导致的福利国家支持力量不足的问题，从而增强了福利国家的黏性，扩大了福利国家在利润率危机和合法性危机之间寻找平衡的可能性空间。

总结而言，劳工政治理论框架以工人阶级的公民权利为逻辑起点，围绕着政治权利和社会权利的实践过程，解释了工人阶级如何同现代国家共存的问题。公民权利是工人阶级与现代国家从对抗转换为共存的枢纽，工人阶级与现代国家之间共存关系的具体内容，都能够从民主政治和福利国家的动态调整中得到清晰的观察，因此公民权利、民主政治和福利国家构成了劳工政治理论框架的核心要素。

四、生产政治理论框架：内部国家、集体谈判与意识形态霸权

生产政治理论框架的问题意识植根于资本主义生产体系的政治内容，也就是生产领域、工人阶级、现代国家三者之间的互动关系，其核心问题是现代国家如何通过塑造生产领域进而影响到工人阶级的形成或者解体。生产政治理论框架以内部国家作为逻辑起点，试图解释劳资双方依托内部国家进行的集体谈判对于工人阶级与现代国家之间关系产生了怎样的影响，或者说解释了内部国家是如何制造了资本主义意识形态霸权从而巩固了现代国家对工人阶级的整合的，因此内部国家、集体谈判和意识形态霸权构成了生产政治理论框架的核心要素。生产政治理论框架不仅主张生产领域中也存在现代国家的影子即内部国家，而且认为生产领域才是工人阶级与现代国家之间关系集中的领域，从而也是工人阶级形成或者解体的基本场所。

生产政治理论的集大成者是迈克尔·布洛维,正是他将生产领域中的权力结构、控制机制、决策过程加以系统的理论化,从而提出了成熟的生产政治理论框架。布洛维认为:“生产过程实际上包含两个层面,首先,工作组织具有政治和意识形态的效果,也就是说当工人将原材料转化为商品时,他们同时也在再生产着特定的社会关系以及对于这些社会关系的经验;其次,劳动过程中存在着同工作组织一道控制生产关系的清晰的政治的和意识形态的机构。”①生产领域中的政治和意识形态机构,以及政治的和意识形态的效果,构成了生产领域里面的政治内容,这就是生产政治理论框架得以形成的经验基础。布洛维所说的生产领域中的政治和意识形态机构就是指内部国家,也就是“一套在企业层面上,组织、改造或压制生产中的关系与生产关系所引起的斗争的制度”。② 内部国家也可以称之为生产政体,而生产领域中的政治的和意识形态的效果主要是指工人阶级思想意识的变化,或者表现为工人阶级的集体主义,或者表现为工人阶级的个人主义。

作为生产政治理论框架的逻辑起点,内部国家同资本主义生产过程的核心内容和最大秘密紧密联系在一起。马克思主义劳动过程理论关注剩余价值如何被掩盖的问题,而内部国家直指剩余价值在资本主义生产过程中如何实现的问题。也就是说,内部国家要解决的现实难题是,劳动力怎样将创造剩余价值的潜力更多地发挥出来,从而使资本家成功地取得剩余价值。根据内部国家实现剩余价值的主要机制的不同,内部国家有着不同的类型。我们在垄断资本主义时期看到的内部国家绝非新鲜事物,它是在资本主义大工业兴起之时就已经出现了的旧事物,只不过内部国家在竞争资本主义时期和垄断资本主义时期采取了根本不同的形式

① Micheal Buroway, *The Politics of Production*, London: Verso, 1985, pp.7-8.

② 迈克尔·布洛维:《制造同意》,李荣荣译,商务印书馆,2008年,第112页。

而已。布洛维要言不烦地指出："在竞争资本主义之下，除了同业公会组织存在的地方外，调控生产中的关系主要是由专制的工头来执行。资方和工人的关系依照主仆关系法则。随着大企业和工团主义的兴起，内部国家的制度开始与资方对劳动过程的指令相脱离，并具体体现在申诉程序和集体讨价还价中。新兴的内部国家通过限制资方的任意决断，以及赋予工人权利与义务，保护了资方塑造和引导劳动过程的特权。"①强制和同意是内部国家实现剩余价值的两种主要机制，如果内部国家以强制作为实现剩余价值的基本手段，那么内部国家就是专制形态的，如果内部国家以同意作为实现剩余价值的基本手段，那么内部国家就是霸权形态的。内部国家在竞争资本主义时期采取了专制形态，而在垄断资本主义时期采取了霸权形态。

专制形态内部国家的核心内容在于工人屈从于资本家的专断意志，并且这种屈从是由国家暴力甚至是资本家私人组织起来的暴力来确保的。现代国家不仅对于内部国家的专制行为不加限制，而且是在生产领域之外以立法形式保障资本家的私人财产、驱使劳动者进入资本主义生产过程、强化自由竞争市场的专制鞭子的力量。② 马克思对此有过深入的分析："资产阶级通常十分喜欢分权制，特别是喜欢代议制，但资本在工厂法典中却通过私人立法独断地确立了对工人的专制。这种法典只是对劳动过程实行社会调节，即对大规模协作和使用共同的劳动资料，特别是使用机器所必需的社会调节的一幅资本主义讽刺画。奴隶监督者的鞭子被监工的罚金簿代替了。自然，一切处罚都简化成罚款和扣工资，而且工厂的莱喀古士们立法的英明，使犯法也许比守法对他们更有利。"③内部国家的专制形态是同现代国家的专制形态联系在一起

① 迈克尔·布洛维：《制造同意》，第112页。

② Micheal Buroway, *The Politics of Production*, London: Verso, 1985, pp.123-124.

③ 马克思：《资本论》（第1卷），第488—489页。

的,它是现代国家对工人阶级的公民权利进行镇压和限制的产物,集中体现了工人阶级与现代国家之间的对抗关系。

霸权形态的内部国家的核心内容在于劳资双方以集体谈判的方式寻求妥协和合作,并且集体谈判是在国家相关法律制度的基础上进行,集体谈判的结果同样得到了国家法律的认可和保障。霸权形态的内部国家是现代国家在多个方面对专制形态的内部国家进行改造的结果:一方面是现代国家在工业生产领域承认了工人阶级的政治权利,支持工人阶级在生产领域中以工会的形式组织起来;另一方面是现代国家承认了工人阶级的社会权利,保障了工人阶级在劳动力市场之外的基本生活来源,从而实现劳动力再生产过程与劳动过程的相对分离,弱化了工人阶级对于劳动过程的依赖程度。同专制形态的内部国家相对照,霸权形态的内部国家调控下的生产过程必须考虑工人阶级的利益并且争取工人阶级的合作,这不仅意味着生产过程中的强制行为得到了限制,而且意味着纪律、惩罚等强制要素本身也必须得到工人的同意才能实施。① 霸权形态的内部国家集中体现为工会组织、集体谈判规则、申诉机制以及奖惩制度。

内部国家从专制形态转换到霸权形态,是同现代国家中的民主政治发展直接联系在一起的,进一步讲,是同工人阶级从挑战现代国家的力量变成认同现代国家的力量直接联系在一起的。当工人阶级凝聚成强大的集体力量不断地挑战现代国家时,统治集团迫于政治革命的威胁只能以公民权利为枢纽整合工人阶级,也就是承认了工人阶级的政治权利和社会权利,并且以国家法律的形式将政治权利和社会权利在生产领域中确立起来。现代国家从此在工人阶级与资产阶级之间的利益冲突占据中间立场,工人阶级与资产阶级之间的利益冲突也开始通过劳资双方的集体谈判进行

---

① Michael Burawoy, *The Politics of Production*, p.126.

具体的协调,因此在现代国家对工人阶级实现了整合之后,劳资双方在霸权形态内部国家的调控之下开展的集体谈判就成为生产政治的基本内容。

劳资集体谈判是以承认资本主义体制为基础的,因此谈判的内容不能关涉财产占有关系,而只能围绕着转化为利润的剩余价值在劳资之间分配的具体比例进行。劳资集体谈判以达成利益妥协为目标,赖特将劳资利益妥协区分为消极利益妥协和积极利益妥协两种类型。在利润总量一定的条件下,工人阶级与资本家之间的集体谈判不可避免地属于零和博弈关系,一方利益的增加必须以另一方利益的减少为代价,于是集体谈判能否达成协议就只能取决于劳资双方在国家法律规定的范围内凝聚的力量对比状况,如果工人阶级能够开展大规模的罢工行动,那么资本家做出让步的可能性就非常大,于是集体谈判最终会达成一个得到国家承认和保障的利益妥协方案。然而,劳资双方在利益零和博弈基础上形成的利益妥协只是消极利益妥协,这就是说劳资双方达成的利益妥协只是暂时的,随着条件的变化,重新取得优势地位的一方将会推翻既定的利益格局,因此集体谈判"没有在相互冲突的阶级之间建立一种真正的合作过程"。[1]

对于劳资集体谈判而言,最重要的内容不是达成消极利益妥协,而是通过在生产领域中建构劳资双方的共同利益,进而形成积极利益妥协的局面。所谓积极利益妥协就是指利益相互冲突的阶级之间的合作状态,在合作中劳资双方都能够在不同程度上改善自己的利益,从而使劳资集体谈判变成了"非零和性质的利益博弈"。[2] 积极利益妥协意味着虽然工人阶级不能改变剩余价值被资本家占有的状况,但是在特定的时空里工人阶级与资本家仍然

---

① Erik Olin Wright, "Working-Class Power, Capitalist-Class Interests and Class Compromise", *American Journal of Sociology*, Vol. 105, No. 4, 2000, p.957.

② Ibid., p.958.

存在一定范围内的共同利益，即在不断提高劳动生产率从而实现企业发展的基础上，使得工人阶级的工资收入及福利水平、资本家的利润总量都获得增长。劳资共同利益的实现必须借助劳资合作的方式，这里的劳资合作主要是指工人阶级的利益代表性组织即工会参与到生产管理中去，在一定范围内发挥决策者的作用。劳资合作能够改善信息流通的效率、提高产品质量的高水平控制、促进技术升级方案的制定和落实、增强生产管理的灵活性并节约管理成本等，借用斯特雷克的说法，劳资合作实际上是以劳资双方的利益相互内化的方式，将相互冲突的双方在一定程度上合并在一起并使之相互依赖。①

集体谈判达成的利益妥协为工人阶级争取了利益，同时也对工人阶级的集体行动施加了限制。集体谈判意味着代表工人阶级利益的工会，必须对工人阶级的集体行动加以约束，尤其是不能随意动员和使用工人阶级集体力量，发动罢工以威慑资本家，这就需要工会领导者扮演强有力的规训工人阶级的角色。集体谈判对于工会角色的界定实际上造成了工会在生产政治中的困境：一方面，只有当工会能够约束工人阶级的过激行动时，工会才能作为工人阶级的利益代表性组织同资本家进行集体谈判；另一方面，如果工会严格约束工人阶级的过激行动，那么工会所争取的利益就会同工人阶级的利益诉求之间产生差距，一旦这个差距到了一定程度，工会就会同工人阶级产生隔阂乃至冲突，进而失去代表工人阶级进行集体谈判的资格。② 如果集体谈判不能在工人阶级与资本家之间顺利进行，那么就等于说内部国家失去了调控劳资利益格局的功能，因此内部国家就陷入危机故而不得不建构新的形态。

---

① Wolfgang Streeck, *Social Institutions and Economic Performance: Studies of Industrial Relations in Advanced Capitalist Economies*, California: Sage Publications, 1992, p.164.

② Leo Panitch, "Trade Unions and the Capitalist State", *New Left Review*, Vol. 125, January/February, pp.35-36.

内部国家的形态变迁是大势所趋，但是生产领域中的政治的和意识形态的效果却起到了迟滞内部国家形态变迁的作用。这里所说的政治的和意识形态的效果就是指内部国家控制下的工人阶级的思想意识状况，而关键之处在于资本主义意识形态霸权能否嵌入工人阶级的思想意识中去，并且利用公民权利意识瓦解掉工人阶级的阶级意识。资产阶级在现代国家中占据了统治地位，故而资本主义意识形态也在思想领域占据了主导地位，也就是成为意识形态霸权，但是资本主义意识形态霸权不能自动嵌入工人阶级的思想中去，而是必须借助内部国家的中介作用。洛克伍德指出，工人阶级"都是从他们自己所处特定环境的有利地位出发来设想……他们所处社会的结构的，而他们对更大社会的感受，则将随着他们在……他们日常生活于其中的小型社会里的经历而变化"。① 由此可见，内部国家在生产领域中究竟赋予工人阶级怎样的体验，将对工人阶级的思想观念朝向何处发展发挥关键影响。

当工人阶级处在专制形态的内部国家控制之下时，工人阶级不仅在生产领域中遭到资本家掌控的内部国家的严酷剥削和压迫，而且在生产领域之外同样遭到资本家控制的现代国家的限制和镇压。内部国家的专制权力迫使工人阶级创造更多的剩余价值，尽管工人阶级产生了强烈的不满、怨恨以及对立情绪，甚至引发了针对资本的反抗行动，但是毫无疑问将被专制的内部国家予以镇压。工人阶级开始走出生产领域从而寻求现代国家的帮助，工人阶级越是希望现代国家能够为改善自身的境况就越是不能如愿，而且当工人阶级越是试图通过施压的方式向现代国家争取政治权利和社会权利时，就越是同现代国家处在激烈的对抗中。工人阶级清楚地认识到资本家的剥削和压迫得到了现代国家的有力

---

① David Lockwood, "Sources of Variation in Working-Class Images of Society", *Sociological Review*, Vol. 14, No. 3, p.249.

支持，工人阶级在生产领域中的体验同它们与现代国家互动的体验产生了相互强化的效应，于是工人阶级的阶级意识就发展起来。如果说内部国家是土壤，那么现代国家则是阳光和雨露。要言之，专制形态的内部国家阻碍了资本主义意识形态霸权对工人阶级思想观念的嵌入，促进了工人阶级阶级意识的发展和自觉自为的工人阶级的形成。

霸权形态的内部国家则充当了资本主义意识形态霸权嵌入工人阶级思想观念的桥梁，它不仅瓦解了工人阶级的阶级意识，而且制造了工人阶级对于资本主义意识形态霸权的同意。内部国家将政治权利和社会权利纳入自身的范畴，并且建构了以集体谈判为主要内容的生产政治过程，正如迈克尔·曼所言："集体谈判象征着工人阶级的进步，然而却熄灭了指向对手的阶级仇恨的火花。"①集体谈判意味着工人阶级成为了现代国家的公民，并且是以现代国家公民的身份享有政治权利和社会权利的，于是在工人阶级的思想观念中，公民身份就开始取代阶级身份，享有政治权利以及社会权利就最终取代了发动阶级革命。塞尔兹尼克(Selznick)敏锐地发现了集体谈判所导致的意识形态效果："如果集体谈判创造了一个政治体系的话，那么它是通过帮助重构管理过程实现的。资本家变得对权利更加有意识，更有能力使那种意识成为制度化生活例行程序的一部分，因此对人的治理取代了对'物'的管理。"②所谓对人的治理就是要在工人阶级的思想观念中植入资本主义意识形态霸权，集体谈判制造了认同现代国家公民权利的工业公民，因此工人阶级开始分化为个体化的公民，并且纷纷挤上享有政治权利和社会权利的制度化轨道。

---

① 迈克尔·曼：《社会权力的来源》(第2卷)，陈海宏等译，上海人民出版社，2007年，第689页。

② Philip Selznick, *Law, Society and Industrial Justice*, New York: Russell Sage Foundation, 1969, p.154.

总结而言，生产政治理论框架“以生产开始，以政治结束”。①通过历史地观察生产领域中内部国家的变迁，生产政治理论框架解释了工人阶级是如何在生产领域中形成或者解体的这一核心问题，答案的关键在于内部国家是否容纳了工人阶级的政治权利和社会权利，并且在此基础上能否通过集体谈判的过程将资本主义意识形态霸权嵌入工人阶级的思想观念中去。因此，内部国家、集体谈判和意识形态霸权构成了生产政治理论框架的核心要素。

五、理论框架解释逻辑的比较

工人政治理论框架以工人阶级与现代国家之间的互动过程为经验基础，以工人阶级与现代国家之间关系的具体性质作为解释对象。由于工人阶级与现代国家之间的互动过程经历了重大的变化，工人阶级与现代国家之间的具体性质也发生了深刻的变化，因此工人政治理论框架也形成了多样性发展的局面。本文认为，社会科学对工人阶级的研究形成了阶级政治、劳工政治、生产政治三种理论框架。立足对工人阶级和现代国家的认知、对工人阶级在现代国家中的地位和影响的评价、对工人阶级与现代国家之间的互动过程及其塑造的两者之间关系的具体性质的判断等重要维度，我们能够对阶级政治理论框架、劳工政治理论框架、生产政治理论框架的解释逻辑的区别和联系进行说明，以便更为深入地理解三种不同的工人政治理论框架。

阶级政治理论框架代表了社会科学理论的激进立场，它的解释逻辑始终贯穿着一种批判资本主义的思想基调。资本主义的根本性问题在于它制造了经济不平等，并且在经济上占据优势的社

① Micheal Buroway, *The Politics of Production*, London: Verso, 1985, p.252.

会集团往往会有效地操纵政治权力。与此同时,资本主义支持一种法律意义上的政治平等,试图以此来掩盖经济不平等以及经济上的优势集团对政治权力的操纵,从而建构出资本主义意识形态霸权。克朗普顿有言:"政治上的平等可以与物质上的不平等并存,并且确确实实,通过把与占支配地位的生产、分配和交换制度相联系的不平等界定为'非政治的',资产阶级意识形态就起到了使不平等合理化的作用。"①阶级政治理论框架直接针对资本主义造成的经济不平等问题,进而主张资本主义的经济不平等集中体现为阶级问题,也就是资产阶级对工人阶级的剥削和压迫,而且资本主义的经济不平等不可能通过法律意义上的政治平等进行掩盖,而是不可避免地产生了经济上占据优势地位的阶级的政治统治,也就是说资产阶级操纵政治权力即成为统治阶级,而工人阶级则成为被统治阶级。

在阶级政治理论框架中,工人阶级不是一般意义上的社会阶级,而是由资本主义产生的并且要推翻资本主义的革命阶级。为此,工人阶级必须在阶级利益的基础上团结起来,在工人阶级政党的领导下形成阶级意识,进而成为能够从事阶级革命的自觉自为的阶级。这个阶级在革命胜利之后还将打碎资产阶级掌控的现代国家政权的基础上,重建以工人阶级为领导阶级的新国家政权。自觉自为的工人阶级是完整统一的工人阶级,不仅在现代国家的范围内如此,而且在超越现代国家的国际层面也是如此,因此阶级政治理论框架中的工人阶级应该是在国际层面团结起来、相互协调集体行动的"总体工人",只有这样的工人阶级才能战胜强大的现代国家。阶级政治理论框架对于现代国家的总体认识不外乎马克思和恩格斯的经典论断:"现代的国家政权不过是管理整个资产

① 罗斯玛丽·克朗普顿:《阶级与分层》,陈光金译,复旦大学出版社,2011年,第18—19页。

阶级的公共事务的委员会罢了。”①为了履行管理资产阶级公共事务的政治职能，现代国家形成了由复杂的军事、官僚、宗教、司法机构组成的中央集权国家机器，它从四面八方缠绕社会、统治社会、压制社会，尤其是压制工人阶级。② 强大的现代国家是工人阶级革命的最大敌人，虽然工人阶级革命也将建立政治形式，但是工人阶级不能接受现代国家直接变成工人阶级政权的政治形式，而是要在彻底打碎现代国家政权的基础上创建新的政治形式。

既然工人阶级必欲实行阶级革命以彻底打碎现代国家，那么工人阶级在现代国家中占据着何种地位、发挥着何种影响呢？简要言之，工人阶级是现代国家的异质性因素和挑战者，但是与此同时，工人阶级出人意料地发挥了促进现代国家形成和完善的重要影响。恩格斯指出，国家是为调解阶级冲突而存在的，“国家是表示：这个社会陷入了不可解决的自我矛盾，分裂为不可调和的对立面而又无力摆脱这些对立面”，因此国家就是为了“将阶级冲突控制在合法的范围内”。③ 作为现代国家的挑战者，工人阶级与资产阶级之间的冲突以及由此导致的工人阶级与现代国家之间的冲突不可能消除，而现代国家就必须为了控制工人阶级与资产阶级之间的冲突和应对工人阶级革命的挑战而不断调整和发展自身。从这个意义上讲，阶级与现代国家是相互伴随而形成，“国家与工人是相互塑造的，正是工人的斗争促使国家权力不断走向制度化”，④工人阶级越是在阶级形成的基础上发动阶级革命，就越是会推动现代国家变得强大和成熟，直到工人阶级革命打碎现代国家为止。

在阶级政治理论框架看来，工人阶级与现代国家之间的互动

---

① 《马克思恩格斯选集》(第 1 卷)，第 274 页。
② 《马克思恩格斯选集》(第 3 卷)，第 91 页。
③ 《马克思恩格斯选集》(第 4 卷)，人民出版社，1995 年，第 170 页。
④ 陈周旺、汪仕凯：《工人政治》，复旦大学出版社，2013 年，第 87 页。

过程就是持续不断地政治斗争。现代国家是资产阶级的政治统治工具,因此工人阶级的阶级利益就不可能在现代国家的范围内实现,这就是说工人阶级与现代国家之间的互动过程只能是以打碎现代国家为目的的政治斗争。根据马克思和恩格斯的判断,工人阶级与现代国家之间的政治斗争,实质上就是工人阶级与操纵国家政权的资产阶级之间的阶级斗争,一开始只是地方性的斗争,进而汇集成全国性的斗争。① 正是在这些政治斗争中工人阶级对现代国家有了更为清醒的认识,也正是在这些斗争中工人阶级逐渐形成自觉自为的阶级。工人阶级与现代国家之间持续不断的政治斗争,决定了工人阶级与现代国家之间关系的性质必然是对抗性的,在阶级政治理论框架看来,只要工人阶级坚持主张阶级利益,现代国家就必然要镇压工人阶级革命,因此工人阶级的阶级利益始终是现代国家的异质性因素,工人阶级革命始终是现代国家的最大政治威胁。

工人阶级终将克服自身的分裂进而在阶级身份的基础上凝聚成为完整统一的自觉自为阶级,并且终将超越现代国家的界限从而达成国际团结,这是阶级政治理论框架的基本预设。但是,工人政治的实际经验却说明这样的理论预设是错误的,工人阶级并不愿意放弃非阶级性的身份转而仅仅接受阶级身份。乔万尼·阿瑞吉指出,过去一百多年劳工运动史最重要的启示就是,"每当面对被资本当成一群没有个性而只有增加资本价值的不同能力的大众时,无产者都在反抗。几乎毫无例外地,他们借助或创造出新的任何可能的显著特征(年龄、性别、肤色和各种地理特征)的结合体,以要求资本对他们区别对待"。② 贝弗里·西尔弗则更是认为,划

① 《马克思恩格斯选举》(第1卷),第281页。

② Giovanni Arrighi, "Marxist-Century, American-Century: The Making and Remaking of the World Labor Movement", *New Left Review*, Vol. 179, January/Feburary, p.63.

分非阶级性的边界和界限，是工人阶级为了保护自己避免陷入灾难漩涡的一种内在的普遍倾向。[①] 在所有非阶级性的边界和界限里面，现代国家是工人阶级达成国际团结的最大障碍，甚至可以说是工人阶级成为"总体工人"过程中不可能逾越的制约因素，所以"促使工人阶级团结在每个国家之内的力量，不可避免地取代了工人阶级国际主义的希望和主张"。[②] 由此可见，工人政治的现实证明，阶级政治理论框架超越现代国家的意图是不切实际的，理解工人政治必须建立新的理论框架。

劳工政治理论框架就是作为阶级政治理论框架的替代性方案而出现的。劳工政治理论框架的基本预设是工人阶级不需要、事实上也很难形成完整统一的自觉自为的工人阶级，因此工人阶级并不是资本主义塑造的特殊类型的社会阶级，工人阶级与现代国家是完全可以共存的。劳工政治理论框架的基本预设相比阶级政治理论框架而言有着两个方面的重大差别。首先，劳工政治理论框架放弃了工人阶级国际团结的可能性，转而主张工人政治不可能超越现代国家的范畴。其次，劳工政治理论框架放弃了自觉自为工人阶级进行阶级革命的可能性，工人阶级是能够在现代国家范围内部形成自觉自为阶级的，但是工人阶级革命在现代国家的镇压下很难成功，并且自觉自为的工人阶级除了在革命时刻存在外，一般难以持久存在下去，自觉自为并非工人阶级的常态。

在劳工政治理论框架看来，分裂为既相互联系又相互冲突的几个部分才是工人阶级的常态，更为重要的内容是工人阶级并非是代表着社会普遍利益的阶级，工人阶级只不过是追求自身特殊利益的社会阶级，对工人阶级的此种定位从工人阶级进入现代国

---

① 贝弗里·西尔弗：《劳工的力量》，张璐译，社会科学文献出版社，2012 年，第 28 页。

② 艾瑞克·霍布斯鲍姆：《帝国的年代》，第145 页。

家的整合轨道时就被决定了。① 工人阶级被整合进现代国家从而获得政治权利，就意味着工人阶级放弃了以阶级革命的方式重建现代国家的政治方案，转而借助体制内部的渠道来实现由现代国家规定的利益。所谓体制内部的渠道就是工人阶级组织通过选举政治分享国家权力，从而进一步影响公共政策以争取社会权利，由此"工党和社会民主党如今成了国家政治体系中不可分割的组成部分，它们不再把自己视为社会变革运动的组织先锋"。② 在这样的情况下，现代国家就不再是工人阶级的死敌，也不再简单地是维护资产阶级利益的统治工具，现代国家变成了超然阶级冲突之上的、以实现利益聚合为基本功能的、以维护公共利益为基本目标的公共权力组织。由此可见，现代国家在劳工政治理论框架中具备了代表社会普遍利益的政治想象。

就工人阶级在现代国家中的地位和作用而论，劳工政治理论框架认为工人阶级是现代国家中规模庞大的选民，发挥着增强现代国家的政治合法性的关键作用。虽然工人阶级选民的规模从未达到全体选民半数以上的程度，但是它毕竟构成了选民之中规模最大的一个群体，所以任何一个想要上台执政的政党都不可能无视工人阶级选民的存在。很多研究表明，这些政党事实上无不竭力调整自身的施政纲领，以吸引工人阶级选民的选票支持，即使是保守的政党也会进行此类尝试。③ 当然工人阶级选民大体上遵循了支持左翼政党的投票模式，但是如果工人阶级选民的投票率降

---

① 亚当·普沃斯基：《资本主义与社会民主》，丁韶彬译，中国人民大学出版社，2013 年，第 111 页。

② 约翰·戈德索普：《发达工业社会的阶级与政治》，载戴维·李、布莱恩·特纳主编：《关于阶级冲突》，姜辉译，重庆出版社，2005 年，第 243—244 页。

③ Ira Katznelson and Aristide R. Zolberg, *Working-Class Formation*, New Jersey: Princeton University Press, 1986, pp.359-360；西摩·马丁·李普塞特：《政治人：政治的社会基础》，第 261—262 页；亚当·普沃斯基：《资本主义与社会民主》；保罗·皮尔森：《时间中的政治》，黎汉基、黄佩璇译，江苏人民出版社，2014 年。

低，那么受影响的就不只是左翼政党的政治地位，而且还会影响到民主政治的合法性。毕竟是由于工人阶级登上政治舞台，并且进入现代国家行使政治权利，才带来了今天我们所熟知的民主政治。西方国家所出现的合法性危机同工人阶级的政治幻灭感有着重大联系，虽然工人阶级选民还是会投票支持左翼政党，但是工人阶级选民对政党政治大失所望，他们的投票率出现了大幅度下降，政党与阶级之间的联盟已经不再如同往日那般紧密。①

工人阶级与现代国家在劳工政治理论框架中得以握手言和，工人阶级与现代国家之间的互动过程不再是不可调和的阶级对抗，而是集中体现为选举基础上的围绕国家权力分配的"民主的阶级斗争"。其实，"民主的阶级斗争"最初确实是以阶级为基础的，但是伴随着这种斗争的长时间运转，阶级的色彩就将淡化，公民权利的色彩将会增强，因为现代国家本来就是以公民权利而非阶级身份整合工人阶级的。当然，不管工人阶级与现代国家之间的互动过程呈现出阶级色彩还是公民权利色彩，在劳工政治理论框架看来，本质上无非是一个利益表达与合法性制造的过程。工人阶级与现代国家之间关系的具体性质在这样的情况之下自然是妥协与共存的，或者用赖特的表述来说，就是一种"对立性相互依赖"。② 工人阶级虽与现代国家有矛盾，但已不是意欲打碎现代国家的异质性力量，反而是现代国家重要的社会基础，并且现代国家还发展出一系列制度来保障和再生产这种妥协和共存关系。

生产政治理论框架形成于20世纪80年代，彼时正是工人阶级与政党之间的结盟开始松解、阶级投票衰落、工会会员锐减、福利制度改革兴起等重大政治变迁风起云涌之时。工人阶级奋斗了

① 参阅斐欧娜·戴维恩：《美国和英国的社会阶级》，姜辉译，重庆出版社，2010年，第212—219页。

② 埃里克·欧林·赖特：《后工业社会中的阶级》，陈心想译，辽宁教育出版社，2004年，第12页。

一个世纪争取到的成果开始退化,有关工人阶级瓦解以及工人政治消亡的理论主张层出不穷,自第二次世界大战结束以来形成的有利于工人阶级的政治环境也开始发生变化,主导政府政策的意识形态以及社会舆论以削弱工人阶级的利益为能事。在西方世界,“政府宣称政策转变的目的是促进长期的经济增长;扩大个人选择和个人责任。但是,收入、利润、退休金、实际工资等各方面扩大了的差别被明显地接受为是实现目的的必要手段;财富也被说成是对成功的私人企业的回报”。① 工人阶级的利益遭到损害,经济不平等与阶级分化比过去变得严重了,然而阶级话语却在此时衰落了。布洛维就坦言,生产政治理论框架似乎是在不合时宜的时机形成的,但是它表达了一种悲观但不妥协的政治立场和理论关怀。②

生产政治理论框架反对阶级政治理论框架和劳工政治理论框架从上层建筑角度,认识工人阶级与现代国家之间的互动过程及其塑造的两者之间关系的理论主张。生产政治理论框架的基本预设是经济基础才是工人阶级与现代国家如何互动、工人阶级与现代国家之间关系的性质如何的决定性条件。布洛维直言不讳地指出,立足上层建筑研究工人政治无异于南辕北辙,因为“生产过程才是锻造工人阶级的熔炉”,无论是自觉自为阶级的形成还是工人阶级的瓦解,其实都是生产领域之中的上层建筑导致的,所以工人政治研究必须以生产领域作为出发点。③ 生产政治理论框架并不是要取代阶级政治理论框架或者劳工政治理论框架,实际上生产政治理论框架的价值在于将上层建筑领域中的工人政治扎根在经

---

① 约翰·维斯特加德:《1979 年以来英国的阶级:现实、理论和意识形态》,载戴维·李、布莱恩·特纳主编:《关于阶级冲突》,姜辉译,重庆出版社,2005 年,第 179 页。

② 迈克尔·布洛维:《从波兰尼到盲目乐观:全球劳工研究中的虚假乐观主义》,刘建洲译,《开放时代》,2011 年第 10 期。

③ 迈克尔·布洛维:《公共社会学》,沈原译,社会科学文献出版社,2007 年,第 289 页。

济基础领域之中，从而为阶级政治理论框架和劳工政治理论框架提供更为微观的逻辑支持。具体而言，以专制的内部国家为中心的生产政治构成了阶级政治理论框架的深层基础，而以霸权的内部国家为中心的生产政治则构成了劳工政治理论框架的深层基础。可以说，阶级政治理论框架和劳工政治理论框架是生产政治理论框架在逻辑上的延伸，生产政治理论框架无论同阶级政治理论框架结合还是同劳工政治理论框架结合，都能为工人政治提供一种完整的理论解释。

生产政治理论框架对于工人阶级的认识延续了马克思主义的传统，它认为工人阶级是资本剥削的产物，在资本主义生产领域中处在被资本压迫的雇佣劳动者地位，剥削能够对工人阶级的阶级利益和集体身份意识产生塑造作用；但是剥削并不能直接决定工人阶级发展成自觉自为阶级，更为关键的因素是在资本主义生产领域中组织和控制工人阶级的内部国家的性质。与此相联系，生产政治理论框架认为现代国家有着多重的性质，一般情况下现代国家不会直接与工人阶级发生联系，而是通过塑造生产领域中的内部国家的方式间接地同工人阶级相遇，纵使是对工人阶级的镇压，现代国家也会倾向于内部国家使用私人性质的暴力。① 现代国家最初支持生产领域中专制的内部国家，放任其对工人阶级的压迫，从而表现出现代国家维护资产阶级利益的阶级性质，但是当工人阶级团结起来向现代国家发起阶级革命时，现代国家则将生产领域中的内部国家从专制形态改造成为霸权形态，约束资本的权力和保障工人阶级的利益，从而表现出现代国家超然阶级冲突之上的中间者性质。

就工人阶级在现代国家中的地位和作用而言，生产政治理论框架拒绝采取一种简单的立场，其基本的观点是认为一切跟随政

① 迈克尔·曼：《社会权力的来源》(第2卷)，第708页。

治形势的发展而变化。在工人阶级发展成为自觉自为的阶级之前,工人阶级在现代国家中无地位可言,然而伴随着工人阶级结成强大的集体力量,工人阶级在推动现代国家走向民主政治和福利国家的过程中的地位是举足轻重的,但是一旦工人阶级被整合进现代国家的轨道,工人阶级的重要性就不断降低,以致现代国家开始从中间者立场转移,重新偏向资本的利益,布洛维因此认为内部国家也出现了从霸权形态向霸权专制形态的变迁。霸权专制形态的内部国家意味着工人阶级的政治权利得到保留,但是社会权利却被削减,于是反过来制约了政治权利的行使,资本权力的专制性质得到重新增强。[①] 不言而喻,工人阶级在现代国家中的作用也是变动不居的,但是总体而言工人阶级推动了现代国家的发展,因为无论是内部国家采取专制形态还是霸权形态,抑或是新近出现的向霸权专制形态变迁的趋势,都说明现代国家的触角利用控制工人阶级的契机已经渗透到生产领域之中。

在生产政治理论框架看来,工人阶级与现代国家之间的互动过程始终受制于现代国家回应工人阶级的具体策略,因此这个过程的实质内容无非是现代国家对工人阶级的限制和分化。工人阶级即使在其力量最为强盛的时刻,也从未撼动过现代国家的主导地位,工人阶级在生产政治过程中争取到的成果,与其说是现代国家的妥协,倒不如说是现代国家的战略性退却,现代国家根据政治形势的发展不断地改造生产领域中的内部国家,以有效控制工人阶级的行动和思想观念,就是最好的证明。就工人阶级与现代国家之间关系的性质而论,生产政治理论框架认为其本质上是对立的,虽然现代国家也借助霸权形态的内部国家来缓和工人阶级的不满、制造工人阶级的同意,但是霸权形态的内部国家却是不稳定的。如帕尼特所见,一旦现代国家重新控制了局面,内部国家的专

---

① 迈克尔·布洛维:《公共社会学》,第 299 页。

制化程度又将重新获得发展。① 概而论之，工人阶级不可能在资本主义体制下实现自己的利益，同时也很难在现代国家中改变自己的命运。

六、结语

工人阶级是社会成员之间的经济不平等的集中体现，只要存在着贫富差距就会存在工人阶级和以工人阶级为行动主体的工人阶级政治。虽然现代国家为了缓解经济不平等和抑制社会阶级分化而采取了一系列政策，但是我们生活的时代仍然是一个财产高度集中、社会阶级分化愈发明显的时代，即使以社会阶级弱化著称的美国也在过去三十年出现了严重的阶级分化和财富集中。② 这些都说明工人阶级并没有消亡，消亡的恰是僵化的思维、落后的偏见、狭隘的眼光，工人阶级政治也并未远离我们生活的时代，因此我们急需从工人政治理论文献中汲取知识，剥开光怪陆离的政治表象，从而直接面对当今时代的工人政治，并且对其开展更为深刻的研究和形成更加合理的解释。

从19世纪上半叶工人阶级登上政治舞台开始，工人政治就成为现代国家至关重要的组成部分，工人阶级既是现代国家的挑战者，又是现代国家的社会基础，于是以工人阶级与现代国家之间的互动过程作为论说主线，社会科学界滋生了纷繁复杂的工人政治理论。但是中国社会科学界长期以来，对于工人政治理论的基本

---

① Leo Panitch, "The Development of Corporatism in Liberal Democracies", *Comparative Political Studies*, Vol. 10, No. 1, 1977, pp.61–90; Michael Buroway, *The Politics of Production*, pp.148–152.

② 参见拉里·巴特尔斯：《不平等的民主》，方卿译，上海人民出版社，2012年；托马斯·皮凯蒂：《21世纪资本论》，巴曙松译，中信出版社，2014年；雅各·布哈克、保罗·皮尔森：《赢者通吃的政治》，陈方仁译，格致出版社，2015年。

预设、核心问题以及解释要素,缺乏深入的辨析和系统的整理,因而在从事中国工人政治研究时,就难免存在理论逻辑不够清晰、问题意识不够明朗、解释框架不够准确等问题,这就说明在理论与经验相遇之前,我们必须首先将理论吃透,进而为学术研究提供一个不可或缺的基础。本文的价值在于,根据理论预设和核心问题的差异,将工人政治理论概括为阶级政治、劳工政治与生产政治三种理论框架,从而简要地勾勒出了工人政治理论的基本轮廓,这将有利于中国学术界对工人政治理论的总体把握和深入理解。

当今中国正在进行世界上最大规模的工业化,并且制造了世界上规模最大的工人阶级,中国工人阶级的兴起同城乡差距的不断扩大、财富分配的高度不平等相互纠缠,从而使得中国工人阶级与现代国家之间的互动过程正在向更深层次、更广阔领域推进。虽然中国工人阶级与现代国家之间的互动过程还没有得到充分的研究,但可以肯定的是,中国工人政治将对中国现代国家的发展产生不可估量的重大影响,因此中国社会科学界既需要工人政治理论,又获得了创造和发展工人政治理论的契机。总结而言,无论是阶级政治理论框架,还是劳工政治理论框架,抑或生产政治理论框架,都能够为阐释和解释中国工人政治提供知识来源,同样也能够从中国工人政治的经验中得到发展的灵感和动力源泉。

Class Politics, Labor Politics and Production Politics: Theoretical Framework and Explain Logic of Workers Politics

Shikai Wang

Abstract: The working class is naturally the product of politics, and the working class politics constitute a vital field of modern politics. The interaction between the working class and the state is the basic clue of workers politics, however, due to the significant differences in the understanding of the working class and the state, the different standpoint and evaluation on working class' position and influence in modern state, the different judgement and explanation on the nature and result of the interaction between the working class and the state, the study of working class politics has formed three theoretical frameworks.The core issue of the class politics is how did the working class revolution and the regime of the working class formed, and the key issue of the labor politics is how did the modern state transform the working class into citizens and make them loyal to the modern state, and the critical issue of the production politics is how did the state determine the formation and disintegration of the working class by shaping the production field. The paper in order to compare and analyze the interpretative logic of the theoretical framework of class politics, labor politics and production politics, and summarizes the basic context and the main reason of the change of the theoretical framework at last.

Keywords: class politics; labor politics; production politics; theoretical framework; explain logic

国家三要素及未来形态的建构

——超越政治与市场的理想共同体*

刘圣中

[内容提要] 国家包含着政治、经济和社会三大要素，基于三大要素形成了各种不同形态的国家模式，政治导致权力垄断及其不平等，经济导致资本控制和社会排斥，而社会则基于友爱精神带来团结互助，基于社会要素可以形成一种超越政治与市场的理想共同体类型，即橄榄型的社会性国家。

[关键词] 政治　市场　社会　社会性国家　橄榄型国家

未来国家是什么样子？这是一个关乎无数后代的重要问题，也是无数代人都在遐想和探究的永恒的问题。对我们来说，理想的国家应该具备几个基本的要素：国家内的成员都应该既享受丰足的物质生活，同时又能够在政治领域享有足够的政治效能感，更重要的是每个组成国家整体的个体都能成为健全的公民，在友爱和利他主义的社会生活中养成优良的品德，共同培养一种团结互助、健康友爱的文化精神。理想的国家应该能够创造一种有价值的生活。① 这种国家具有和以往国家所不同的形态，在以往形态的国家内占主导地位的强大的政治权力和市场资本之间，生长出一种更加宽阔而充满活力的社会空间，它不仅是前二者的补充，而且是能够主导社会资源配置和流动的新力量。政治权力所造成的

---

* 刘圣中，南昌航空大学文法学院。

① 参见约翰·肯尼思·加尔布雷斯：《美好社会：人类议程》，王中宏等译，江苏人民出版社，2009。

奴役和市场资本所造成的异化都被这种强大的力量控制而降低到最小的程度,社会关系因此而被一种更加符合人性的机制所主宰,每个人都能在这种机制的规范和培育下成为有责任感和主动精神的国家公民。如果要给这种国家作一个精简的描绘,可以称之为社会性国家。下面我们将从这三个要素入手来逐步分析这一理想国家的理论内涵和现实意义。

一、国家三要素及其基本逻辑

按照马克斯·韦伯的经典概括,国家是特定地域内由一定人口组成的运用政治暴力机器来实施控制的统一的共同体。[①] 韦伯的定义反映了现代国家的核心特征,现代国家利用其典型的暴力机器控制着一定地理版图内的人口和自然资源,并组建成一个空间封闭的有着明显疆域边界的主权国家。现代经济和现代国际政治运动都是在这一国家体系的基础上展开的。

然而,韦伯的概念没有反映出国家作为一个政治共同体内部各个要素之间更加复杂的结构关系,韦伯的国家偏向于掌握暴力机器的等级制度体系,而忽略了国家框架之内同样重要的要素之间的另外两重关系:经济关系和社会关系。这两重关系一方面是现代资本主义给国家带来的新逻辑结构,另一方面仍然是前现代国家传统社会关系的继承和发展。尤其是第三重关系,与前两者相比,常常被人忽略,即它并没有主动去确认和明晰其内在动力和对人类生存与延续来说的意义。这三重关系就是后来在西方政治学界和社会学界非常重要的国家、社会理论以及市场资本主义理论所特别关注的焦点。理论的研究让人们发现了这三重关系之间

① 马克斯·韦伯:《经济与社会》(下),林荣远译,商务印书馆,1996,第731页。

的重要性,也将人们带领到一个更加多元和融合的新世界愿景中。

我们可以将这三重关系或者三个要素概括为:政治、市场和社会。从世界进入现代化时期,这三大要素就分别型构着现代国家的各种形态与内在过程,形成了当今世界复杂多样的国家样式。每个要素在不同国家和地区扮演着不同的角色,由于历史时期的演变过程的差别,国家内部关系的不同,以及国家间实力比较的悬殊,纷纷形成了要么偏向于某种关键要素,要么综合三种要素,要么要素功能均被衰减的多样国家形态。有些是市场至上型的国家,有的是政治至上型的国家,有的是社会功能性的国家。三种要素并不是单维的、原子式的,而是互相交错、互相融合、互相促动,从而使得在任何一个国家都不可能是由某个单一的要素所左右,并一直持续不变地保持特殊单一形态的国家模式。国家展现出丰富多彩的样式,也带给了现代人无法弥补的差距和鸿沟,以及无穷的冲突。可以说,资本主义产生以来一直到 21 世纪就是世界快速变化、差距和鸿沟越来越明显、冲突越来越剧烈的历史过程。

国家三要素是在现代化过程中逐渐形成一种互相作用、齐头并进的社会变量图示,其所蕴含的基本假设、核心动力、价值归依、个体角色认定以及建立在此基础上的个体关系形态、组织模式、运作机制和最终结构都有着极大的不同。通过解析这三大要素之间的差别,我们能够更好地了解现代国家不同形态的真实原因和准确路径,从而也能透过历史的重重迷雾和现代化过程辉煌灿烂的艳阳发现现实的冷灰色,更恰当地分析和预测未来人类构建政治共同体的方向和标准,设想人类始终在不懈追求的理想形态的国家的特点。为了更清楚地说明这三大要素之间的区别及其对国家变革的作用,我们将其汇集起来,建立一个比较的表格(见表 1)。在这个表格中,我们可以发现国家三要素的内在逻辑及其在不同维度上的差别性和分歧所在。

表 1　国家三要素及其逻辑

	基本假设	核心要素	价值归依	个体角色	个体关系	组织形态	运作机制	结果
政治	通过政治获得权力，实现建立政权的理想	权力	控制与反控制；民主和自由；平等和不平等	权力参与者	统治与被统治	政府	暴力斗争；选举	权力控制的等级制国家或者民主运动
市场	通过市场无形之手可以实现福利最大化	资本	利润；自由	自利的经济人	交易者	公司	交易；竞争	自利的自由市场经济
社会	通过社会自治和友爱互助可以创造更美好的生活	自主和友爱精神	自主；利他主义	有责任、有能力、有爱心的公民	互相帮助的对象	NGO志愿者组织	捐赠；互惠；志愿行动	友爱精神的社会

罗斯巴德教授在其著作《权力与市场》中比较了市场原则和霸权原则的区别，这一点对本文有重要的参考价值。这两大原则恰恰对应了市场与政治两大要素。他认为，市场是崇尚个人自由的，追求普遍的互利，相互和谐、和平共处，依靠人对自然的力量，目的是消费者的最高效满足，以及生产生活水平的提高；而政治霸权原则崇尚强制、剥削、等级冲突、战争，依靠的是人对人的权力，结果会破坏对需要的满足，以及资本消耗和生活水平倒退。[①] 当然，他对有关市场自由的观点，只分析其一面，不及其余，我们在后文中将会针对性地进行讨论。

这一表格试图将国家结构和形态问题的差异性简洁化，让读者更好地观察和理解国家内部的要素关系，认识自身所处的时代国家的性质与表现，能更深入地与其他国家进行合理比较，从而发

① 穆雷·罗斯巴德：《权力与市场》，刘云鹏等译，新星出版社，2007 年，第 269 页。

现自己国家的问题,探索变革这些问题的路径和方法。下面我们将对这一表格的内容逐一展开详尽的分析。

二、政治:权力魔杖指挥下的不平等生存

我们先从政治要素谈起。政治是人类社会组织群体生活最古老的原动力,在市场和社会还没有形成之前,政治就已经成为构建群体生活群落与共同体的核心力量。古希腊时代的亚里士多德曾经总结城邦政治说过“人是政治或者城邦的动物”,①这句名言很好地揭示了城邦时代政治在古希腊人的共同生活中的重要作用。从历史来看,政治的这种性质说明了人类趋向于共同生活的本性是以政治为核心支点来建构的。或者说,政治是人类通往共同生活的必要渠道。

(一)暴力政治的控制性与不平等

那么,政治凭什么力量来成为组建人类共同体的核心变量呢?除了政治代表了精英们展现其用来构建美丽乌托邦世界的价值愿景之凝聚力的一面以外,政治的现实力量根源来自其核心的权力要素。没有一种政治不是权力的化身,是权力给予了政治一种凝聚世俗社会诸种分散化的要求,及将其团结在一起的能力。这种将各种分散化要素凝聚在一起的力量一旦被组织起来,并运用到现实生活中,就会变成一根魔杖,产生强大的力量:对其余的人口和要素进行政治性的控制、组织和改造。所以,政治常常成为组织化少数对无组织化多数的控制手段。在这种不平衡的框架下,权力的目的变成了追求控制,不仅要控制同一共同体内部的全部人

① 参见亚里士多德:《政治学》,吴寿彭译,商务印书馆,1965。

口，还要控制共同体内部产生的全部利益，乃至包括对共同体所赖以寄生的各类自然资源。[①] 政治被权力所收买，甚至俘虏，成为权力的工具和手段。

一种作为控制手段的权力带来的直接后果就是共同体内部群体关系的不平等：包括地位身份的不平等、利益分配的不平等乃至自然与人类关系的不平等。权力统合了社会，但是带来了一种不平等的社会关系，使人类社会进入了一种永恒争斗的、不平静的结构状态中。尤其是当现代国家产生之后，权力的目的和手段变本加厉。权力不仅仅成为国家和巨型企业赤裸裸的逐利工具，被组织起来掠夺自然资源，控制辖区人口，谋取高额利润；而且还不断自我强化和巩固，用更加强大的暴力机器来武装自己，成为政治名利场之不平等结构的决定性力量。暴力与权力的联姻是古老的现象，也是现代社会常态的现象。在古代社会，暴力政治能够支撑起特殊阶层的短暂统治，而在现代社会，暴力政治则成为巩固民族国家的重要支柱。吉登斯在《民族国家与暴力》一书中所分析的现代军事工业化支撑起现代民族国家的权力体系和命运。[②] 当暴力工具被特殊组织所垄断，并用来谋取巨大的政治权力和利益时，这种变质的暴力政治就会造成巨大的不平等。被暴力所控制而不敢反抗，或者不能反抗的群体只能接受不平等的命运。但是这种僵硬的政治形态常常以暴力反抗为最终结局，其所控制的社会积累而爆发的暴力将会将其推翻，暴力颠覆暴力，以一种新的不平等代替旧的不平等。社会常常陷入一种“不平等—平等—不平等”的循环涡流。人类历史的暴力革命和暴力政治交替上演着这种极端的游戏。

---

① 参见威廉·莱斯：《自然的控制》，岳长岭译，重庆出版社，2007年。

② 参见安东尼·吉登斯：《民族国家与暴力》，赵力涛、胡宗泽译，生活·读书·新知三联书店，1998年。

（二）民主政治中的短板与无力

然而，经过了民主化洗礼的现代社会似乎走出这一漩涡，它们运用新的民主制度将暴力控制住，将原来激烈冲突的政治斗争化解成一种文明的选举游戏。暴力似乎烟消云散，政治被理性精神洗刷一新。参与政治竞争不是通过暴力镇压和肉体消灭的手段，而是通过政治表演、竞选演说、投票表决等现代手段来实现的。武器的冷酷被话语的温暖和政治口号的感召所替代，人们不需要用肉体来祭奠理想，只需要根据竞选者的口号来进行思考和选择。这种选举政治还原为古希腊时代的城邦公民政治，作为公民的选民成为平等的投票人和决策者，政治带给每位选民平等的地位和政治功效。应该说，这是人类文明通过理性力量掌控政治权力运作的高级创造，将人类带出了蒙昧和野蛮的荒原。

但是，民主政治也并非是一劳永逸地解决了权力支配的问题，大型共同体内部的选举民主仍然留下了黑箱空间，或者说民主政治存在着明显的短板，以及因为这些短板而带来的无力改变现实困窘的问题。民主政治的短板来自其自身的制度设计，尤其是选举民主将政治权力的分配付诸一人一票的选举，通过公开竞争性的选举来选择重要政治职位的人选，选举中简单多数法则的普遍运用必然存在着多数专制的问题。多数专制将一种大众化的决定强加到少数人口之上，将这种权力控制合法化，甚至具有更多的暴力性。当然，用托克维尔的理论，独立的司法系统和代议制度成为抗衡多数专制的两大法宝。① 但是，两大制度体系的运作也仍然无法确保结构性的控制权力规则之下每个个体的充分权利。在个体自由权利的保护问题上，成本高昂和救济不力的制度常常成为奢侈品，让微弱的个体望而却步。代议制度也是如此，代议制的间接运作和远距

① 托克维尔：《论美国的民主》(上卷)，董果良译，商务印书馆，1997年，第302页。

离调控并不能有效回应最底层个体的现实需求。正是因为这种结果存在,选举民主的投票率逐渐降低,呈现出严重的选举冷漠症问题。由于无力改变不平等的地位和结局,处于长期的民主竞选游戏下的民众就会变成冷漠的民主看客。党魁的专断①、利益集团的游说②等问题让选举变得更加复杂,也使得选举民主的公正性大打折扣。原本想解决的权力支配问题还是顽固地局部存在着。正如学者所分析的:"这种公民权现象——作为一种日益普遍的、内容广泛的、重要的政治权利和能力——就其所涉及的个人的普遍性而言,使近代政治生活的特点明显不同于所有其他的统治制度——通常是由与统治者关系密切的少数重要的政治人物统治着没有选举权的大多数人,此外,这些人物的政治权利(和责任)明显不同于其他的社会团体。"③作为选举口号的权利平等并不能成为真正理想的现实,选举民主也表现出一种明显的发展乏力倾向。

当然,还有一种形式,即公民直接参与政治选举,直接将个体的意志转化为法律和政策,这种形式被称作直接民主。但是就目前来看,只有在瑞士这样的小规模国家的直接选举才真正发挥着一定的效用。④ 其普遍推广性还需要时间来验证,至少从目前来看,这种模式的可推广性还没有得到有效证明。究其根源,还是与这种制度技术的可操作性有关。

(三) 国际政治中的现实性与残酷性

除此之外,权力在国际体系中的运转与分配也同样无法解决

---

① 弗兰克·J.古德诺:《政治与行政:一个对政府的研究》,王元译,复旦大学出版社,2011年,第95页。

② 杰弗里·M.贝瑞、克莱德·威尔科克斯:《利益集团社会》,王明进译,中国人民大学出版社,2012年。

③ 贾恩弗朗哥·波齐:《国家:本质、发展与前景》,陈尧译,上海人民出版社,2007年,第78页.

④ Gregory A. Forredal, *Direct Democracy in Switzerland*, New Brunswick, New Jersey: Transaction Publishers, 2002.

支配与被支配的问题。作为没有最高权威来控制的国际体系，主权国家之间的这种无序状态必然难以克服其相互对立性甚至敌对性。为了争夺有限的资源，主权国家之间常常会开展残酷的竞争甚至武力冲突。“国家与国家之间的关系诞生于所有国家运用自己所拥有的资源，自由地、竞争性地追求自身的最高安全和实现自身利益的需要。国家与国家之间的关系体现了每一个国家相对于其他国家所拥有的权力大小。国家与国家之间的关系必然是不定的、多变的、高度偶然性的。这些关系反映和导致了国家与国家之间连续的紧张和竞争，这些状况有时又会引发公开的敌对。这又有力地提供了国家有权使用组织强制力的证据，因为敌对关系通常表现为试图通过武力来战胜对手，其最激烈的表现形式就是各方之间的武装冲突——战争”。① 毫无疑问，这种残酷战争游戏决定了国家之间的不平等地位。发达国家占据了世界制高点，他们拥有了最先进的武器，并建立了武装同盟，以控制世界其他国家的资源和政治。这种不平等的关系带给了发达国家优渥的资源和丰富的机会。

可以说，这种国际空间中的战争格局有着多重功能。“没有任何一种东西可以像战争那样被用来巩固国内的统治，在美国尤其如此。然而，永久性战争状态的目的远远不止以下这一点：即在全球多元国家体系中营造政治氛围，这一复杂的体系，不仅包括拥有大规模杀伤性武器的邪恶国家，也包括友好的竞争性国家和可剥削的经济体，因此需要一套复杂的战略和各种军事功能。”②正如卢森堡所说，在国际体系中，资本主义在努力寻找自己的突破口，资本主义这种第一经济模式正在试图鲸吞整个世界；而同样正是这种第一模式偏偏不能够单独存在，因为它需要其他的经济制

---

① 贾恩弗朗哥·波齐：《国家：本质、发展与前景》，第24—25页。

② 埃伦·M.伍德，《资本的帝国》，王恒杰、宋兴无译，上海译文出版社，2006年，第127页。

度作为其媒介和土壤。① 资本主义为了自身的生存,不仅要依靠这些非资本主义成分的存在,而且还要从根本上依靠作为超经济力量的前资本主义的手段,如军事和地缘政治的强制,同时还要依靠传统的国家间的角逐、殖民战争及领土统治。“在这个世界中,一切国际关系对于资本主义而言都是内在的,并受到资本主义法则的控制。那是因为——至少部分是因为——在一个或多或少地以普遍的资本主义为特征的世界里,资本主义法则作为一种帝国统治的普遍的工具,是相当近的一件事了。”②

所以,无论从政治的暴力阶段,还是民主选举阶段,抑或国际政治冲突时期,如果不能改变或者控制这种权力主导的游戏规则,那么人类将永远不能解决政治结构上的不均衡状况。这种状况所造成的不平等关系将顽固地存续下去,成为制约人类社会健康良好发展的致命病症。人类社会将永远地陷入一个双重的困境之中:一方面是对内的民主共和的理想和国家自主性之间的冲突;另一方面是对外的主权国家的利益和普遍价值之间的困窘。可以说,只要国家存在,无论是对内还是对外,人类总是要接受权力导致不平等之魔咒的深刻拷问。

三、市场:资本幽灵游掠下的经济控制与社会排斥

市场是政治之外的另一个重要的构成要素。近现代市场自从产生就发挥了对传统政治独断力的化解功能,它释放出了参与市场活动之个体的主动能力和参与能力,同时创造和积累了参与政治的资源基础,形成了强大的集体力量,构造了独特的资产阶级。

① Rosa Luxemburg, *The Accumulation of Capital*, New York: Routledge, 1951.
② 埃伦·M.伍德,《资本的帝国》,第 95 页。

市场带来了现代革命，变革了传统的政治形态，因而部分地改变了传统政治独裁和垄断的控制病。关于这一方面，穆雷·罗斯巴德的论述是非常深刻的。他在其著作《权力与市场》中极力为推崇市场力量的自由至上主义辩护。

但是，他也无法回避另一个重要的问题，即市场革命也同样带来了一种新的控制：对资源的控制和对人的控制。他提出了所谓"针对自然的权力"和"针对人的权力"。他说，自由至上主义者倡导针对自然的能力，而削弱人类针对同胞的权力。[①] 他试图证明针对自然的权力是正当的，不会带来人类之间的控制和不平等，而只有赤裸裸的针对人的权力——正如国家所掌握的——才会对人造成控制和奴役。但是，实际上他在此处忽略了一个重要的前提，即自然与人的密切相关性，自然资源的有限性将人类联系在一起，人类必需共享地球所赐予的有限的资源。正因为这一点，谁控制了自然资源也意味着谁能够操纵他人的命运。所以不存在所谓的两种权力刻意的天然划分。正是这一内在逻辑使得控制大量资源的资本家和大企业成为操控国际关系和国家内政的背后力量，对自然的权力演变成对人的权力，对自然的控制与不平等演变成对人的控制和不平等。

"资本主义作为一种制度，其所有的经济行为人，不论是生产者还是剥削者，都要依靠市场来满足其最基本的需要。"[②]而无限制地追逐利益是市场资本主义的必然本性，[③]它们必然会追逐最大程度地占有自然资源，无限地扩大市场，这是因为对自然资源的占有是市场资本主义发达的前提。市场竞争是排斥性的，无论是谁都想在竞争中赢得胜利，打败对手，获取财富，正是这种零和性竞争造成了自我财富的膨胀和垄断。而对财富的垄断则导致在不

---

① 穆雷·罗斯巴德：《权力与市场》，第239页。

② 埃伦·M.伍德：《资本的帝国》，第1页。

③ 参见赫尔南多·德·索托：《资本的秘密》，王晓冬译，江苏人民出版社，2005。

同阶层之间的越来越严重的贫富分化，导致不同阶层的社会排斥，严重损害了特殊社会的相互包容性。这种后果是市场自身逻辑所带来的，市场的本性是自利的，所以它完全不能增进社会的凝聚力。不仅如此，它的这种排斥性的市场竞争必然会给人带来控制与被控制的结果。

在这一点上，罗斯巴德同样也为自由至上主义辩护，他辩称，自由至上主义的竞争是为他人提供服务的和平的合作式竞争，是互相服务、共同依赖的有益的竞争，而不是毁灭性的零和式博弈。① 从经济现象的基本规则来说，合作是经济活动能够开展的前提，罗斯巴德的结论是正确的。但是，我们同样不能忽略的是，市场竞争也是对有限资源的占有和开发，除了在产业和企业内部的合作生产，在同行业之间，他人对资源的占有就意味着我们对资源的匮乏。所以，人们为了争夺有限的资源而拼命展开激烈而残酷的竞争，有时甚至是毁灭性的争斗。这正是资源的天然有限性导致了市场竞争的残酷性，合作主义背后潜藏着杀机。垄断性大企业的出现恰恰是其不断强化其对资源的独占，从而控制其他企业命脉，不断收购、兼并、击退其他竞争对手的结果，独占资源最终造成其产业独大的局面。而这一现象的结果就是导致了鲜明的社会排斥性。少数企业和组织对资源的垄断，实行有选择性的利己，将更多的弱势群体排斥在资源享受之外，社会被分割成内外有别的格局。

以公司为基本组织单位的市场资本主义无法满足人的精神需求，尤其是人对群体生活的需求。市场是排斥性的、自利性的，在人与人之间造成了一堵坚墙，这就是冷漠的金钱关系的墙壁。在市场上，人们除了进行交易和竞争，很难开展其他类型的交流，谈不上出于利他精神的合作和共存，更谈不上建立平等、自由、幸福的共同体。这种将人视作经济动物的市场价值观必然遭到追求更

---

① 穆雷·罗斯巴德：《权力与市场》，第 233 页。

高层的精神享受和共有精神的人道主义价值准则的批判和抨击。市场将所有人商品化,必然遭到来自人类内心深处反商品化的动机的强烈反弹,人们渴望从市场之外寻找符合人类内心深处精神渴求的满足源。

同时,市场也消耗着社会资本。按照福山的观点:"社会资本是一种公共资产,这一观点是错误的。由于创造社会资本有益于自私之人的长远利益,所以私人市场事实上会创造社会资本。公司在客户服务中要求高度的诚实和礼貌,商行从货架上当即撤掉次品,总裁在萧条时期削减自己的工资以示与工人休戚与共;这些并非是利他主义的行为:因为每个人都在诚实、可靠、品德和公正这样的名声中拥有长远的利益,或者因为他们只要做一个了不起的行善者,这些美德变成了经济资产,并且成为只对盈亏结果感兴趣的个人和公司所追求的东西。同样,为了公平、长期地利用公共资源而创立规则的捕鲸人、农牧场主或者渔民,他们并不是出于环境保护意识才那样做,而是因为他们都有自身的利益,不能让资源消耗殆尽,这样他们便可长期获得自己应得的一份。"①福山为市场的辩护看起来底气很不足。从理论上自私的商人,包括捕鲸人、农牧场主可以理性地达成一致,但是事实上由于诸多客观条件的限制,尤其是在面临内部和外部竞争的时候,这种理性协议常常失去其约束力,不同的利益主体为了自我利益最大化,都会突破协议,抛开公共资源过度消耗带来的结果而不顾。关键问题就是这种理性协议是很难达成的,即使达成了要维持他不变也是不可能的。这种脆弱的自私者的联盟结果总是被自私的理性计算所击垮。

英国学者波兰尼对这一问题有着深刻的阐述,他在分析空想社会主义者欧文的行为时指出,"新制度体系(市场)最为显著的后

---

① 弗朗西斯·福山:《大分裂:人类本性与社会秩序的重建》,刘榜离等译,中国社会科学出版社,2002年,第320页。

果在于，它造就了定居人群的传统特征的毁灭，并将其转变成一种新类型的人，迁移着的，飘荡着的、缺少自尊和纪律的人——粗鲁麻木的存在，劳动力和资本家都是这种存在的代表”。① 他认为，市场原则是一条对个体和全体的幸福都不利的原则，它正在严重地破坏着人类的社会环境、邻里关系、人类在共同体中的地位以及他的行会组织，即破坏着他从前的经济存在所嵌入其中的那些同自然和人的关系。他也指出，欧文对工业革命的批判是正确的，欧文揭示出了工业革命导致了无比巨大的社会混乱。贫困化问题仅仅是这一事件的经济方面。除非通过立法的干预和法律导向平抑这些毁灭性的力量，否则巨大和持久的罪恶将接踵而至。②

总之，这种对人类社会带来控制和拒斥的市场体系是一种自私的、无止境占有的体制。它将所有的自然资源和人都当成了控制的对象，它必然带来人与人、人与自然之间的隔离，甚至对立。因此，正是这种贪得无厌的秉性让市场资本主义——建立在自然资源最大程度消耗基础上的市场资本主义——注定走上一条不归路。③

四、社会：用自主和友爱精神构筑橄榄型的社会国家

综上所述，无论是政治还是市场领域，都有着严重的自利性。政治的核心支柱是权力，权力诱惑人们去拼死追逐，占有权力的人成为主宰者，而没有权力的人就变成了被主宰者。在主宰者和被主宰者之间形成了这种不平等的反人道的支配与被支配关系。权

① 卡尔·波兰尼：《大转型：我们时代的政治与经济起源》，冯刚、刘阳译，浙江人民出版社，2007年，第111页。

② 同上。

③ 参见中谷岩：《资本主义为什么会自我崩溃》，郑萍译，社会科学文献出版社，2012。

力的宰制不仅在国内领域造成公民、民族内部的不平等，在国际领域也造成民族之间的不平等。只要权力成为国家和世界的核心变量，不平等的关系永远难以得到变革。

同样，资本也是这种自利性的市场要素。资本追求利润最大化，它们将自然资源当成工具，把人当成消费者。它们把自然与人之间的天然关系物化成一种生产者与消费者、破坏者与占有者的关系。同样也把人类自身之间的同属关系物化成一种竞争性的物质与利润关系，这种关系是物化的、隔离的和反人道的。围绕物质占有的欲望，人把人当成敌人，并运用各种策略将敌人击垮，成为零和博弈的成功者，但是却是失去了朋友和亲情的冷冰冰的资本占有者。拥有了资本却让他们失去了人心和信任，失去了天然的共同归属者的联系纽带。资本的世界是金灿灿的却没有人情味的货币王国。可以说，人在这个王国中要么失去故乡，要么失去灵魂，要么失去希望。

幸运的是，人类社会还有另一个重要的源自上古社会的生存空间，它能够发挥对政治和市场的制衡作用，发挥对政治与市场领域的反奴役、反控制和反不平等功能，这个活的空间就是社会。波兰尼也是在分析空想社会主义者欧文的行为时指出："不管是国家政治性机制，还是机器的技术性改造，都没能在他(欧文)面前掩饰真正的现象：社会。他拒绝从动物的角度来理解社会，拒斥马尔萨斯和李嘉图的此类谬论。……他领悟到这样一个真理，即由于社会是真实的，人们最终必须从属于社会。……他指出了自由的无法动摇的边界，这个边界是由社会祛除罪恶的极限决定的。"①所谓社会祛除罪恶当然是指市场带来的罪恶，同样也包括政治造成的罪恶。为何这些经典思想家们都会想到社会呢？社会凭什么能够成为替代政治与市场的救命方舟，驱除可怕的罪恶，承载人类

① 卡尔·波兰尼，《大转型：我们时代的政治与经济起源》，第110页。

社会永恒的梦想呢？这就要从社会的基本要素及其所构建的世界空间的特征来开始分析。

社会不同于基于权力的政治和基于资本的市场，它的支柱既不是可见的物，也不是介于抽象与具体之间的权力，而是内涵于人的灵魂的精神，即自主和友爱精神。没有任何物质的东西能够支撑起社会的天空，物质带给人们具象的利益或者满足，但是不能带给人们精神的享受。当人们需要提升精神境界，并缔造精神世界共同构筑的王国时，就需要一种超越物的力量来实现其梦想。只有精神的力量能够发挥这种作用。这种担当重任的精神就是能摆脱物质和权力控制的自主精神和能够将人们拉近的构建梦幻共同体的友爱精神。正是这两种伟大的精神能够建构美好的社会，并能够输送充满人道主义的关怀，这种精神和社会才符合最长远的人类利益。为了争夺权力的政治冲突即使构建起稳定的王国，也无法改变要么暴力并发的原始政治病，要么选举无能的现代文明政治病。在这种王国中，人们始终不能改变被决定和被统治的命运。人们被权力左右、主宰，要么成为权力的奴仆，要么成为权力的弄潮儿。前者不能决定自我，后者失去反思能力。而在利益纷争的市场世界，无论是作为生产者和销售者的资本家，还是作为消费者的公民，都被毫无准备地物化为商品流通环节中的一个小小的组成部分，在资本和市场的滚滚洪流中一点点地丧失人性的温暖。失去温度的个体之间没有黏合能力，世界被分散化和碎片化，物的宗教把所有个体都变成了没有灵魂的躯壳。

自主精神将人的价值还原，并赋予人激活内涵的精神动力的能力。因为自主，每个人都可以选择自己的生活。可以选择生活的社区和共同体，不被政治宰制，不被外在的政治强力逼迫，不用担心暴力对命运的侵害和掠夺。每个人都能够自主的社会才是一个真正自由的社会，也是一个真正实现平等和民主的社会。在群体的自主中，个体实现了归属共同体的目标，由这些自主的个体所组成的共同体才能够享受到真正的联合和依恋，在平等的互动中，建立起相互依赖和互相尊重的和谐关系。权力和物质所造成的隔离在这种共同体中被遏制，自主所带来的自信和自尊让个体更能融入共同社区中，共同决定集体的事务，共同选择明日的生活内容，共同缔造共同体的愿景。另一种重要的精神是友爱。如果自主是个体内在的品质，那么友爱则是群体内在的精神。只有友爱才能将分散的个体联合在一起。凭借友爱精神，所有人都能够为他人奉献，从而成为一个无私无间的友爱共同体。弗里德里克森在论述公共行政的精神时指出，好的共同体是一种充满“乐善好施的爱国主义”精神的集体。① 所谓乐善好施的爱国主义就是友爱的共同体精神。将这种精神推广到社会中，每个人都能够出自真心地为他人而奉献，毫无私心杂念地帮助和支持身边的人。这种社会才是安全、信任、美好、幸福的社会。自主与友爱是密不可分的两种精神。因为自主，人才能发生友爱之光；因为友爱，人们更加自主。没有一个友爱的人是不尊重他人自主意识和自主能力的人。正是这两种伟大的精神构筑了理想的社会和世界。

要构建这样的王国，有必要将友爱的利他主义精神推广和发扬光大，可以实施所谓的“制度化的利他主义”，即通过一定的奖励制度使在专门职业中道德责任和自我利益趋于一致和融合，专门职业的这种制度化机制有利于促使个体从业者的自我利己性转变为利他性行动。② 这种制度化的利他主义是指这样的社会，运用各种制度和组织技术将利他主义精神实在化，变成这些组织和制度日常行为中的内在要素，成为约束和引导个体行为的自动自发的有效机制。这些制度包括大量的志愿者组织成为制度化利他主

---

① 乔治·弗里德里克森：《公共行政的精神》，张成福译，中国人民大学出版社，2003年，第175页。

② 罗伯特·K.默顿：《社会研究与社会政策》，林聚任译，生活·读书·新知三联书店，2001年，第136页。

义的主要单元,志愿者组成的社会就是一种高度利他主义的社会。志愿者精神在每个公民心中都有重要的地位,都纷纷担任志愿者,服务社会,帮助他人。这种日常但了不起的志愿者精神不仅克服了政治的自私和暴力,而且也克服了市场的冷漠和隔离。它所包含的和张扬的利他主义精神不仅塑造了一批批奉献型的公民,还构造了以这种精神为内核的公共意识和公民道德越来越繁荣的社会。正如美国学者科迪维拉所言:“灵魂的培养实质上是一种社会事业。普通人飞不上灵性的高度,除最不寻常的人之外,所有人都需要别人作为榜样和顾问。在循循善诱的社会之外,即使动机很好的个人都会使他们的精神训练产生失误。”①利他主义的志愿精神成为区别于政治和市场的社会领域的支柱,也成为构建一种新型社会的关键要素。

近年来,欧洲越来越强调所谓社会质量,西方学者提出了一种新社会的标准,包括四大要素:经济社会保障、社会包容、社会凝聚力、社会赋权。这四大要素分别涉及基础性的经济领域的社会保障、不同种族和性别的无差别的社会包容、更加具有开放和包容度的普世性的价值凝聚,以及健全的让每个公民都能够享受到高度自主和发展的社会赋权体制。后两者实际上就是一种享有高度自主性的公民赋权体制和友爱精神所带来的文化凝聚。一些西方学者呼吁要把欧洲建设成为一个“社会的欧洲”,②这是欧洲文明发展到较高程度的自发要求。经历了政治暴力动荡和经济疯狂扩张的欧洲率先走上了社会繁荣的文明之路,锻炼更加包容和尊重、更加自主和活跃、更加平等和团结的新社会文化,试图创建一种以这一文化为基础的新社会性国家,甚至是新社会性欧洲。

---

① 安吉洛·M.科迪维拉:《国家的性格:政治怎样制造和破坏繁荣、家庭和文明礼貌》,张智仁译,上海人民出版社,2001年,第114页。

② 林卡:《社会质量理论:研究和谐社会建设的新视角》,《中国人民大学学报》,2010年第2期。

在西方学者看来,这种新社会性国家是现实与理想折中而成的橄榄型的国家(见图 1)。其中,社会是主体,基于友爱精神的社会领域成为国家的主体部分,公民友爱精神遍布社会每个角落,个体一代代在这种文明的精神激励下茁壮成长为健康、有责任、富于爱心和包容心的新公民。在这种社会里,政治不是决定者,更不是至高无上者,而是社会的补充。经济也不是垄断者,更不能控制社会的文化和观念,只是必要生活的最小部分。这种经济是小的、原生态的、美好的。① 这种社会是橄榄型的社会,在这个国度里,政治权力的控制被最小化,经济市场的损耗被最小化,相反,社会友爱的生活却被最大化了。在这种社会,那种所谓"人类进步的现代模型"把知识力量的不断积累看作促进人类理解和控制世界的能力不断提高的因素,而且知识的不断积累与个人自由追求自我利益时发挥的创造力相互作用,从而促进经济增长和社会进步。② 这种认识是狭隘的,人类社会的关系不再是政治和经济目的论的控制式结构,而是平等共存的和谐体。知识的作用不仅仅是促进经济增长,也是锻造文化繁荣、政治昌明和社会团结的美好未来。

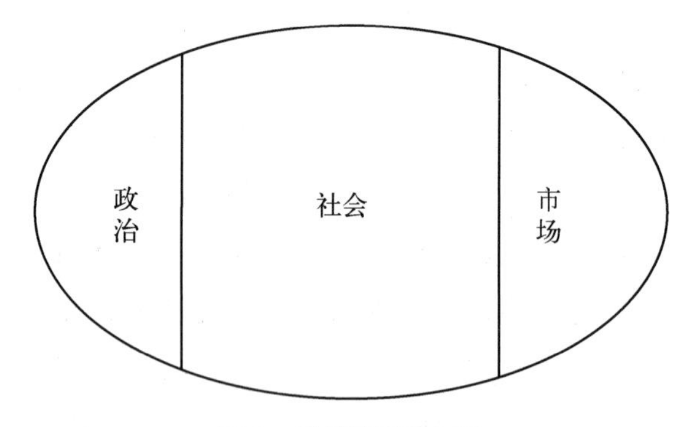

图 1 橄榄型国家图示

---

① E.F.舒瓦茨:《小的是美好的》,李华夏译,译林出版社,2007 年,第 128 页。

② 理查德 · 布隆克:《质疑市场经济》,林季红译,江苏人民出版社,2001 年,第 66 页。

正如哈耶克所说："文明始于个人在追求其目标时能够使用较其本人所拥有的更多的知识，始于个人能够从其本人并不拥有的知识中获益并超越其无知的限度。"①知识将为橄榄型国家设计基本原则、提供理性动力和描绘美好蓝图。这是一个新型的知识与价值的共同体，是一个超越政治与市场的自主与友爱精神的理想共同体。

The Three Factors of State and Its Formation in the Future: The Ideal Community beyond the Basement of Politics and Market

Shengzhong Liu

Abstract: The state includes three factors which are politics, economics and society. These factors institute different state models. The politics leads to monopoly of power, the economics leads to capital control and inequality, and the society which based to the spirit of fraternity will bring into the solidarity and mutual aid. The factor of Society should promote to the ideal community beyond the basement of politics and economics that can be named as sociality state with a olive type.

Keywords: politics; market; society; sociality state; the olive type state

① 弗里德里希·冯·哈耶克：《自有秩序原理》(上)，邓正来译，生活·读书·新知三联书店，1997年，第19页。

不同政治制度下的执政集团更迭与外交政策调整*

查　雯　李　响

[内容提要]　已有研究认为，与民主国家相比，非民主国家的外交政策更有可能因领导人的更迭而出现转向。本文对已有研究所采取的“民主-非民主”的二分法提出质疑，并指出该二分法忽略了混合政体国家的特性。本文认为，混合政体国家的外交政策更易随着领导集团的更迭而出现明显调整，相反，民主政体与威权政体的外交政策则体现出较强的延续性。本文通过样本国与中国在联合国大会投票的相似程度，测量这些国家对中国的外交政策跟从，并利用回归的方法对投票相似程度的绝对变化进行了分析，回归结果验证了上述假说。

[关键词]　执政集团更迭　混合政体　联合国大会投票　外交政策调整

在2018年5月举行的马来西亚大选中，由前总理马哈蒂尔领导的反对党阵营“希望联盟”在大选中击败了执政党“国民阵线”，实现了六十年以来马来西亚政坛的首次政权更迭。随后中马两国经济合作中出现的一些动向也同样引起了广泛关注。马哈蒂尔早在竞选期间，就曾发表过与中国在马来西亚投资项目有关的负面言论。8月17日，马哈蒂尔当选后首次访华，在行程即将结束时，

* 查雯，外交学院国际关系研究所；李响，中欧大学国际关系学系；本文曾受邀参加复旦大学第八届中国政治科学研究与方法工作坊，作者感谢曹峋、陈周旺、左才及工作坊其他参会者对本文提出的意见和建议。本文受中央高校基本科研业务费专项资金资助(项目编号：3162018ZYQA02)。

马哈蒂尔召开新闻发布会,宣布暂时取消中国贷款支持的东海岸铁路项目和油气管道项目。有报道称项目总价值约达200亿美元,而此前执政的纳吉布政府也已经为项目支付了部分款项。① 事实上,由领导人更迭引起的双边关系波动不止马来西亚一例,中国在斯里兰卡投资的科伦坡港口城也曾在2015年该国大选后被新政府叫停重审。② 另一个领导人更迭引发对华政策调整的典型案例是菲律宾。在阿罗约执政时期中菲关系曾取得过实质性发展,而在阿基诺三世当选后,该政府在南海问题上奉行强硬政策,中菲关系亦跌至谷底。2016年杜特尔特赢得总统大选后,菲律宾又积极谋求与中国的合作。为何有些国家的外交政策会因执政集团的更迭而出现明显调整,而有些国家的外交政策则在不同执政集团治下体现出了较强的延续性?这正是本文试图回答的问题。

对于以上研究问题,其他学者已经作出过一定探索。西方主流理论认为,外交政策的延续性与国家政治制度有关,民主国家的领导人更迭给外交政策带来的影响较小,相反,非民主国家的外交政策则往往因领导人的变迁而出现明显转向。本文对已有文献所采取的"民主-非民主"的二分法提出质疑。本文认为,虽然同属所谓的"非民主"政体,但混合政体与威权政体存在极大不同。无论是与民主国家,还是威权国家相比,混合政体国家的外交政策都更易随着执政集团的更迭而出现明显调整。这主要是因为,混合政体的执政集团更有可能从自身利益,而非国家整体利益出发制定外交政策。此外,与稳定的威权政体不同,混合政体国家更容易出现激烈的执政集团更迭,这主要体现在,继任者常来自政治谱系的

① 环球网:《社评:个别项目停,中马合作在总结中前行》,2018年8月21日,http://opinion.huanqiu.com/editorial/2018-08/12788521.html,登录时间:2018年10月13日。

② 黄海敏:《科伦坡港口城项目有望重启》,《国际先驱导报》,2015年11月11日,http://www.xinhuanet.com/herald/2015-11/11/c_134805372.htm,登录时间:2018年9月30日。

另一端，代表着完全不同的国内利益，也因此更有可能对该国的外交政策进行重新定位。

本文通过样本国与中国在联合国大会投票的相似程度，测量这些国家对中国的外交政策跟从，一旦样本国与中国投票的相似程度出现明显变化，即认为该国的对华政策出现调整。我们利用回归的方法，对投票相似程度的绝对变化进行解释分析。值得强调的是，已有研究多以美国在联合国大会的投票为参照，衡量其他国家外交政策的变与不变。与此不同，本文则以中国为参照，主要原因有两个：第一，西方学者以美国为参照研究其他国家的外交政策变化，其目的在于为美国的外交政策制定提出切实可行的建议。① 如前文所述，近年来一些国家对华政策的调整不仅给中国的外交工作带来了挑战，也给中国企业的海外投资造成了一定的经济损失。以中国为参照有利于我们更好、更直接地理解其他国家对华政策调整的原因，并为我国的外交政策制定、海外投资政治风险评估等提供有益的参考。

第二，在研究方法的层面上，以中国为参照可以更好地克服内生性(endogeneity)问题。所谓的内生性问题是指因果关系方向的不确定，即自变量的取值可能取决于因变量。② 具体到本文的研究问题上，由于美国经常采取措施干涉他国内政，甚至是推翻不友好的、在外交上挑战其霸权地位的外国政府，③因此，其他国家是

---

① Ely Ratner, "Reaping What You Sow: Democratic Transitions and Foreign Policy Realignment", *The Journal of Conflict Resolution*, Vol. 53, No. 3, 2009, pp.390-418; Joe D. Hagan, "Domestic Political Regime Changes and Third World Voting Realignments in the United Nations, 1946-1984", *International Organization*, Vol. 43, No. 3, 1989, pp. 505-541.

② Gary King, Robert O. Keohane and Sidney Verba, *Designing Social Inquiry: Scientific Inference in Qualitative Research*, Princeton, New Jersey: Princeon University Press, 1994, pp.185-187.

③ Clayton L. Thyne, "Supporter of Stability or Agent of Agitation? The Effect of U.S. Foreign Policy in Coups in Latin America, 1960-1999", *Journal of Peace Research*, Vol. 47, No. 4, 2010, pp.449 - 461.

否发生执政集团更迭,很可能受该国与美国投票相似程度的影响——相似程度越低,对美外交政策跟从的水平越低,执政集团被推翻的可能性越大。而中国则奉行“不干涉别国内政”的外交原则,这在很大程度上使得研究者可以有效地克服内生性问题。

本文分为四个部分:第一节对已有文献进行梳理,并在指出已有文献不足的基础上,提出本文的理论框架。第二节对变量的选择及数据来源作出说明。第三节讨论回归结果,并对结果的稳健性进行考察。最后一节总结前文。

一、政治制度、领导人更迭与外交政策调整

已有研究认为,领导人更迭是否给外交政策造成影响,取决于该国的政治制度。具体来说,民主国家的外交政策不会随领导人的变迁而发生明显调整。一方面,这是因为民主制度及强大的官僚集团对领导人形成了权力制约,使后者不能随心所欲地对外交政策改弦更张。① 除此之外,“选举团理论”(the selectorate theory)也为以上问题提供了更为深入的解释。所谓的“选举团理论”由布鲁斯·布鲁诺·德·梅斯奎塔与阿拉斯泰·史密斯等学者提出,为包括“不同政治制度下的公共政策制定”在内的一系列问题提供了普遍性的解释。② 该理论对“选举团”与“获胜联盟”(winning coalition)这两个重要概念进行了区分:选举团指的是,具备制度所规定的资格或特征,从而可以选择领导人的群体;而获胜联盟则

① Thomas J. Volgy and John E. Schwarz, “Foreign Policy Restructuring and the Myriad Webs of Restraint”, in Jerel A. Rosati, Joe D. Hagan, and Marin W. Sampson III ed., *Foreign Policy Restructuring: How Governments Respond to Global Change*, Columbia: University of South Carolina Press, 1994, pp.445-474.

② Bruce Bueno de Mesquita et al., *The Logic of Political Survival*, Cambridge, MA: MIT Press, 2003.

是选举团的一个子集,领导人的统治依靠的是获胜联盟的支持。以世袭制的封建王朝为例,全体贵族即构成了选举团,他们有权决定国王的人选。而获胜联盟则可能要求包括贵族中的绝对多数,但如果少数几位贵族垄断了维持国王统治所需要的武力,获胜联盟也可以具有很强的限制性——人数远远小于选举团的半数。① 作为对获胜联盟成员的回报,领导人必须为其提供物质性回报,物质回报既可以是公共物品(public goods),也可以是私人物品(private goods),前者将无差别地使全体社会成员受益,而后者则将直接流入获胜联盟成员的手中。② 当获胜联盟很小时,领导人可以通过私人物品回报其中的成员,如向社会征收高额税收,以此获得更多资源,从而直接向获胜联盟输送经济利益。但随着获胜联盟的扩大,提供私人物品的成本也将增加,当获胜联盟的成员增加到一定水平时,领导人只能通过公共物品(如低税率)来回报他们。据此,布鲁诺·德·梅斯奎塔等人认为,与非民主国家相比,民主国家的领导人必须维持一个较大的获胜联盟,这也解释了为什么民主国家政府向社会提供了更多公共物品。③

史密斯等人将选举团理论应用于外交政策研究,他们认为外交政策的延续性也与获胜联盟的大小相关。具体来说,在非民主制度下,领导人所依靠的获胜联盟较小,外交政策所代表的利益也较狭隘,一旦发生领导人更迭,获胜联盟的构成将发生根本变化,国家的外交政策也随之改变。相反,在民主制度下,领导人依靠的获胜联盟人数众多,外交政策具有广泛的社会利益基础,因此,领导人的更迭并不会导致外交政策的急剧转向。④ 这一理论观点也在贸易、国

① Bruce Bueno de Mesquita et al., *The Logic of Political Survival*, pp.51-57.

② Ibid., p.58.

③ Ibid., p.91.

④ Alastair Smith, "Leader Turnover, Institutions, and Voting at the Un General Assembly", *Journal of Conflict Resolution*, Vol. 60, No. 1, 2016, pp.143-163.

际合作、联合国大会投票等具体的研究问题中得到了验证。①

已有研究对不同国家的政治制度进行了“民主—非民主”的划分,本文对这种“二分法”提出质疑。本文提出,非民主国家之间在政治制度方面也存在巨大差异,这种差异集中体现在威权国家与混合政体国家之间。本文认为,仅在混合政体国家中,执政集团的更迭才会导致外交政策的转向,而对于民主国家和稳定的威权国家而言,外交政策均不会因执政集团更迭而出现明显变化。下文将对这一观点背后的因果机制进行详细说明,但在此之前,我们有必要明确混合政体的概念和特征。

简言之,混合政体兼具民主政体和威权政体的部分制度特征。斯科特·盖茨(Scott Gates)等人曾指出,民主和威权政体的一个共同特征是“政治制度的一致性”,不同制度之间彼此强化,而混合政体则不然,其制度具有不一致性。例如,与威权政体相比,混合政体“缺乏权力的集中,以及可以提供稳定的权威……这也诱使一些群体和个人来挑战权威,并夺取权力”。② 一个具体体现是,混合政体的立法机关虽然不能对行政部门构成有效的制约,却可以为反对派提供平台,使反对派得以协调行动,挑战政府的决定甚至是执政基础。③ 正是因为这种不一致性,混合政体会经历更多的政治动荡,混合政体下,政权的生存期要短于民主政体和威权政体。④ 另

① Fiona McGillivray and Alastair Smith, “The Impact of Leadership Turnover on Trading Relations between States”, *International Organization*, Vol. 58, No. 3, 2004, pp.567-600; Fiona McGillivray and Alastair Smith, “The Impact of Leadership Turnover and Domestic Institutions on International Cooperation”, *The Journal of Conflict Resolution*, Vol. 49, No. 5, 2005, pp.639-660; Alastair Smith, “Leader Turnover, Institutions, and Voting at the Un General Assembly.”

② Scott Gates et al., “Institutional Inconsistency and Political Instability: Polity Duration, 1800-2000”, *American Journal of Political Science*, Vol. 50, No. 4, 2006, p.895.

③ Joakim Ekman, “Political Participation and Regime Stability: A Framework for Analyzing Hybrid Regimes”, *International Political Science Review*, Vol. 30, No. 1, 2009, p.9.

④ Gates et al., “Institutional Inconsistency and Political Instability: Polity Duration, 1800-2000”, p.895.

有研究指出，与民主和威权政体相比，混合政体国家更容易爆发内战，①或遭遇其他形式的政治暴力及不稳定。②

当领导人的执政受到严重的国内威胁时，其外交政策的制定也将受到影响。例如，国内政治动荡可能使领导人变得更加短视。为了维持统治，有些领导人可能会转向民族主义，通过对外发动战争来转移国内矛盾，这也解释了为什么处于民主转型中的国家更易发动战争。③ 此外，国内威胁还会影响国家的结盟行为。在选择外部盟友时，一些领导人通常会把政权利益放在国家利益之前，并选择与能为其维持统治提供支持的国家结盟。④

本文把选举团理论与混合政体的相关研究相结合。本文认同已有理论提出的，民主国家的领导人更迭给该国外交政策造成的影响较小，但本文强调，在非民主国家中，混合政体与威权政体间存在明显差异，威权国家的外交政策体现出较强的延续性，而混合政体的执政集团更迭则往往导致外交政策的转向。这首先是因为，在混合政体下，执政集团的更迭较为剧烈，继任者常来自政治谱系的另一端，代表着完全不同的国内利益，也更有可能对该国外交政策进行重新定位。而威权政体的执政集团更迭则剧烈程度较低，往往仅是集团内部个别成员的调整，且继任者多来自同一党派或阵营。对于这一点，我们将在下文中通过该变量的描述统计值

① Havard Hegre et al., "Toward a Democratic Civil Peace? Democracy, Political Change, and Civil War, 1816-1992", *The American Political Science Review*, Vol. 95, No. 1, 2001, pp.33-48; James D. Fearon and David D. Laitin, "Ethnicity, Insurgency, and Civil War", *The American Political Science Review*, Vol. 97, No. 1, 2003, pp.75-90.

② Elena Slinko et al., "Regime Type and Political Destabilization in Cross-National Perspective: A Re-Analysis," *Cross-Cultural Research*, Vol. 5, No. 1, 2017, pp.26-50.

③ Edward D. Mansfield and Jack Snyder, "Democratization and War", *Foreign Affairs*, Vol. 74, No. 3, 1995, pp.79-97.

④ Michael Barnett and Jack Levy, "Domestic Sources of Alliances and Alignments: The Case of Eygpt, 1962-1973", *International Organization*, Vol. 45, No. 3, 1991, pp.369-395; Steven R. David, *Choosing Sides: Alignment and Realignment in the Third World*, Baltimore and London: The Johns Hopkins University Press, 1991.

予以进一步的说明。

更重要的是,混合政体下,执政集团更有可能根据政权自身利益(而非国家利益)制定外交政策。这主要是因为,混合政体的执政集团需要获取更多资源,从而为其获胜联盟提供物质回报。与威权政体相比,混合政体领导人的获胜联盟更大,也更加不稳定。如前文所述,混合政体具备一定的民主制度特征,其立法机关等制度安排为反对派提供了活动平台,反对派成功推翻执政集团的可能性更大。对获胜联盟的成员而言,倒戈加入反对派,可以确保自身在新执政集团治下继续作为获胜联盟的成员持续获益。而对于现任执政集团而言,为了供养获胜联盟、确保其忠诚,现任执政者将利用一切必要的政策手段攫取资源,其中也包括该国的外交政策。正是因为如此,一旦混合政体国家发生剧烈的政权更迭,外交政策也会受到影响,继任者将制定新的外交政策,为其自身以及新的获胜联盟服务。

而对于威权政体的执政集团而言,其获胜联盟较小,也较稳定。根据选举团理论的"忠诚准则"(the loyalty norm),获胜联盟越小,成员倒戈的可能性越低。[1] 为了回报获胜联盟,执政集团也同样需要攫取资源,但由于国内威胁水平较低,其迫切程度不及混合政体。此外,与税收等国内公共政策相比,外交政策的制定面临着更多来自国际体系层面的制约。因此,当国内公共政策可以满足其攫取资源的需要时,执政集团往往不会利用外交政策为国内政治斗争服务,该国外交政策也更有可能根据长远的国家整体利益而制定。

综上所述,本文认为执政集团变迁给外交政策带来的影响因国内政治制度的不同而变化。在接下来的几节中,本文将对以下假说进行检验。

---

① 参见 Bueno de Mesquita et al., *The Logic of Political Survival*。

假说：与民主政体和威权政体相比，混合政体下的执政集团变迁更有可能造成该国外交政策的转向。

二、变量的选择与测量

我们通过一组面板数据检验以上假说，该数据涵盖了 144 个国家，搜集期为 1972—2015 年。① 由于数据的不可获得性，一些变量的搜集期较短。总体上看，该数据涵盖了绝大多数与中国建立了外交关系的国家，且覆盖了冷战结束前后的两个时期。

（一）因变量：外交政策调整

本文的因变量是“外交政策调整”。我们通过样本国与中国在联合国大会投票的相似程度，测量这些国家对中国的外交政策跟从，一旦样本国与中国投票的相似程度出现明显变化，即认为该国对华政策出现调整。前文已就选择中国作为参考基准的原因作出了解释。需要进一步说明的是，通过联合国大会投票来测量国家外交政策的偏好，这是已有研究所建立的一个惯例。② 我们采用由安东·斯特列日涅夫（Anton Strezhney）和艾利克·沃伊特恩（Erik Voeten）开发的联合国大会投票数据。③ 斯特列日涅夫与沃伊特恩利用联合国大会投票的 3 分制数据（同意、不同意、弃权），

---

① 中华人民共和国于 1971 年 10 月恢复联合国合法席位，因此我们选择 1972 年作为数据收集的起始年。

② 关于这一方法的优点及局限，可参见 Michael A. Bailey, Anton Strezhnev, and Erik Voeten, “Estimating Dynamic State Preferences from United Nations Voting Data”, *Journal of Conflict Resolution*, Vol. 61, No. 2, 2017, pp.430-456; Georg Strüver, “What Friends Are Made of: Bilateral Linkages and Domestic Drivers of Foreign Policy Alignment with China”, *Foreign Policy Analysis*, Vol. 12, No. 2, 2016, pp.357-378。

③ 联合国大会投票数据参见 http://thedata.harvard.edu/dvn/dv/Voeten/faces/study/StudyPage.xhtml，登录时间：2017 年 8 月 15 日。

计算两个国家投票的“年相似值”,该数值取值范围为-1(极不相似)至1(极相似)。从斯特列日涅夫与沃伊特恩的数据中,我们提取了全部包含中国的“双方-年”(dyad-year)数据,在此基础上计算当年相似值与去年相似值之差,并取绝对值,这主要是因为,本研究的目的仅限于解释外交政策调整的幅度,而非调整的方向。

(二)自变量:执政集团更迭与政治制度

本文的一个自变量为“执政集团更迭”。在针对外交政策调整开展的研究中,多数研究采取“Archigos数据集”,该数据集记录了世界各国“最高领导人”(executive leader)的更迭情况。① 然而,此做法不能有效体现更迭的剧烈程度。如果根据该数据集建立虚拟变量,1979年伊朗革命与2011年朝鲜领导人的更迭将获得同样的取值,这显然是不合理的。鉴于此,我们采取了乔·哈根(Joe Hagan)的做法。他将关注点集中于整个执政集团,而非单一领导人。根据这一做法,执政集团的更迭按剧烈程度分为五种类型:I)个别领导人变化(如退休或死亡);II)执政集团多位领导人发生变化,但政权的构成派系(或政党)未变;III)执政集团整体更迭,但继任者来自政治谱系的同一端;IV)执政集团整体更迭,继任者来自政治谱系的另一端;V)革命性的政治体系重组。②

我们采用2015年版的《世界政治手册》(*Political Handbook of the World*)作为执政集团变更的信息源。③ 该手册记载了世界各国的政治概况,其中也包括执政集团的变更,以及变更发生的背景。我们培训了一组编码员,编码员根据哈根提出的五类执政集团的

① Alastair Smith, “Leader Turnover, Institutions, and Voting at the Un General Assembly”, p.150.

② Joe D. Hagan, “Domestic Political Regime Changes and Third World Voting Realignments in the United Nations, 1946-1984”, pp.508-510.

③ Arthur S. Banks et al., *Political Handbook of the World 2009*, Washington DC: CQ Press, 2015.

变更,为各样本国每一年的具体情况赋值,赋值采取6点制,取值范围为0—5,“没有变化”赋值为0,“革命性变化”赋值为5。每个国家的编码均由两个编码员独立完成,因此我们可以进一步检查“编码员间信度”。经检验,两组数据的皮尔森相关系数为0.87。为了进一步提高编码的准确性,我们请第三组编码员对此前的编码进行检查,当前两组编码员的编码不同时,第三组编码员将阅读原文,并给出自己的编码。我们最终取三组编码的“众数”作为执政集团变更的最终取值。在极少数三组数据都不同的情况下,我们通过阅读原文,对数据进行了修正。以上方法确保了自变量测量的准确性、可靠性以及可复制性。

本文的另一个自变量是政治制度。我们通过“政体IV”数据集来为样本国的政治制度进行归类。[①]“政体IV”数据的分值从-10(世袭君主制)到+10(巩固的民主)。本文将“政体IV”取值在-5到+5之间(含)的观察视为混合政体,取值小于-5的视为威权政体,取值大于+5的视为民主政体。

表格1报告了不同政体下,执政集团更迭这一变量的描述统计值。可以看出,混合政体下,执政集团更迭这一变量的均值较高,为0.876,远超过了威权政体下该变量的均值0.418,甚至高于民主政体下的0.853。这为前文所提出的观点提供了佐证,即与威权政体相比,混合政体经历了更多的剧烈的执政集团更迭。为更好地结合选举团理论,我们还利用布鲁诺·德·梅斯奎塔等人建立的相关数据集,进一步考察了获胜联盟规模在不同政体下的表现。[②] 可以看出,混合政体获胜联盟的规模虽小于民主政体,但远大于威权政体。这也进一步证明了上文所提出的,与威权政体

---

① 政体IV数据集参见http://www.systemicpeace.org/polity/polity4.htm,登录时间:2018年8月15日。

② 获胜联盟数据集参见http://www.nyu.edu/gsas/dept/politics/data/bdm2s2/Logic.htm,登录时间:2018年8月15日。

相比,混合政体领导人需要为维护获胜联盟支持而攫取更多资源。

表格 1　不同政治制度下的执政集团更迭与获胜联盟规模

政治制度	执政集团更迭			获胜联盟规模		
	均值	标准差	频数	均值	标准差	频数
威权政体	0.418	0.938	2 032	0.319	0.190	1 507
混合政体	0.876	1.249	1 421	0.503	0.277	729
民主政体	0.853	1.234	2 685	0.699	0.233	3 182
全 样 本	0.714	1.167	6 138	0.567	0.283	5 418

(三) 控制变量

本文的第一个控制变量是国际体系内的权力分布。本文以冷战的结束作为两极体系的终结,为了衡量国际体系变化对国家外交政策的影响,我们构建了一个虚拟变量: 1970—1989 年,该变量赋值为 0;1990—2015 年,该变量赋值为 1。

第二个控制变量是样本国与中国的实力不对称性(capability asymmetry)。我们采用国家能力数据集(National Material Capabilities)中的国家综合能力指数(Composite Index of National Capability, 简称 CINC)。[①] 当 CINC 取值为 0 时,意味着当年该国的物质能力在国际体系内占比为 0%。当 CINC 取值为 1 时,意味着当年该国占有国际体系内 100%的物质能力。例如,2009 年美国的 CINC 值为 0.146,这意味着当年美国的物质能力在国际体系中占比为 14.6%。我们利用 CINC 指标,并通过詹姆斯·雷

---

① 国家能力数据集,http://cow.dss.ucdavis.edu/data-sets/national-material-capabilities/national-material-capabilities-v4-0, 登录时间: 2016 年 8 月 20 日。

(James Ray)及大卫·辛格(David Singer)的公式来计算中国与样本国间的相对实力。① 该公式如下：

$$CapAsym = \sqrt{2 * \left(\frac{cincC}{cincC + cincX}\right)^2 + \left(\frac{cincX}{cincC + cincX}\right)^2 - 0.5}$$

其中，*cincC* 及 *cincX* 分别代表中国及某一样本国的 CINC 指数。当 *CapAsym* 为 0 时，意味着两国具有完全对称的能力；当其取值为 1 时，意味着两国实力完全不对称，即其中一国掌握着全部实力。

第三个控制变量是样本国对中国的贸易依赖。有文献认为，样本国对中国的经济依赖可能促使其在外交政策上跟从中国。② 我们用凯瑟琳·巴比里(Katherine Barbieri)和奥马尔·凯什库(Omar Keshk)的贸易数据，③从中提取所有包含中国在内的“双方-年”数据，即样本国与中国的双边贸易流量，并计算双边贸易总量占样本国 GDP 的比重。

第四个控制变量是样本国是否与中国建立了外交关系，我们构建了一个虚拟变量：如两国在某一年度具有外交关系，该变量取值为 1，反之取值为 0。在外交关系建立的当年，我们以 6 月 30 日为时间节点。例如，中美于 1979 年 1 月 1 日建立外交关系，当年该变量赋值为 1；而中国与加拿大于 1970 年 10 月 13 日建立外交关系，当年该变量赋值为 0。

---

① James Lee Ray and J. David Singer, “Measuring the Concentration of Power in the International System”, *Sociological Methods & Research*, Vol. 1, No. 4, 1973, pp.403-437.

② Scott L. Kastner, “Buying Influence? Assessing the Political Effects of China's International Trade”, *Journal of Conflict Resolution*, Vol. 60, No. 6, 2014; Georg Strüver, “What Friends Are Made of: Bilateral Linkages and Domestic Drivers of Foreign Policy Alignment with China”.

③ 贸易数据集参见 http://www.correlatesofwar.org/data-sets/bilateral-trade，登录时间：2017 年 9 月 10 日。

最后一个控制变量是样本国是否与美国是盟友，已有文献认为，样本国与美国的同盟关系可能影响其对华政策。① 我们同样构建了一个虚拟变量，当样本国在某一年度与美国签订有至少一项防务协定时，该变量取值为 1，反之取值为 0，数据来源是“正式盟友数据集(4.1)”。②

三、回归结果与讨论

（一）核心结果

表 2 报告了回归结果。模型(1)和模型(2)均采取了全样本，所不同的是，后者加入了国家固定效应及虚拟年变量，以控制一些未被纳入模型的因素，如样本国与中国的地理距离等。此外，“冷战后”这一虚拟变量与虚拟年变量存在多重共线，所以被排除在所有的“双向固定效应”模型以外。从整体上看，执政集团的更迭将引起一国外交政策的调整。以模型(1)为例，“执政集团更迭”这一变量的系数值说明，每当更迭的剧烈程度增加一个单位，样本国与中国投票相似程度的绝对变化将增加 0.003 15。此外，“外交关系”也对投票相似程度的变化有显著的影响。该变量系数值为负，这说明与样本国建立外交关系有利于减少该国对华政策的波动。而无论是在模型(1)还是模型(2)中，“政体 IV”均未达到 1% 的显著水平。同时，“政体 IV”在模型(2)中系数符号为负，在模型(1)中系数则为正，这也与已有文献所强调的“民主水平越高，外交政策越稳定”的观点有所矛盾。

---

① Scott L. Kastner, “Buying Influence? Assessing the Political Effects of China's International Trade.”

② 正式盟友数据集(4.1)参见 http://www.correlatesofwar.org/data-sets/formal-alliances，登录时间：2017 年 9 月 10 日。

表格 2　回归结果

	因变量：与中国投票相似程度的绝对变化							
	全样本		混合政体		民主政体		威权政体	
自变量	(1) OLS	(2) FE	(3) OLS	(4) FE	(5) OLS	(6) FE	(7) OLS	(8) FE
执政集团更迭	0.003 15*** (0.000 723)	0.002 75*** (0.000 684)	0.006 83*** (0.001 57)	0.003 14** (0.001 53)	0.001 18 (0.000 898)	0.000 887 (0.000 877)	0.002 99* (0.001 70)	0.002 68* (0.001 57)
政体 IV	0.000 263* (0.000 141)	−0.000 490** (0.000 228)	−3.09e−05 (0.000 573)	−0.001 80** (0.000 819)	0.003 58*** (0.000 835)	0.001 60 (0.001 80)	0.001 59 (0.001 41)	0.003 14 (0.003 03)
冷战后	0.004 26** (0.001 94)		0.022 2*** (0.005 48)		0.003 37 (0.002 63)		−0.002 61 (0.003 74)	
实力不对称	−0.007 25 (0.008 82)	−0.094 1** (0.047 6)	−0.019 6 (0.035 7)	−0.164 (0.137)	−0.013 0 (0.008 61)	0.009 20 (0.055 0)	0.088 0** (0.043 6)	−0.493** (0.221)
贸易依赖	−8.20e−05 (7.70e−05)	−0.000 201** (8.54e−05)	−0.000 556*** (0.000 204)	−0.000 260 (0.000 266)	−8.16e−06 (7.90e−05)	−0.000 381** (0.000 166)	0.000 830 (0.000 519)	5.91e−05 (0.000 738)

（续表）

	因变量：与中国投票相似程度的绝对变化							
	全样本		混合政体		民主政体		威权政体	
外交关系	−0.0453*** (0.003 65)	−0.026 8*** (0.004 52)	−0.064 9*** (0.010 8)	−0.037 9** (0.014 8)	−0.049 3*** (0.005 09)	−0.029 2*** (0.006 68)	−0.037 5*** (0.006 19)	−0.005 54 (0.007 84)
美国同盟	0.000 987 (0.002 23)	0.004 05 (0.008 20)	0.002 57 (0.006 69)	0.029 9 (0.059 2)	−0.002 08 (0.002 44)	0.016 6* (0.009 84)	0.014 4** (0.006 96)	0.014 9 (0.054 7)
截距	0.097 7*** (0.011 2)	0.270*** (0.056 0)	0.119*** (0.044 3)	0.379** (0.166)	0.081 5*** (0.013 5)	0.106** (0.063 8)	−0.013 8 (0.054 9)	0.770*** (0.267)
样本数	4 701	4 701	1 061	1 061	2 245	2 245	1 395	1 395
	0.038	0.164	0.061	0.171	0.049	0.148	0.041	0.231
国家数		144		89		95		85

注：模型(2)(4)(6)(8)包括了双向固定效应；括号中为标准误；*** $p<0.01$，** $p<0.05$，* $p<0.1$。

模型(3)—(8)对样本进行了分组回归,如上所述,当某一个观察的“政体 IV”取值在 -5 到 +5 之间(含)时,我们将其归入混合政体,取值小于 -5 的视为威权政体,取值大于 +5 的视为民主政体。同时,在模型(4)(6)(8)中加入双向固定效应。从回归结果可以看出,仅在混合政体下,执政集团的更迭才会引起样本国与中国投票相似程度的变化。在模型(3)和(4)中,执政集团更迭的剧烈程度增加一个单位,投票相似程度的绝对变化分别增加 0.006 83 和0.003 14,两者分别在 1%和 5%的水平上显著。而在民主政体与威权政体下,即模型(5)—(8)中,执政集团的更迭不会给投票的相似程度带来显著变化。这一发现为我们的假说提供了较为有力的支撑。此外,在模型(3)(6)(7)(8)中,“政体 IV”这一变量均不显著,这说明,在不同政体类别下,样本国民主水平的有限变化不会对结果造成显著影响。

(二) 稳健性检查

需要指出的是,尽管联合国大会投票已成为测量国家外交政策偏好的普遍做法,但像其他测量方法一样,这一方法也存在着测量效度的问题。例如,有学者指出,一些联合国大会投票在本质上是程序性的,并不代表真正的国家利益。同时,联合国大会所扮演的角色局限于建议的提出,投票结果并不产生强制性的约束力。① 鉴于此,已有研究采取了不同方法改进测量效度,例如,有研究采用了联合国大会决议中被美国国务院认定为对美重要的决议。② 我们则采取了古斯塔沃 · 佛洛雷斯-西亚斯

① Gustavo A. Flores-Macías and Sarah E. Kreps, “The Foreign Policy Consequences of Trade: China's Commercial Relations with Africa and Latin America, 1992-2006”, *The Journal of Politics*, Vol. 75, No. 2, 2013, pp.357-371.

② 参见庞珣、王帅:《中美对外援助的国际政治意义——以联合国大会投票为例》,《中国社会科学》,2017 年第 3 期。

(Flores-Macías)与莎拉·克雷普斯(Sarah E. Kreps)的测量方法，根据联合国大会涉及某一国家人权问题的决议，构建了因变量的测量。佛洛雷斯-西亚斯与克雷普斯认为，中国重视涉及某一国家人权问题的联合国大会决议，同时，中国在这一问题上始终保持了较为一致的立场，因此两国投票一致性的变动更好地反映了其他国家对华政策的改变，而不是中国外交政策的改变。①

根据这一方法，在涉及某一具体国家人权问题的决议中，当样本国与中国投票一致时，赋值为1；不一致时，赋值为0；其中一方支持或反对，而另一方弃权时，赋值为0.5。我们计算该样本国得分的年均值(即样本国当年的总得分除以相关决议的计数)，在此基础上计算当年相似值与去年相似值之差，并取绝对值。表3报告了这一稳健性检查的结果。与此前的结果不同的是，在全样本下，“执政集团更迭”的影响不再显著，而“政体IV”在模型(1)和(2)中均显著，且系数为正，这说明样本国民主水平越高，其在联合国大会人权议题上与中国投票相似程度的绝对变化越大，对华政策越不稳定。此外，与此前结果相同，“外交关系”系数为负，这说明与中国有正式外交关系的国家，其对华外交政策的波动较小。

值得强调的是，分组回归的结果再次证实了本文的核心观点。在模型(3)和(4)中，“执政集团更迭”分别在1%和10%的水平上显著，这表明混合政体执政集团的更迭给样本国外交政策带来了显著的影响。相反，在模型(5)—(8)中，“执政集团更迭”均不显著，这也进一步说明，民主政体与威权政体的外交政策不会因执政集团更迭而发生明显变化。

① Flores-Macías and Sarah E. Kreps, “The Foreign Policy Consequences of Trade: China's Commercial Relations with Africa and Latin America, 1992–2006”, p.358.

表格 3　稳健性检查结果

	因变量：与中国在人权议题上投票相似程度的绝对变化							
	全样本		混合政体		民主政体		威权政体	
自变量	(1) OLS	(2) FE	(3) OLS	(4) FE	(5) OLS	(6) FE	(7) OLS	(8) FE
执政集团更迭	0.002 09 (0.001 41)	0.001 58 (0.001 24)	0.011 0*** (0.003 25)	0.006 13* (0.003 30)	−0.002 91 (0.001 94)	−0.002 06 (0.001 47)	0.002 71 (0.002 63)	0.008 61 (0.002 48)
政体 IV	0.001 54*** (0.000 275)	0.001 13*** (0.000 415)	0.002 46** (0.001 18)	0.001 89 (0.001 77)	0.001 87 (0.001 80)	0.000 236 (0.003 05)	0.003 36 (0.002 14)	0.000 815 1 (0.004 63)
冷战后	0.058 8*** (0.003 78)		0.089 9*** (0.011 2)		0.046 4*** (0.005 69)		0.055 0*** (0.005 63)	
实力不对称	0.009 73 (0.017 1)	−0.657*** (0.085 7)	0.096 9 (0.072 3)	−0.463 (0.288)	−0.005 06 (0.018 7)	−0.447*** (0.091 8)	0.109* (0.066 3)	−1.671*** (0.347)
贸易依赖	0.000 541*** (0.000 149)	1.92e−06 (0.000 153)	0.000 299 (0.000 432)	−0.000 342 (0.000 591)	0.000 526*** (0.000 169)	−0.001 14*** (0.000 275)	0.000 972 (0.000 829)	0.001 07 (0.001 22)

（续表）

	因变量：与中国在人权议题上投票相似程度的绝对变化							
	全样本		混合政体		民主政体		威权政体	
外交关系	$-0.041\,2^{***}$ (0.007 45)	$-0.039\,5^{***}$ (0.008 54)	−0.023 8 (0.029 2)	−0.041 8 (0.032 8)	$-0.038\,4^{***}$ (0.011 6)	$-0.020\,8^{*}$ (0.011 8)	$-0.053\,6^{***}$ (0.009 79)	$-0.029\,8^{**}$ (0.012 7)
美国同盟	−0.002 04 (0.004 33)	0.014 7 (0.015 0)	−0.003 85 (0.013 7)	缺失	−0.001 88 (0.005 27)	0.021 1 (0.016 4)	$0.023\,1^{**}$ (0.010 8)	0.067 2 (0.082 1)
截距	$0.077\,8^{***}$ (0.021 8)	0.921^{***} (0.101)	−0.064 4 (0.089 8)	0.639^{*} (0.350)	$0.099\,6^{***}$ (0.029 6)	0.720^{***} (0.107)	−0.020 1 (0.083 6)	2.104^{***} (0.420)
样本数	4 541	4 541	1 009	1 009	2 206	2 206	1 326	1 326
	0.085	0.349	0.098	0.276	0.038	0.509	0.101	0.273
国家数		144		88		95		85

注：模型(2)(4)(6)(8)包括了双向固定效应，模型(4)中“美国同盟”的系数因该变量不随时间改变而缺失；括号中为标准误；*** $p<0.01$，** $p<0.05$，* $p<0.1$。

四、结论

综上所述,回归结果验证了本文的核心假说,即混合政体国家执政集团的更迭更有可能导致该国外交政策的调整,而民主国家与威权政体国家的外交政策则体现出较强的延续性。这一结论对西方主流理论所坚持的"民主—非民主"的二分法构成了挑战,并揭示了所谓的"非民主"国家在政治制度方面存在重要的差异,同时也证明这种差异进一步影响了外交政策的延续性。

对于政策制定者及海外投资者而言,这一结论也具有一定的实践意义。混合政体国家的特性决定了执政集团的更迭往往会为该国外交政策带来重大影响,中国与对方国家的双边关系也可能因执政集团的变化而出现波动。在本文开篇所提到案例中,马来西亚与斯里兰卡均属混合政体国家。马来西亚 2015 年的"政体 IV"指数为 5;斯里兰卡在 2010—2014 年间的"政体 IV"指数为 3,2015 年为 6。菲律宾尽管"政体 IV"指数较高(为 8),但该国政治具有明显的混合政体特征,家族政治盛行,同时执政集团的政治生存长期受到军事政变、武装叛乱的威胁,外交政策制定也体现出"个人化"的特征,多为执政者及其获胜联盟的政治和经济利益服务。① 本文的分析结果还说明,在向混合政体国家开展投资的过程中,中国投资者也更应该注重政治风险的管理。尤其是在海外基础设施项目的投资上,投资者应避免在谈判过程中过于依赖某一领导人或其亲信的承诺和支持,而应促进对方国家官僚机构与社会组织的广泛参与,这有助于增进对方政策的稳定,从而改善投

---

① 参见查雯:《菲律宾对华政策转变中的国内政治因素》,《当代亚太》,2014 年第 5 期。

资环境,降低投资风险。

Change in Leadership Coalition and Foreign Policy Adjustment in Different Political Regimes

Wen Zha　Xiang Li

Abstract: The existing literature argues that compared with democracies, non-democratic countries are more likely to realign their foreign policies when leadership turnover occurs. This article challenges the "democratic-nondemocratic" dichotomy adopted by the previous studies and contends that this dichotomy ignores the peculiar attributes of anocracies. This article maintains that the foreign policies of anocracies are more likely to reorient following leadership turnover. In contrast, foreign policies of democracies and authoritarian regimes exhibit higher level of continuity. This article uses the similarity score developed from the United Nations General Assembly votes to measure a country's foreign policy alignment with China, and analyzes the factors that influence the absolute change in the similarity score through regression. The regression outcome supports the above-mentioned hypothesis.

Keyword: leadership turnover; anocracy; UNGA votes; foreign policy adjustment

比较公共政策

功能溢出与制播选择:“电视调解”运行的知识机制*

李瑞昌

[内容提要] “电视调解”节目曾经火爆于卫星电视台,而当下只能兴办于地方有线电视台,对于此种有趣现象尚缺乏足够理论解释。由于“电视调解”是人民调解制度实施的一种形式,因此,“电视调解”节目在高收视率的商业目标下要实现人民调解制度功能,即“预防化解矛盾纠纷、普法教育”。根据“电视调解”节目的“电视节目”和“案件调解”双重属性,本文构造出“‘电视调解’运行的分析框架”,按“受众特性”“节目语言(国语/方言)”“议题冲突性”“调解的依据”和“调解的结果”五个指标把“电视调解”节目分为“情感沟通型”“纠纷调解型”“法律判断型”三种类型。最后,通过对现存于网络的15个“电视调解”节目、8 119期的视频进行上述八个指标的编码、数据输入和初步统计后,笔者发现:由节目语言、议题冲突性和调解的依据所体现出来的国家性或地方性知识影响到“电视调解”节目制度功能的溢出,也最终决定地方电视台选择制播何种类型的“电视调解”节目,以及选择使用卫星还是地方有线电视播放“电视调解”节目。

[关键词] 电视调解　地方性知识　制度功能　溢出

一、问题提出与文献回顾

2011年1月《人民调解法》正式实施后,“电视调解”节目曾一

* 李瑞昌,复旦大学国际关系与公共事务学院。

度火爆于卫视,全国几乎所有卫视都推出了一档调解节目。与此相随的是,卫视中调解节目也很快惹起了巨大的社会争议。其争议的焦点不仅涉及“电视调解”节目当事人隐私保护不力,而且关涉到节目中案件的真实性。至 2013 年,不到两年时间,大多数卫视的调解节目纷纷停播,或者将调解节目转为地方有线电视台播出,或者转型为情感沟通咨询节目。至今,地方有线电视台的调解节目依然火热,但卫视台中调解节目只剩下江西卫视的《金牌调解》和湖北卫视的《调解面对面》了。这是“电视调解”节目中非常奇特的现象。那么,为什么卫视调解节目纷纷下档而地方有线电视台的调解节目依然兴盛呢？这是一个需要重新思考的实践问题,因为它事关现代调解制度发展,以及为调解工作重新找到新的形式。

针对上述现实问题,新闻传播学科作了一些初步的回答。新闻传播学科聚焦于“电视调解”节目的制播技术、制播技巧和制播技能等方面展开分析,探讨“电视调解”节目中存在的问题,并以此解释卫视的“电视调解”节目为何纷纷退场。归纳起来,卫视的“电视调解”节目纷纷下架的原因有:(1) 调解当事人扮演造假;①(2) 节目举办方过度渲染,增加冲突;(3) 侵犯当事人的隐私;②(4) 节目主持人掌控失度,调解员时常在节目中故意激怒矛盾双方,导致矛盾升级,使节目的冲突性增强,吸引受众眼球;③(5) 电视调解节目同质化问题;(6) 电视节目的道德舆论导向不明确。④ 总体来看,“电视调解”的传播学研究成果,多数属于工作分析而非理论探讨。

---

① 许芳:《我国电视调解类节目存在的问题及反思》,《新媒体》,2017 年第 13 期。

② 郑晓静:《表演与压力:通过传媒调解纠纷——电视调解的兴起与未来》,《民间法》,2014 年第 2 期。

③ 马笑艳:《电视调解类节目在满足受众心理需求方面的问题及对策研究》,《西部广播电视》,2017 年第 13 期。

④ 王立、谢忠伟:《收视与导向、贴近与立场、服务与边界:电视调解类节目的三个统一》,《传播实务》,2017 年第 4 期。

“电视调解”节目是由电视行业实践界率先发起的,因而,现有关于“电视调解”节目的研究也主要为新闻传播学科所关注。但是,近两年断断续续出现了一些文献,它们往往站在“人民调解”立场思考“电视调解”为何会失败。这些研究将电视调解节目失败的原因归结为如下几点:(1) 偏重于媒介产品而忽视了纠纷解决机制功能的发挥,案件呈现过多而调解过程演示得过少,导致电视节目味道过重而人民调解立意过低;(2) 过于偏重情感调解而忽略了法治主张,法治含量急剧下降,导致电视观众对电视调解和人民调解信任度下降;①(3) 过于重视演播间调解而忘记了后续调解的义务,导致电视调解的效果不佳,最后影响到当事人选择电视调解方式来定分止争;②(4) 过于重视电视的公共空间功能而忽视调解的私人领域属性,通过弹幕、留言和线下评论等方式吸引公众参与,最终导致案件当事人饱受舆情压力而进行权利让步;③(5) 调解效果不重实际,调解能力不高、调解手段低下、调解意识淡薄等问题,④不利于调解工作的顺利开展,产生了不良的社会影响。

也有少数研究者冀图从更深层的原因反思“电视调解”节目在卫视中衰落的原因,如从“人民调解”本身批判“电视调解”节目的合法性问题。它们提出了两个争议点:一是“电视调解”节目是否合乎现有法律规定?二是“电视调解”节目是否可以归类为人民调解呢?⑤对于第一个争议点,有两种看法:其一,如果“电视调解”节目是电视台自行举办,只得到国家广播电视总局批准,就只能算是一档咨询类电视节目,不属于人民调解;电视调解是以电视媒介

① 王舒荧、许昕:《增强电视调解节目法治含量刍议》,《舆论监督》,2017 年第 3 期。

② 李立景、郭力宾:《中国电视调解向何处去:探寻在媒介产品与纠纷解决机制之间的跨界生存与创新》,《新闻界》,2017 年第 5 期。

③ 陈佑荣:《重思公共领域:电视调解中的家庭政治与协商民主——江西卫视《金牌调解》栏目为个案》,《国际新闻界》,2015 年第 4 期。

④ 詹莉波:《框架理论下的电视调解类节目解读》,《东南传播》,2013 年第 10 期。

⑤ 李立景:《电视调解节目的合法性批判》,《传媒观察》,2012 年第 7 期。

介入纠纷解决,成为司法调解、行政调解、人民调解之外的第四种调解方式,是调解方式的一次创新。① 其二,如果"电视调解"节目是电视台与司法行政部门或人民调解委员会合办的,那么就属于人民调解范畴。简而言之,"电视调解"属于人民调解与否的根本标准在于"调解协议"的法律效力。

总体而言,现有关于"电视调解"节目研究均在回答"电视调解节目为何下档"这个问题,并从电视传播特点和调解特性两个层面切入展开论述。应该说,这两个视角所提供的答案对"电视调解"节目所具有共性问题的回答是准确的,其相关政策建议也是有效的。从事实上来看,卫视的"电视调解"节目纷纷下线与这些共性问题是相关的。甚至可以发现,避免了上述问题的"电视调解"节目今天依然存活于卫视台,并保持较高的收视率。此外,这些共性问题对于调解节目发展路径选择也起到了分流作用。但是,这些分析始终没有解释这个问题,即"为何地方有线电视台中的电视调解节目依然火爆?且为什么一些地方有线电视台调解节目上互联网之后点击率很高呢?"

二、制度功能的溢出效应:理论分析框架构建

人民调解制度是一项法律制度。根据《中华人民共和国人民调解法》规定,人民调解是指人民调解委员会通过说服、疏导等方法,促使当事人在平等协商基础上自愿达成调解协议,解决民间纠纷的活动。人民调解,应该在厘清事实真相的前提下,通过说服与劝导的方式,促进矛盾得到妥善解决。电视调解类节目,即查清事实真相,通过说服和劝导,促进矛盾双方的和解。人民调解工作过

---

① 黄勇贤、刘巍:《电视调解节目的兴起与推广》,《当代电视》,2011年第12期。

程,是化解矛盾纠纷的过程,也是预防矛盾纠纷、加强法制宣传教育的过程。[①] 因此,人民调解制度有三个功能:预防功能、化解功能和宣传教育功能。

任何制度都有其功能,不同类型制度应有不同功能。从新制度经济学派到新制度政治学派、新制度社会学派,先后提出了制度的“两功能说”“四功能说”“五功能说”和“十功能说”等。其中“两功能说”有德姆塞茨和林毅夫,德姆塞茨指出,(产权)制度具有两项重要功能,即帮助人们形成合理的预期和外部性内在化。[②] 而林毅夫则认为制度具有两种功能,即安全功能和经济功能。[③] “四功能说”中柯武刚和史漫飞认为,制度主要具有四种功能:有效协调和信任、保护个人自主领域、防止和化解冲突、权势和选择。也有学者认为,制度的四大功能包括:规范性和秩序性功能、合理性和合法性分配功能、导向和激励功能、协调性和整合性功能。主张“五功能说”的舒尔茨认为,制度具有五种功能,即提供便利、降低交易费用、提供信息、共担风险和提供公共品(服务)。[④] “十大制度功能说”主张的内容为:转化与载体功能、抑恶与惩恶功能、护善与扬善功能、预防与教化功能、纠错与更新功能、管理与效率功能、疏通与减压功能、激励与创造功能、协调与整合功能、秩序与稳定功能。[⑤] 也有学者认为,制度的功能是多种多样的,具有层

---

① 罗干:《罗干谈政法综治工作》,中国长安出版社,2015年,第350页。

② 德姆塞茨:《关于产权的理论》,载R.科斯、A.阿尔钦、D.诺斯等:《财产权利与制度变迁——产权学派与新制度学派译文集》,刘守英等译,上海三联书店、上海人民出版社,1994年,第97—98页。

③ 林毅夫:《关于制度变迁的经济学理论:诱致性变迁与强制性变迁》,载R.科斯、A.阿尔钦、D.诺斯等:《财产权利与制度变迁——产权学派与新制度学派译文集》,第377页。

④ T.W.舒尔茨:《制度与人的经济价值的不断提高》,载R.科斯、A.阿尔钦、D.诺斯等:《财产权利与制度变迁——产权学派与新制度学派译文集》,第253页。

⑤ 田广清、李倩、刘建伟:《制度的十大功能:学理层面的诠释》,《北京行政学院学报》,2007年第5期。

次性。①

归纳林林总总的制度功能学说,本文认为,制度类型多样必然也就功能多样,制度效力的等级性必然导致制度功能的层次性。但是,从制度作用对象角度而言,制度功能可以分为两种类型:一是内在功能,即制度实施过程中旨在解决制度所作用的受众间关系的功能,这是制度本身所必须具备的功能;二是外溢功能,即制度实施过程中对制度作用受众之外的对象所产生的影响,这是制度内在功能溢出的意外结果。制度功能的溢出效应与制度传播密切相关。如果制度实施过程中,传播越广泛,那么制度功能的外溢效应就越广泛。

人民调解制度是一项群众自治制度,是人民调解委员会无偿解决社会矛盾纠纷的自我治理方式。因此,人民调解制度的化解、预防和宣传教育功能应属于制度内倾功能,是用于解决当事人的矛盾纠纷而发挥的作用。但是,"电视调解"作为人民调解制度的一种实施形式,它不仅要实现人民调解制度本身具有的化解当事人之间的矛盾纠纷和对当事人法制宣传教育的功能,而且要实现预防社会矛盾纠纷和维护社会和谐的"前沿哨卡"的防御功能。如果说,前一项功能是针对当事人的,属于制度的内在功能;那么,后一项功能则不是针对当事人的,属于制度的溢出功能。从实现制度外溢功能角度而言,"电视调解"节目通过卫视播出理应外溢功能更大,为何卫视中"电视调解"节目下架至地方有线电视台呢?因此,本文提出的理论问题是:人民调解制度功能外溢受制于哪些条件呢?

前文已经提到,制度功能的外溢首先受到了传播工具及传播方式的影响。报纸、广播、电视和互联网等传播工具,以及文字、图片、符号和声音等传播方式都会影响制度功能的外溢。② 可以

① 张宇燕:《经济发展与制度选择》,中国人民大学出版社,1992年,第3页。

② 李瑞昌:《新中国调解制度变化的内容、路径、动力及未来》,《复旦学报(社会科学版)》,2018年第4期。

说,传播工具影响到制度功能外溢的范围,而传播方式影响到制度功能外溢的效果。那么,是否还有其他因素影响到制度功能的外溢呢？这些因素与传播工具及传播方式之间又有何种关系呢？

站在电视制作方立场,“电视调解”节目包含了两层属性：一是“电视节目”属性,二是“人民调解”属性。其中,“电视节目”属性是电视制作方首先考虑的方面。作为一个电视节目来看,借助传播范围越广阔的卫视,“电视调解”的制度功能外溢效果就越好。然而,作为电视节目还需要考虑电视受众,卫视与地方有线台的受众群体是不一样的。卫视覆盖的全国观众需要节目主持人、嘉宾和案件当事人均要使用国家通用语言,而地方有线台覆盖的地方观众尽管既能接受国家通用语言也能听懂方言,但更容易认同电视节目采用方言,因为方言更亲切。另外,电视节目还要考虑案例情节的冲突性,越具有冲突性的案例情节越能够吸引观众。而一旦电视观众感受不到案件冲突性、听不懂节目的语言、不清楚案件发生的背景,那么,传播工具再好,传播方式再优,也无法放大“电视调解”制度功能的溢出效应。因此,“电视调解”节目所涉及的“受众的特性、节目的语言和议题的冲突性”决定了节目制作方选择卫星电视还是有线电视台播出,也就影响到“电视节目”制度功能的溢出效应。

从“电视调研”的“人民调解”属性来看,“电视调解”节目作为“人民调解制度”实施,所产生的制度外溢应受到如下因素影响:节目的语言、调解的依据和调解的结果。节目中主持人、人民调解员和矛盾纠纷当事人如果不能一致使用普通话或者方言,就可能导致调解过程中沟通无效,但是,他们使用普通话还是方言又影响到节目播出时采用卫视还是地方有线台。此外,由于调解的依据既有国家的法律和政策等,又有地方政府发布的地方性政策,甚至还有地方的风俗习惯,调解过程中还会使用到地方性的文化等人文知识,①这些依据的恰当运用将影响到调解过程的顺利性和调解结果的达成。最后,调解的结果不仅会影响到节目能否后续开展下去,而且会影响到观众能否继续观看,如果每档“电视调解”节目都不能调解成功或者调解协议没有实施,矛盾纠纷当事人可能不再选择“电视调解”定分止争。同时,观众也感觉不到调解结果而放弃继续收看,“电视调解”节目收视率就会下降;收视率下降直接影响到调解节目对非当事人的宣传教育功能的实现。因此,节目的语言、调解的依据和调解的结果是影响“电视调解”的人民调解制度功能溢出的重要因素。综上所述,“节目的语言、调解的依据、议题的冲突性”都具有“国家/地方性知识”的特性,决定了“电视调解”节目选择卫星电视或地方有线电视播出的方式,最终影响“电视调解”制度功能的外溢(见图 1)。

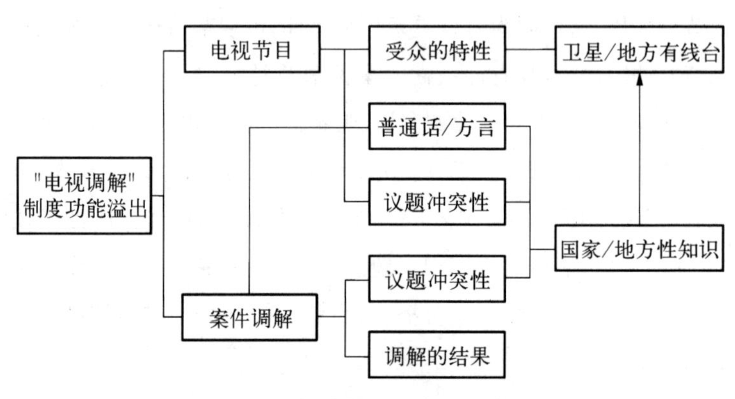

图 1 “电视调解”运行的分析框架

三、“电视调解”节目的知识类型划分

“电视调解”节目并非完全始于 2010 年《人民调解法》颁布之

---

① 李瑞昌:《论社会治理新格局站位下的人民调解制度建设方略》,《湘潭大学学报(哲学社会科学版)》,2018 年第 2 期。

后。早在20世纪90年代便开始逐渐产生具有调解矛盾性质的电视节目,例如,湖南卫视的《真情》、江苏卫视的《人间》。但当时的调解形式还没有正式形成,仅出现调解端倪,且收视率不高。到了2007年,上海东方卫视台制播了调解节目《老娘舅》,收视率较高,节目新颖,引起了广泛关注。一时间,卫视台出现多个类似的调解节目。随着这些节目的发展,逐步出现了成型的、正式的调解类节目;它们专注于各类矛盾纠纷调解活动,有着广泛的群众基础。现在回过头来看,当时新生的几个调解节目因注重案件中的故事冲突性而满足了公众的猎奇心理;但是,那时调解节目数量总体上较少,且调解结果不具有法律效力。之所以造成这种局面,根本原因在于这些节目没有法律基础。到了2010年8月,《人民调解法》正式颁布,人民调解价值被电视工作者重新看重。短时间内,多数卫视台开始制播调解类节目,“电视调解”节目由此兴盛起来。当然,2011年国家广播电视总局的一纸“限娱令”,关掉了不少所谓以现实情境为基础的电视节目,也助推了调解类节目发展。[①] 总之,调解类节目借助《人民调解法》的名头粉墨登场,开始火爆于地方的卫星电视频道。

根据电视调解节目发展状况,大体上可以分为三类:情感沟通型、调解纠纷型和法律评判型。其中,情感沟通型节目数量最多,且在卫视台和地方台都多。法律评判型节目在卫视台比较少,但在地方台比较多。调解纠纷型节目因呈现方式不同,所以,也引发了诸多的争议。一些法律专家认为,从严格意义上讲,情感沟通型电视节目不属于调解类节目。为了便于全面了解冠以调解名头的电视节目概况,下文分别加以介绍。

一是情感沟通型。这种类型节目是侧重于心理沟通、情感宣

① 徐展:《“限娱令”背景下的电视调解类节目发展思考》,《声屏世界》,2012年第6期。

泄的调解类节目。这类节目以恋爱期间的情感问题、人际关系问题以及婚后家庭关系问题为调解主题,更多涉及年轻人婚恋,更多为当事人所遇到的问题提供咨询意见。因此,情感沟通型节目是调解成分最低的调解类节目。此类节目旨在让矛盾双方敞开心扉、深度沟通,并从心理学角度给出调解建议。在情感沟通型电视调解节目中,主持人或调解员往往通过心理沟通和疏导,调解双方当事人的矛盾,从而使双方作出更加明智的选择,如天津卫视的《爱情保卫战》、河北卫视的《情感大裁判》、东方卫视的《幸福魔方》和吉林卫视的《幸福词典》等。

情感沟通型节目往往将人性率真、人心柔软和人文关怀裹挟在节目之中。这类节目并非要将案情弄出个是非曲直,而是要站在情感立场上调解,力图让双方认识到自己在情感处理上的优点和不足,从而为双方共同成长找到机会。这类节目可以细分为两类:一是以婚前的恋爱中的问题作为节目主打议题,如《爱情保卫战》《幸福魔方》《情感大裁判》等。这类节目最多,几乎遍及所有的电视台。又如,《情感大裁判》是河北卫视的情感咨询的恋爱节目,节目立足频道的民生地位,以解决情感矛盾、构建和谐社会为目标,融入人文关怀,注重道德感化,渗透法制教育,在"关心、关怀、关爱"的氛围中实现价值观引导。

二是以婚后的家庭争议作为节目的重点,所涉及的问题比较复杂,既有感情问题也有家庭关系纠纷,还有社会矛盾等;相应地,节目数量也就少些,比较典型的有《和事佬》。山西卫视的《和事佬》是原版的《小郭跑腿之和事佬》节目的升级版,节目定位为情感调解类的故事节目,以最真实的情感、最感人的故事、最人性的调解,凸显真实、平实的调解风格,帮助当事人实实在在地解决问题。山西卫视的《和事佬》节目坚持媒体观点,把握舆论导向,引导社会舆论,高唱"家和万事兴"的和谐主旋律,让《和事佬》成为百姓情感纠纷化解的平台,培养明星化的民间调解员,从而打造更真实、更具有原创风格和本土特色的情感调解类故事节目。与此类似的是,杭州电视台的《和事佬》作为地方有线台的节目,节目风格与山西卫视的《和事佬》相仿;不同的是,山西卫视的《和事佬》停播后杭州电视台的《和事佬》依然处于更新状态,且节目每周播放次数增加了。

二是调解纠纷型。纠纷调解型节目就似居民委员会一般,以调解日常家庭、邻里纠纷为主,具体来说有婚姻矛盾、亲情纠纷、邻里矛盾等。这一类节目积极调解邻里纠纷,为使百姓生活更加和谐美满而努力。此类节目的调解意味重于心理沟通型调解节目,但不及法律评判。调解团队组成成员有下面几位或其中一位:节目主持人、人民调解员、心理专家和律师。整个节目选题偏重于涉及家庭矛盾、邻里纠纷相关的案件,调解员力图表现出突出的调停劝和的倾向,如东方卫视的《新老娘舅》、山东卫视的《打开你的心结》和辽宁卫视的《复合天使》等。《新老娘舅》是《老娘舅》的“降级版”。所谓“降级版”是指原来由卫视台的节目调整为地方台的节目。无论是《老娘舅》还是《新老娘舅》都是由上海文广新闻传媒集团先后推出的一档纠纷调解电视节目。每期节目邀请一对(一群)存在矛盾的当事人和一位人民调解员来调解纠纷。《打开你的心结》是山东卫视的一档电视节目,调解人包括:电视主持人、心理专家、微表情专家、律师、观众发言人,属于干预性调解,调解主题是家事矛盾。《甲方乙方(江苏卫视)》是江苏卫视的一档调解节目,调解人包括:电视主持人、观察员(二名,一名为律师,一名为情感专家)。《复合天使》是一档大型公益栏目,由律师、检察官等组成的一个调解团为平凡人解决复杂问题,这些问题或来自婚姻,或来自爱情,或来自金钱。

一般而言,调解纠纷型节目均倾向于过度展示“矛盾冲突点”,大打纠纷牌,将双方当事人在节目现场所发生的口头乃至肢体冲突“原生态”地呈现在观众面前;而对于调解员如何劝说、调停和说和当事人的内容较少呈现。这样固然提高了收视率，但是也引起了许多争议。因调解员的构成以及节目安排的不同，调解纠纷型节目内部还有诸多差异，如有些调解纠纷类节目中主持人也是调解员，于是，整个节目对调解程序更侧重于案件故事演示而调解过程展示较少，如河南电视台的《爱心调解》。也有些调解纠纷类节目只有一个律师和一个主持人，变成了主持人向律师咨询类的节目，如山东卫视的《和为贵》。整体来看，调解纠纷型节目也偏向于电视节目展示，而轻视案件调解。

三是法律评判型。法律评判型节目是我国司法部门进行资格认定的人民调解节目。法律评判型电视调解类节目把人民调解的过程搬上荧屏。法律评判型节目通常为人民调解组织，在调解完成后在双方当事人同意下签署一份调解协议，并且该协议具有法律效力。其中，《第三调解室》是最早宣称调解协议具有法律效力的电视调解栏目。法律评判型电视调解类节目与前两种调解类节目最大的差异也在于此，即此类型节目所达成的调解协议具有法律效力，且调解性最重。这类节目所涉及案件类型非常多样，矛盾类型也十分丰富，如经济纠纷、邻里矛盾、感情纠葛等。矛盾双方的关系呈现多样化，他们可以是夫妻、亲人、邻里、朋友，甚至陌生人等。调解员包括：主持人、专门的调解员、律师、心理专家、法官或检察官等。例如，江西卫视的《金牌调解》、湖北卫视的《调解面对面》和北京电视台科教频道的《第三调解室》等。部分节目为了让嘉宾们观点更加客观、公平、公正，还设立了专业调解团和民间评议团等。例如江西卫视的《金牌调解》，由主持人对调解节奏进行把握，由主调解员对当事人双方的矛盾进行深刻剖析、给出解决对策；此外，还有由八人组成的调解观察团，表达看法，对当事人提出忠告。

为了使调解结果更具说服力，法律评判型电视调解类节目渐渐走入司法程序。节目组不仅和省市司法行政部门合办节目，而且将调解团队定位为人民调解组织,严格符合法律相关规定。于是,法律专家被安排参与到调解过程,调解成功则签署具有法律效力的人民调解协议;节目活动淡化了娱乐色彩,强化了法律意识。因此,法律评判型电视调解节目的调解性最强,社会效果和效应也是最强的,即使没有调解成功,律师讲解和心理专家分析也使得法律常识渐入人心,一些道理为人所熟知。例如,江西卫视的《金牌调解》自定位是:以调解纠纷、化解矛盾、促进和谐为宗旨,召集了最权威的金牌调解员和观察员队伍,聚集了最独到的视角和观点,让观众看到一个不一样的电视调解节目。又如,湖北卫视的《调解面对面》则自我框定为:聚焦社区民情民意,通过媒体调解方式和典型社区案例来化解矛盾,挖掘真情,唤醒良知,引导人性;以人和、家和、天下和为口号,调解社区矛盾、关注社区和谐、破解法律疑点,全面创新媒体参与社会管理的职能。北京电视台科技频道的《第三调解室》则自认为:国内第一档具有法律效力的排解矛盾、化解纠纷的电视节目;人民调解员、律师、心理专家采用说法、说理和说亲情方法,为当事人答疑解惑、梳理思绪,促使各方当事人达成调解,并当场签订人民调解协议书,加盖人民调解公章,协议具有法律效力,当场生效。

简而言之,作为公开节目的“电视调解”实际上包含了两层含义:一是“电视节目”;二是“案件调解”。电视节目讲究的是剧情冲突,追求的是收视率;而“案件调解”讲究的是解决问题,追求的是社会效果。但是,电视节目是一个社会性质的节目,除了追求商业利益,更应重视社会效应。就电视节目的社会功能而言,电视节目无非有三大功能:新闻娱乐、知识传播和公共教育。事实上,多数电视节目功能的实现并非均衡,也会发生偏差。站在电视制造单位立场上,“电视调解”节目应重视新闻娱乐功能;而从社会效应来看,“电视调解”节目更应重视公共教育功能,即法制教育。而从“案件调解”功能来说,“电视调解”节目应着重解决当事人的矛盾纠纷。这正是不同“电视调解”节目功能定位不同的原由。当然,这也恰恰是“电视调解”节目内容差异的原因。

可以说,多数“电视调解”节目徘徊在“电视节目”与“案件调解”之间。如果过于偏向于“电视节目”,则可能偏离“案件调解”太远,导致调解本身的功能丧失。如果过于侧重“案件调解”,则可能导致“电视节目”效果不佳,收视率下降。当然,随着调解节目之间竞争加剧,各种节目之间相互学习、相互借鉴和相互渗透,不断创新节目的形式,逐步形成了多种混合的节目类型。如果将这些节目按照情感沟通为一端,而法律调解为另一端,中间是调解纠纷型的,那么,各种调解类节目就构成了一个矛盾纠纷化解方式的连续光谱。

四、“电视调解”制度功能溢出的实证分析

(一)数据采集与初步描述

课题组下载并观看了现存于互联网上的15个电视调解节,具体包括:《打开你的心结》《甲方乙方》《情感大裁判》《幸福词典》《生活广角》《大声说出来》《爱情保卫战》《钱塘老娘舅》《娘家姐妹花》《和为贵》《幸福魔方》《和事佬》《金牌调解》和《第三调解室》等。节目涉及自2009年至2016年的8 119期的视频。其中,《打开你的心结》共45期(自2011年3月19日至2012年4月7日),《甲方乙方(江苏卫视)》共64期(自2012年6月6日至2014年3月17日),《情感大裁判》共66期(自2013年12月2日至2014年12月29日),《幸福词典》共22期(自2012年5月31日至2012年12月24日),《生活广角》共700期(自2015年7月1日至2018年3月1日),《大声说出来》共179期(自2016年10月26日2017年9月

10 日),《爱情保卫战》共 1 061 期(自 2010 年 10 月 30 日至 2017 年 12 月 30),《钱塘老娘舅》共 2 690 期(自 2010 年 8 月 2 日至 2018 年 2 月 27 日),《甲方乙方(上海星尚频道)》共 432 期(自 2012 年 6 月 6 日至 2017 年 12 月 31 日),《娘家姐妹花》共 300 期(自 2015 年 12 月 2 日至 2017 年 12 月 27 日),《和为贵》共 43 期(自 2011 年 3 月 19 日至 2012 年 4 月 7 日),《幸福魔方》共 183 期(自 2010 年 1 月 4 日至 2011 年 8 月 31 日),《和事佬》共 346 期(自 2016 年 9 月 29 日至 2017 年 10 月 13 日),《金牌调解》共 1 388 期(自 2012 年 4 月 27 日至 2017 年 11 月 19 日),《第三调解室》共 600 期(自 2014 年 9 月 17 日至 2017 年 12 月 31 日)。

课题组从播放日期、首播电视台的性质、矛盾纠纷类型、调解队伍构成、节目的语言、调解依据和调解结果等维度进行编码和数据录入,可以作出如下描述。

第一,从制播日期来看,比较成型的调解节目出现在 2009 年前后,早于《人民调解法》颁布,这说明人民调解实践是先于立法的。第二,从节目更新而言,已有部分卫视的调解节目停播了,而地方有线台的节目依然在播。第三,从矛盾纠纷类型而言,情感纠纷和家事矛盾是调解节目的首要选题。第四,从调解语言来看,卫视台的调解节目基本上都采用国家通用语言(普通话),而地方有线电视台中主持人采取普通话或方言,当事人和嘉宾更习惯使用方言。第五,从调解队伍来看,一般调解节目中节目主持人既主持又当调解人,而心理专家是多数调解节目常见的嘉宾,律师和人民调解员也是调解的主要力量;此外,明星、社会贤达、法律工作者(包括律师、法官、检察官等)和现场内外观众也是重要参与方。第六,从调解依据来看,情感劝说是最主要的调解依据,贯穿于各类调解节目,社会道德也是其中的重要依据,而法律只在少数调解节目中被采用(见表 1)。

表 1　电视调解节目统计

	开播日期	节目更新	首播台	矛盾类型	调解语言	调解队伍	调解依据	成功率
打开你的心结(鲁)	20110319	否	卫视	情感	国语	专家	情	73%
甲方乙方(苏)	20120606	否	卫视	情感	国语	专家	情	65%
情感大裁判(冀)	20131202	否	卫视	情感	国语	不定	情	78%
幸福词典(吉)	20120531	否	卫视	情感	国语	律师	情	67%
生活广角(京)	20090101	是	有线	家事	方言	律师	法情理	84%
大声说出来(重)	20130605	否	卫视	情感	国语	明星	情	56%
爱情保卫战(津)	20101030	是	卫视	情感	国语	明星	情	63%
钱塘老娘舅(杭)	20090401	是	有线	家事	方言	不定	情理	85%
娘家姐妹花(杭)	20140213	是	有线	家事	方言	无	情理	92%
甲方乙方(沪)	20120301	是	有线	家事	方言	律师	法情理	68%
幸福魔方(沪)	20120104	是	卫视	情感	国语	专家	情	72%
和为贵(鲁)	20110319	否	卫视	家事	国语	专家	情理	68%
和事佬(杭)	20100101	是	有线	家事	方言	律师	情理	93%
金牌调解(赣)	20110726	是	卫视	家事	国语	律师	法情理	90%
第三调解室(京)	20140917	是	卫视	家事	方言	律师	法情理	95%

（二）结论

第一,情感沟通型节目开办持续时间长,卫视和地方有线电视台均有开办。前文已经提到情感沟通型节目是调解节目最初的萌芽,开办时间早。通过数据整理还发现,情感沟通节目中开办时间最长的是《爱情保卫战》,于 2010 年开播至今仍在更新。《情感大裁判》《幸福词典》《生活广角》《甲方乙方(江苏卫视)》《大声说出来》和《爱情保卫战》是卫视台的节目,均属于情感沟通型。从目前发展来看,情感沟通类节目无论从数量上还是开办时间长短上都处于优势地位,且多数情感沟通节目一直占据了卫星电视台收视率的高位。

第二,纠纷调解型节目源起于卫视台,兴盛于地方有线电视台。2007年东方卫视开播的《老娘舅》是当时收视率较高的调解节目,也是开播最早的纠纷调解型节目。《和为贵》也是卫视中的调解纠纷型节目。2009年开播且至今兴盛的《钱塘老娘舅》是由地方有线电视台——浙江电视台6频道制播的。《钱塘老娘舅》节目以“夫妻二人闹别扭,儿女不孝老人愁,邻里矛盾起纠纷,试试找个老娘舅”为口号,从民间寻找热心公正、敢于直言的“老娘舅”,凭借其最质朴、真实的市井语言,为老百姓调解纠纷、化解矛盾。另外,浙江电视台科技频道的《娘家姐妹花》也是比较典型纠纷调解型节目,自2015年开播至今仍在更新,累积了300余期。尽管人民调解委员会组成成员不固定,但是,所签订的人民调解协议具有法律效力。

第三,法律评判型节目多兴办于地方有线电视台。《甲方乙方(上海星尚频道)》《钱塘老娘舅》《和事佬》和《第三调解室》是地方有线电视台的节目,都是法律评判型的节目,签订的人民调解协议具有法律效应。一般而言,法律评判型节目所调解的问题是地方性的,调解依据有地方性法律、法规和规章制度,人民调解员与当事人的调解对话是地方语言,调解目的是解决问题、教育地方群众。

第四,“电视调解”节目的地方性知识含量越高越容易由地方有线电视制播,反之亦然。从节目功能上讲,“电视调解”节目光谱中一端是咨询,另一端是调解,中间有多种过渡形式,包括说服、调停等。站在“社会治理”立场上来看,上述各种类型调解节目都具有自身的社会治理功能。然而,站在人民调解制度功能溢出角度,地方性知识含量较高的电视调解节目在地方有线台直播较多,因为地方性知识限制受众范围；反之，国家性知识含量较高的电视调解节目在卫视中播出较多。

第五，“电视调解”制度功能评价无定论。从当事人角度，达成共识或签订了协议即可算作调解成功了。如果以此为标准，情感沟通型节目成功率低于纠纷调解型节目，纠纷调解型节目成功率又低于法律评判型节目。尤其是法律评判型节目制录后有事后追踪，调解成功率非常高，如《第三人民调解室》。然而，从互联网上留言和弹幕中的意见观点而言，情感沟通型节目播出过程中受众参与率高，观点分歧度高，节目传播效果高，但社会治理效果不明显；而法律评判型节目受众参与率低，观点共识度高，节目传播效果不高，但社会治理效果明显，很多后来寻求“电视调解”的当事人表示曾经看过前面几期的节目。

第六，“电视调解”制度功能溢出的反比例定律。从传播学角度而言，借助卫视播出，“电视调解”制度功能溢出空间大，溢出效果也就大；借助地方有线电视播出，“电视调解”制度功能溢出空间小，溢出效果也就小；因此，溢出空间与溢出效果呈现正比关系。然而，从社会治理角度来看，溢出空间与溢出效果呈现反比例关系，是因为观众受到“电视调解”节目本身所携带的地方知识的影响。情感沟通型电视节目通过卫视台制播，溢出空间很大，但溢出效果不明显；因为节目议题相似度高，地方性知识不足，收视率低。而法律评判型电视调解节目借助地方有线台播出，溢出空间小，但溢出效果明显；因为节目议题相似度低，地方性知识充足，区域内收视率高。

总之，“电视调解”节目具有“电视节目”和“人民调解”双重属性。当其越向“电视节目”靠拢，节目内容越多呈现当事人的案例情节，越容易录制成情感沟通型或纠纷调解型节目，也就越能适合于卫星电视播放；而当其越向“人民调解”靠拢，节目内容越多呈现调解过程，越能制作成法律评判型节目，也就越适合于地方有线台播出。卫视台制播的情感调解节目的法制宣传教育功能溢出低，地方有线台制播的法律评判型节目的法制宣传教育功能溢出强；而纠纷调解型节目法制宣传教育功能溢出取决于人民调解队伍的构成，与首播电视台无关。法律评判型节目兴办于地方有线台的根本原因在于"电视调解"节目所隐含的地方性知识。因此，"电视调解"运行方式取决于节目所运用的知识机制。

Functional Spillover and Selection of Production and Broadcasting: The Knowledge Mechanism of TV Mediation's Operation

Ruichang Li

Abstract: The TV mediation program was once popular on satellite TV stations, whereas nowadays it can only be operated at local cable TV stations. There is still a lack of sufficient theoretical explanation for this interesting phenomenon. As a form of implementation of people's mediation system, TV mediation must realize two functions of people's mediation system through its programs with the high-visibility business objectives, which are "preventing and resolving contradictions and disputes" and "popularizing law education". According to the dual attributes of "television program" and "case mediation" in the "TV mediation" program, this paper constructs an analytical framework for the operation of television mediation. TV mediation programs can be divided into three types as "emotional communication", "dispute resolution", and "legal judgment", with five indicators which are audience characteristics, program language (Mandarin/Dialect), degree of topics' conflicts, basis of mediation, and results of mediation. Finally, after encoding, data input and preliminary statistics of the above eight indicators for 15 TV mediation programs and 8,119 videos existed in the network, this article finds that: It is the language of programs, the degree of topics' conflicts and the basis of mediation that embody the national or local knowledge, which affect the spillover of the functions of TV mediation program system. It also ultimately determine the types of programs that local TV stations choose to produce, and the use of satellite or local cable TV to play the mediation program.

Keywords: television mediation; local knowledge; institutional function; spill over

腐败、利益分化与改革态度*

孙　明　李　辉

[内容提要]　与已有研究关注利益得失、民主价值观、政治支持率不同，本文探讨了腐败对改革态度的影响。笔者首先梳理了改革与腐败的关系，以"改革瓶颈说"整合了"改革诱因说"与"改革解药说"的分歧，并在此基础上运用奥尔森的利益集团理论分析了寻租者与痛恨腐败者的改革态度，提出相应的研究假设。通过对2008年上海"中俄社会结构与社会认同比较研究"的数据进行统计分析，研究发现寻租者倾向于维持现状，而痛恨腐败者则期望对改革的方式和方向作出调整。因此，遏制腐败的蔓延，关键在于解决制度僵化，破除既得利益集团的阻挠；回应民众诉求，推进实质性的变革，对"改革"自身进行改革。

[关键词]　腐败　改革　改革态度　利益集团

当前我国的改革进入攻坚克难的关键期，面对一系列深层次的矛盾和问题，改革的深入推进不仅需要领导人的战略谋划和执政能力，还取决于改革的社会基础是否广泛牢固。民众的支持是改革合法性的重要来源，也是改革不断深化的社会动力。因此，对民众改革态度的研究，具有重要的现实意义。但遗憾的是，目前对中国民众改革态度的研究为数不多。齐柏(Chhibber)和雷德菲尔德(Eldersveld)对中国和印度的改革进行比较研究时发现，中国普

---

* 孙明，同济大学政治与国际关系学院社会学系；李辉，复旦大学国际关系与公共事务学院政治学系。作者感谢上海社会科学院潘大渭研究员主持上海哲学社会科学基金项目"中俄社会结构与社会认同比较研究"(2007BSH004)提供的数据。感谢耿曙、李煜、叶华、冯猛的宝贵建议。文责自负。

通民众是否支持改革受地方政治精英(干部)的改革态度的影响。① 唐文方曾利用1999年“六城市调查”的数据,以人们对改革速度的感知来测量对改革的支持度,研究发现受教育年限越长、家庭收入越高、年长者和中年人越加支持改革;知识分子是最支持改革的阶层,而体力劳动者和失业人员则抱怨改革太快。② 唐文方认为改革态度的差异源自改革获益或者对现状的不满。至于其他影响因素,还缺乏充分的研究。可以说,对中国民众改革态度的研究是一个有待深入的领域。

国外对改革态度的研究从20世纪90年代开始,当东欧经历社会转型、拉美和非洲南部地区进行新自由主义市场化改革时,民众的改革态度引起了研究者和政策制定者的极大关注,他们在民意调查的基础上进行描述和解释,力图理解改革态度的来源、形成,尤其是其与社会经济特征、政治因素、价值观念之间的关系。研究者们首先从理性选择的理论视角出发,认为宏观的经济形势以及微观的利益得失、阶层归属决定了人们是否支持改革。社会底层经常是改革成本的承担者,对经济改革的反应最消极;中产阶层和富人因为拥有更多的资源,能够度过改革的艰难时期并从改革中获益,他们是改革的支持者。③ 其次,政治因素对改革态度也有很强的影响。当民众信任、支持现任领导人和执政

---

① Pradeef Chhibber and Samuel Eldersveld, “Local Elites and Popular Support for Economic Reform in China and India”, *Comparative Political Studies*, Vol. 33, No. 3, 2000, pp.350-373.

② 唐文方:《中国民意与公民社会》,胡赣栋、张东锋译,中山大学出版社,2008年,第53—56、168页。

③ Adam Przeworski, “Public Support for Economic Reforms in Poland”, *Comparative Political Studies*, Vol. 29, No. 5, 1996, pp.520-543; Susan C. Stokes, “Introduction- Public Opinion and Market Reforms: The Limits of Economic Voting”, *Comparative Political Studies*, Vol. 29, No. 5, 1996, pp.499-519; Michael Bratton and Robert Mattes, “Support for Economic Reform? Popular Attitudes in Southern Africa”, *World Development*, Vol. 31, No. 2, 2003, pp.303-323.

党时，也相信政府的改革必是明智之举，会支持改革；当国家对媒体的控制力越强，能成功地宣传改革的必要性和正当性时，改革越能赢得支持、减少阻力。① 此外，价值观念、意识形态的倾向与改革态度之间也有很强的关联。市场经济的确立和运行需要与之相应的经济文化，那些更认同市场经济的目标、基本前提、运行规则的人会更支持改革。② 研究者在考察苏联国家市场转型时就发现，人们越倾向“自由市场文化”和民主价值观就越支持改革，尤其是当市场化改革不可避免地引起短期的、严重的混乱和困难时，人们对自由市场的信念是支持改革的重要原因。③

虽然上述研究从不同的角度探讨了改革态度的影响因素，但很少关注腐败与改革态度之间的关系。而在发展中国家和转型国家，腐败是普遍存在的、严重的政治和社会问题，④时常是民众不满情绪的主要来源，因此笔者认为腐败自然也是研究民众改革态度不可忽视的重要因素。

本文剩余部分的安排如下：第一部分我们将对腐败进行定义，揭示其危害；梳理改革与腐败之间的关系，提出“改革诱因说”与“改革解药说”两种彼此争辩的观点，以“改革瓶颈说”对二者进行整合，然后运用奥尔森的利益集团理论分析寻租者与痛恨腐败者的改革态度，提出相应的研究假设。第二部分介绍了本文的数

---

① Robert R. Kaufman and Leo Zuckermann, “Attitudes Toward Economic Reform in Mexico: The Role of Political Orientations,” *American Political Science Review*, Vol. 92, No. 2, 1998, pp.359-375.

② Edeltraud Roller, “Ideological Basis of the Market Economy: Attitudes toward Distribution Principles and the Role of Government in Western and Eastern Germany”, *European Sociological Review*, Vol. 10, No. 2, 1994, pp.105-117.

③ Raymond M. Duch, “Tolerating Economic Reform: Popular Support for Transition to a Free Market in the Former Soviet Union”, *The American Political Science Review*, Vol. 87, No. 3, pp.590-608.

④ Pranan Bardhan, “Corruption and Development: A Review of Issues”, *Journal of Economic Literature*, Vol. 35, No. 3, 1997, pp.1320-1346.

据来源、核心变量的测量以及所使用的模型。第三部分详细汇报并讨论统计结果。最后是简短的结论，以及本文存在的不足之处。

一、腐败与民众的改革态度

（一）腐败的定义与危害

在不同的制度和文化背景下，人们对腐败有着不同的理解，本文采用最为通行的腐败定义："滥用公共权力谋取私利。"①腐败的形式多种多样，既包括贪污、受贿、挪用公款，也包括裙带关系、吃拿卡要、公款消费甚至包养情妇等违反法律、党的纪律和社会规范的一系列行为。根据违法违纪和危害的程度，它可以分为轻微腐败、一般腐败和犯罪腐败；②还可以分为白色腐败、灰色腐败和黑色腐败。③ 值得指出的是，普遍存在的轻微腐败或白色腐败虽然不构成犯罪，但是根据严格的腐败定义以及打击腐败的"零容忍"原则，它们均属于腐败行为。

腐败有极大的危害。虽然一些研究者认为腐败具有所谓的正效应，是经济发展的润滑剂。例如，贿赂能够帮助企业应对官僚主义拖沓、僵化而不合理的法律，被称为"有效腐败"(efficient corruption)。④ 但是，许多经济学和政治学研究者对上述观点予以驳斥，那些观点显然是完全错误的。大量研究表明，腐败阻碍投

---

① World Bank, *World Development Report*, Washington, DC: Oxford University Press, 1997.

② 何增科：《中国转型期政治腐败的类型、程度和发展演变趋势》，《北京行政学院学报》，2000 年第 2 期。

③ Arnold J. Heidenheimer, *Political Corruption: Readings in Comparative Analysis*. New York: Holt, Rinehart, and Winston, Inc, 1970.

④ Nathaniel H. Leff, "Economic Development through Bureaucratic Corruption", *American Behavioral Scientist*, Vol. 8, No. 3, 1964, pp.8-14.

资、扭曲价格、增加交易成本、削弱创新、扰乱市场竞争，对转型国家而言，它破坏了市场化改革的目标。① 此外，腐败使少数人获益，加剧财富分配的不平等，更破坏了机会和分配的公平性。② 而且，腐败破坏法治和政治秩序，降低人民对政府的信任，最终严重损害国家政权的合法性。③

在经济与社会转型的中国，腐败已经成为最大的经济损失、社会污染和政治挑战。④ 根据国际上最具影响力的反腐败国际组织——“透明国际”(Transparency International)公布的清廉指数，近10年来中国的排名基本在70至80之间(见表1)，属于“腐败比较严重的国家(地区)”。虽然该指数和排名的精确性、公正性并非无懈可击，但是它对中国腐败状况的评价与学者的研究基本一致，

---

① Robert Klitgaard, *Controlling Corruption*, Berkeley, CA: University of California Press, 1988; Daniel Kaufmann, “Corruption: The Facts”, *Foreign Policy*, Vol. 107, pp.114 - 131; Mauro, “The Effects of Corruption On Growth, Investment and Government Expenditure: A Cross Country Analysis”, in Kimberly A. Elliott, eds. , *Corruption and the Global Economy*, Washington, DC: Institute for International Economics, 1997; Eric Friedman, Simon Johnson, Daniel Kaufmann and Pablo Zoido-Lobaton, “Dodging the Grabbing Hand: The Determinants of Unofficial Activity in 69 Countries”, *Journal of Public Economics*, Vol. 76, No. 3, 2000, pp.459 - 493; Olivia Yu, “Corruption in China'S Economic Reform: A Review of Recent Observations and Explanations,” *Crime, Law and Social Change*, Vol. 50, No. 3, 2008, pp.161 - 176; Eunjung Choi and Jongseok Woo, “Liberal Reform, Political Corruption, and Socio-Economic Impacts in Asia and Eastern Europe”, *Crime, Law and Social Change*, Vol. 50, No. 3, 2011, pp.181 - 196.

② Michael L. Smith, “Perceived Corruption, Distributive Justice, and the Legitimacy of the System of Social Stratification in the Czech Republic”, *Communist And Post-communist Studies*, Vol. 43, No. 4, 2010, pp.439 - 451; Eunjung Choi and Jongseok Woo, “Liberal Reform, Political Corruption, and Socio-Economic Impacts in Asia and Eastern Europe”.

③ Olivia Yu, “Corruption in China'S Economic Reform: A Review of Recent Observations and Explanations”.

④ 胡鞍钢、过勇：《转型期防治腐败的综合战略与制度设计》，《管理世界》，2001年第6期；托马斯・拉尔松、张永红：《改革、腐败和增长：为什么俄罗斯的腐败比中国更具破坏性》，《国外理论动态》，2011年第9期；Olivia Yu, “Corruption in China'S Economic Reform: A Review of Recent Observations and Explanations”.

腐败作为“政治之癌”是中国最严重的问题之一。①

表 1 2005—2015 年中国清廉指数

年份	2005	2006	2007	2008	2009	2010	2011	2012	2013	2014	2015
得分	3.2	3.3	3.5	3.6	3.6	3.5	3.6	39	40	36	37
排名	78	70	72	72	79	78	75	80	80	100	83
国家数	158	163	179	180	180	178	183	176	177	175	168

资料来源:“透明国际”(Transparency International),http://www.transparency.org/。2012 年之前清廉指数采用 10 分制,10 分为最高分,表示最廉洁;2012 年及以后,使用百分制。

(二)改革与腐败关系的争辩:诱因抑或解药

腐败如何影响民众的改革态度呢?笔者认为对这一研究问题的回答,首先是如何认识中国改革与腐败之间的关系,对二者之间的关系认识不同,腐败对改革态度的影响也相应存在差异。那么,改革应为腐败负责吗?通过对已有研究的梳理,笔者提出“改革诱因说”与“改革解药说”两种彼此争辩的观点。

1. 改革诱因说

“改革诱因说”顾名思义是将改革视作腐败的“诱因”,认为改革打开了腐败的“潘多拉盒子”。这一观点的直接来源,是腐败滋长与改革深化之间存在着一种表面的相关性。从纵向的时间维度看,转型期也是腐败的高发期,我国由改革开放初期“比较清廉的国家”变成世界上“腐败比较严重的国家”。② 甚至马国泉(Stephen K.Ma)将中国改革以来的腐败行为称作“改革腐败”(reform

---

① Shuntian Yao, “Privilege and Corruption: The Problems of China's Socialist Market Economy”, *American Journal of Economics and Sociology*, Vol. 61, No. 1, 2002, pp. 279-299.

② 周淑真、聂平平:《改革开放以来我国腐败状况透视和反腐败战略思路的变迁》,《探索》,2009 年第 1 期。

corruption),来描述改革与腐败共存的现象。[1] 而从横向来看,凡是改革开放的前沿地区和改革开放所涉及的领域,往往成为腐败和其他类型经济犯罪猖獗的重灾区,这已成为中国转型期腐败滋长蔓延的重要特点。[2] 上述两个方面,很容易让人产生改革诱发腐败的印象。

除了表面的相关性,改革诱发腐败的内在机制则是改革强化了“腐败动机”以及提供了“腐败机会”。[3] 首先,从腐败动机来看,改革以后随着市场经济的发展以及一些西方社会思潮的涌入,使得拜金主义思想流行,动摇了部分党政干部的理想信念,造成道德败坏,促使腐败动机高涨。[4] 同时改革使利益重新分配,市场的发育造就了一些新富阶层,而部分党政干部、公职人员因工资收入增长相对缓慢,又无法通过市场追逐财富,对收入分配不公的感受,使他们具有通过腐败进行利益补偿的冲动。[5] 其次,市场化改革为部分公职人员以权谋私的行为提供了空前的腐败机会。[6] 改革政策不当与制度滞后造成的结构性漏洞,是腐败机会扩张的主要原因。1978—1991 年这一阶段的价格双轨制、分权化、国企放权让利、私有化等改革,1992 年以后的生产要素市场化、资本市场发展、国有企业股份制改革等,为腐败的蔓延提供了机会。[7] 以价格

---

① Stephen K. Ma, “Reform Corruption: A Discussion On China's Current Development”, *Pacific Affairs*, Vol. 62, No. 1, pp.40-52.

② 何增科:《中国转型期的腐败与反腐败问题研究:一种制度分析》,《马克思主义与现实》,1999 年第 5 期。

③ 腐败动机与腐败机会的区分,源自过勇:《经济转轨、制度与腐败——中国转轨期腐败蔓延原因的理论解释》,《政治学研究》,2006 年第 3 期。

④ 同上。

⑤ 何增科:《经济发展、体制转轨与腐败》,《中国监察》,2001 年第 21 期;Ma, Stephen K., “Reform Corruption: A Discussion On China's Current Development”, pp.40-52.

⑥ 何增科:《中国转型期的腐败与反腐败问题研究:一种制度分析》。

⑦ Yan Sun, *Corruption and Markets in Contemporary China*, Ithaca: Cornell University Press, 2004, pp.193-194.

双轨制为例,由于计划价格与市场价格之间的差距,部分拥有资源配置权的官员有了大量权力寻租的机会,出现严重的"官倒"和贪污腐败,激起了民愤和社会震荡。腐败行为蔓延滋长,使中国社会中逐渐涌起了一些反对改革的情绪。① 一个突出的表现就是"改革怀旧情绪"——部分民众认为改革前的时代政治清廉、社会公平,对腐败的痛恨以及利益的受损催生了其对旧体制的怀念。

笔者认为,"改革诱因说"将腐败单纯归因于改革是不正确的,它对腐败蔓延的体制根源缺乏清晰的认识和批判反思。对部分民众而言,"改革怀旧"是一种非理性的情绪,他们难以阐明其中的机制,却产生了一种将腐败归因于改革的心理,因痛恨腐败而迁怒于改革、消极对待改革,甚至站在深化改革的对立面。

2. 改革解药说

与"改革诱因说"不同,"改革解药说"②认为改革本身并不是腐败蔓延的原因,旧体制的残留才是腐败的症结所在。尤其是国家权力的制度安排和制度过程中存在的问题,是导致腐败的根源。③ 吕晓波认为革命后的中国面临着一个组织现代化的问题:"一个国家,在吸收和扩展许多'现代'(如理性的、经验的、非个人的)结构的同时,却拒绝或者无法使自身适应于以及转化成一个日常化的和科层化的现代官僚体系;同时,它又没有能够维持最初有自身特色的能力与认同。它的成员既不是通过革命的意识形态,也不是通过现代制度与实践,而是通过一种强化了的复杂的传统运作模式来进行调整和适应。"④

---

① 罗纳德·哈里·科斯、王宁:《变革中国:市场经济的中国之路》,徐尧、李哲民译,中信出版社,2013年,第124页。

② "改革诱因说"与"改革解药说"的提出,笔者借鉴了李辉对中国腐败来源的两种解释——"国家权力扭曲说"与"市场转型诱因说"。详见李辉:《当代中国反腐败制度研究》,上海人民出版社,2013年,第32—40页。

③ 李辉:《当代中国反腐败制度研究》,第32页。

④ Xiaobo Lü, *Cadres and corruption: the organizational involution of the Chinese Communist Party*, Stanford, Calif.: Stanford University Press, 2000, p.22.

1978年以后，中国开始了渐进式改革，与苏联和东欧的激进变革迥然不同。改革维持了政治体制的连续性，市场的发育嵌入既有权威结构之中，换言之，在政治体制连续、国家不放弃国有资产产权的前提下，中国的市场化始终是在国家权力的支配下进行的。[①] 因而，改革以后，政府并未完全放弃计划经济体制下的行政垄断地位，政府对产权的界定、资源的配置、市场的准入、价格的制定等等有很大的决定权，行政管制时常过度地干预经济活动，破坏市场竞争的公平性，形成巨额的租金。[②] 鲍瑞嘉(Richard Baum)据此提出了“局部性市场改革”(partial reform)理论，认为中国在前十年的市场改革中实际上造成了市场制度与计划指令制度二者的并存，两种制度的内在冲突可能会引发一系列不良后果，其中就包括腐败现象。[③] 一部分拥有公权力的党政干部和行政人员作为“游戏规则”的制定者、执行者，同时又是游戏的参与者，创租、寻租、索取各类租金，使得寻租性腐败愈演愈烈。[④] 可以说，在渐进改革的过程中新旧制度冲突，旧体制本身的缺陷以及对新制度的阻碍，是腐败蔓延的症结所在。

根据“改革解药说”，要想从根本上遏制腐败，全面深化改革是必由之路，也是一剂良药。正如吴敬琏所说，“从源头上反腐败的基本途径在于推进市场化改革，改革过程中腐败问题的存在并不意味着扼制腐败要求停止改革和向行政主导的体制倒退。推进市

---

① 刘欣：《当前中国社会阶层分化的制度基础》，《社会学研究》，2005年第5期；刘欣：《中国城市的阶层结构与中产阶层的定位》，《社会学研究》，2007年第6期。

② 吴敬琏：《“寻租”理论与我国经济中的某些消极现象》，《经济社会体制比较》1988年第5期；倪星：《论寻租腐败》，《政治学研究》，1997年第4期；过勇、胡鞍钢：《行政垄断、寻租与腐败——转型经济的腐败机理分析》，《经济社会体制比较》，2003年第2期；Olivia Yu, “Corruption in China'S Economic Reform: A Review of Recent Observations and Explanations”.

③ Richard Baum, *Reform and Reaction in Post-Mao China: The Road Through Tiananmen*, New York: Routledge, 1991, p.4.

④ 胡鞍钢：《腐败与社会不公——中国90年代后半期腐败经济损失的初步估计与分析》，《江苏社会科学》，2001年第3期。

场化改革是扼制腐败的基本途径,改革才是治理腐败的根本手段”。① 由此推论,对腐败越痛恨,越应该更加坚定地支持既有的改革政策;对现实越不满,就越会将希望寄托于改革后的将来。这种心理在研究经济状况与改革态度的关系时也发现过,在一些发展中国家,人们认为经济恶化和利益损失并不是改革的后果,罪魁祸首是顽固的传统因素、固有的经济体制以及旧制度的捍卫者,它们是经济衰退、通货膨胀以及失业的原因,只有支持继续改革才能战胜旧势力。②

笔者认为,“改革解药说”相比“改革诱因说”对改革与腐败之间的关系认识更加理性,并深刻地指出了渐进改革或局部改革过程中,政治体制变革的滞后性使不受约束的公权力肆无忌惮地攫取利益。但是,“改革解药说”将腐败主要归因于旧体制的残留,对改革的反思不足,缺乏以制度演化的视角来看待改革——曾经的“开山斧”有可能变成今日的“绊脚石”。因为制度并非一成不变,而是要经历一个起源、发展、消亡的制度变迁过程。既有的改革方式和方向已显现诸多不合理之处,一般民众拥护深化改革的同时也表达着对改革的更多期望,呼吁实质性的变革。

(三)超越争辩:“改革瓶颈说”

“改革瓶颈说”整合了“诱因说”与“解药说”,并消解了二者的分歧与争论——腐败的蔓延并不能单纯地归因于改革带来的新变化,也不能简单地怪罪旧体制的残留。在中国的渐进改革中,旧传统与新变化并非完全对立,权力与市场更不是水火难容,它们共存并组合成了一种混合的体制,这成为权力寻租的制度基础。

“改革瓶颈说”源自孙立平关于“改革陷阱”“转型陷阱”的论

① 吴敬琏:《改革是治理腐败的根本手段》,《金融研究》,2005年第4期。

② Susan C. Stokes, “Introduction- Public Opinion and Market Reforms: The Limits of Economic Voting”, pp.499–519; Adam Przeworski, “Public Support for Economic Reforms in Poland”.

述。这种观点认为改革(转型)中的“过渡性制度因素”被定型化,逐渐形成了一种权力-市场混合性体制,出现了对资源的高度垄断。[①] 钟伟则使用“新双轨制”的概念来描述这种新旧混合的体制——在已经市场化了的商品和服务价格体系与远未市场化的资金、土地、劳动力等要素价格体系之间,少数公权力自下而上地寻找和套取巨额租金。[②] 孙立平认为,在这种混合体制下权力手段和市场手段被灵活地加以使用。[③] 价格改革、国有企业改制、土地开发、企业上市等过程中存在的腐败,都要依靠混合体制下权力手段与市场手段的结合。

所以,改革并不是腐败的诱因,因为旧体制的弊端使公权力没有足够的约束;改革也不是反腐败的灵丹妙药,因为改革过程中会增加腐败的动机和机会。改革是一个过程,曾经有效的制度设置在演进的过程中也有可能失效。作为抑制腐败的解药,改革应该是不断深化的、实质性的改革,是对改革自身方向和方式的不断变革。

(四) 腐败与改革态度:基于“改革瓶颈说”的研究假设

“改革瓶颈说”认为中国腐败蔓延的制度基础是公权力与市场共同作用的混合体制。由于制度具有“非中性”,“对不同的个体、利益集团产生不同的影响,使得那些已经从既定制度中或可能从未来某种制度安排中获益的利益集团竭力维护现有制度或争取相关制度向有利于本集团的方向演进”,[④]因此,在确定改革与腐败的关系之后,与腐败相关的利益分化成为分析改革态度不可忽视的要素。获益的寻租者可能会反对继续改革,或者支持改革但要

① 清华大学社会学系社会发展研究课题组、孙立平:《“中等收入陷阱”还是“转型陷阱”?》,《开放时代》,2012 年第 3 期。

② 钟伟:《解读新双轨制》,《中国改革》,2005 年第 1 期。

③ 清华大学社会学系社会发展研究课题组、孙立平:《“中等收入陷阱”还是“转型陷阱”?》。

④ 杨德才:《新制度经济学》,中国人民大学出版社,2015 年,第 198 页。

保持方向和方式不变；利益受损、痛恨腐败的人会支持改革，但要调整改革的方向和方式。

1. 获利：寻租者假设

曼瑟·奥尔森认为一个组织可以通过将社会生产的“馅饼”做大来使其成员获益，也可以在“馅饼”大小不变的情况下通过分享更大的份额使其成员获益。如果通过组织成员的运动使整个社会变得更有效率，他们也只能获得行动收益的一部分（并且通常是极小的一部分），却需要承担行动的全部成本，而其他绝大部分社会成员无须付出成本也会获得同样的收益。因此，社会中的集体行动组织都极力地偏向于收入或财富的分配而不是生产更多的产品，它们就是“分配联盟”（致力于“寻租”的组织）或称为“特殊利益集团”。特殊利益集团的大部分成员是在再分配收入，而不是进行创造，并且还可能会降低社会效率或产量。①

根据奥尔森的利益集团理论，官僚集团是典型的特殊利益集团，腐败的寻租者是典型的既得利益者。由于它们只能享有或丧失社会产出增减量中微不足道的部分，因此对增加社会产出兴趣不大而是热衷于再分配活动（甚至不惜损害社会福利），故官僚集团属于狭隘利益集团。基于人的机会主义行为假设和利益集团的分利性，在制度实施过程中各级官僚集团的目标不是落实制度变迁从而实现经济的长期稳定增长，而是追求个人或者集团的利益最大化，当制度变迁可能会影响他们的既得利益时，他们就会阻挠制度变迁或者在执行过程中非法设租来谋利。② 不仅王朝更替中的官僚集团如此，稳定的政权中也存在这种情况。苏联的官僚阶层就通过独揽公共权力大肆聚敛钱财，成为最大的既得利益集团。面对制度创新的需求

---

① 曼瑟·奥尔森：《国家的兴衰：经济增长、滞胀和社会僵化》，李增刚译，上海人民出版社，2007年，第42—47页。

② 杨德才、赵文静：《利益集团、制度僵化与王朝兴衰》，《江苏社会科学》，2016年第4期。

时,他们出于利己动机不会提供新的制度安排,即使迫于形势作出让步,也是最大限度地减少损失、维持现状。结果导致苏联历次的改革都虎头蛇尾、无疾而终,[①]出现了奥尔森所谓的“制度僵化症”。

中国改革开放以后,拥有公权力的寻租者是通过腐败获益的既得利益者,他们渐渐成为阻碍改革的“保守势力”。面对“是否改革、如何改革”的问题,他们的出发点就是维持既得利益并使之最大化,他们出于利己动机不仅会容忍腐败而且会支持那些滋生腐败的体制。由于腐败源自权力-市场混合性体制,对寻租者而言最有利的选择就是维持既有的格局不变,以避免真正的体制变革会带来利益的丧失以及风险。孙立平曾将这种现象形象地描述为“摸石头摸上瘾了,却连河也不想过了”。[②] 这些人曾经可能是改革的推动者、支持者,如今却变成了深化改革的拒斥者。当然,还有另一种可能性,他们因改革而获益,依然会高举改革的旗号、利用改革的名义,而不会公然反对改革;他们支持的是形式化、口号式的改革,反对实质性的、深化的改革。对寻租者而言,最优的选择就是维持既有的改革轨迹。那么,是反对改革还是维持既有改革的轨迹呢?笔者在此提出两个相互竞争的假设:

假设1a. 寻租机会越多的人,越倾向于反对继续改革。

假设1b. 寻租机会越多的人,越倾向于保持方向和方式不变,继续改革。

2. 受损:痛恨腐败者假设

“在分配争斗中,没有人受损,就不可能有人受益,这就可能产生怨恨”,[③]那些痛恨腐败的人,他们的改革态度与寻租者截然不

① 常欣欣:《苏联的“制度僵化症”与苏联剧变——新制度主义的一个实证分析》,《中共中央党校学报》,2002年第6期。

② 清华大学社会学系社会发展研究课题组、孙立平:《“中等收入陷阱”还是“转型陷阱”?》。

③ 曼瑟·奥尔森:《国家的兴衰:经济增长、滞胀和社会僵化》,第47页。

同。根据“改革瓶颈说”,腐败的基础是市场与权力结合的混合体制,如果一般民众对改革与腐败的关系有如此认识,那么他们既不会反对改革,也不会持守已有的改革方式。因为知晓公权力滥用的体制根源,就不会产生“改革怀旧情绪”、支持体制的倒退,而是支持深化改革来遏制腐败;如果深刻体会到既有的改革不足之处、痛恨改革被既得利益集团所利用,就会呼唤实质性的变革。因此,笔者认为一般民众的改革态度是渴望在深化改革中进行调整,是对改革本身进行改革。在此,笔者提出第二个研究假设:

假设 2. 对腐败越痛恨的人,越倾向于调整方向、方式继续改革。

二、数据与变量的测量

(一) 数据

本研究所用数据来自 2008 年《中俄社会结构与社会认同比较研究》,采用分层多阶段概率比例抽样,总计抽取上海 11 个中心城区中的 74 个居委会,在居委会内根据家庭住户名单等距抽取家户,入户后使用 KISH 表确定访问对象。最终完成有效问卷 1 604 份。笔者删掉正在上学/参军/服兵役、丧失劳动能力、料理家务等样本,采用多重填补法[①](multiple imputation)处理了缺失值,最终用于模型拟合的样本量为 1 487。

(二) 变量

1. 因变量:改革态度

问卷询问了被访者“您对今后中国继续改革持什么态度?”,答

① 缺失数据的多重填补法详见唐启明(Donald J. Treiman):《量化数据分析:通过社会研究检验想法》,任强译,社会科学文献出版社,2012 年。

案包括:“按近 10 年来的方向、方式,加速改革”“按近 10 年来的方向、方式,继续改革,但不用加速”“继续改革,但要调整方向”“改革已到位,不必继续”“难以回答”。笔者再编码为三类:“保持不变,继续改革” = 1,“调整方向、方式,继续改革” = 2,“停止改革” = 3。①

“难以回答”的比例高达 19.2%,笔者并没有简单地处理成缺失值,因为忽略了这些“沉默的声音”(silent voice)将丢失重要信息并造成系统性的偏差。② 贝林斯基(Berinsky)和塔克(Tucker)认为部分民众由于缺乏教育等政治相关的资源(politically relevant resources),面对一些具体、复杂的政治议题时,即使涉及自己的利益也难以表达自己的观点。他们曾对俄罗斯改革态度调查中那些选择“不知道”的被访者进行分析,结果发现他们更倾向于反对市场改革而支持再分配。而且,贝林斯基和塔克认为在经济转型国家的民意调查中都存在类似的现象。③ 由此可见,被访者选择“难以回答”“不知道”并不意味着他们没有自己的立场或者观点,而是在理解问题和表达意见的过程中遇到了困难;而上述困难的出现,又与教育程度、年龄等人口特征密切相关,“缺失”不是随机的。若采用个案剔除法来简单地处理缺失数据,估计的系数一般是有偏的。所以,笔者采用多重填补法,将用于模型拟合的样本数提升到 1 487。

2. 核心自变量

(1) 寻租机会。由于很难在社会调查中对腐败行为进行真

---

① “停止改革”这一类别的比例较低,由于理论探讨的必要,作者最终将其保留,而不是合并到其他类别。

② Adam J. Berinsky, *Silent Voices: Opinion Polls and Political Representation in America*, Princeton: Princeton University Press, 2004.

③ Adam J. Berinsky and Joshua A. Tucker, "'Don't Knows' and Public Opinion Towards Economic Reform: Evidence From Russia", *Communist and Post-communist Studies*, Vol. 39, No. 1, 2006, pp.73-99.

实的测量，笔者采用寻租机会作为代理变量。寻租机会越多，越有可能发生寻租行为。采用的题目为“是否经常有人希望通过您的工作便利帮他/她办事”。虽然“办事”不能严格地等同于寻租，但“‘托人办事’在当前中国的语境中具有利用公共权力的含义”，“既然动用了公共权力办事情，办事的人从中得到的好处就可以看作获得的租金”。[①] 所以该题目仍然是测量寻租机会的有效指标。笔者再编码为：没有 = 1、不常有 = 2、有时 = 3、经常 = 4。

(2) 请客送礼。笔者以请客送礼的经历来测量对腐败的痛恨度。问卷有题目询问被访者“近年来，您为了办成事情，不得不向以下哪些人请客送礼”。“以办事情为目的”意味着不是正常的人情往来。接受“请客送礼”即使不触犯法律，也违背了党政纪律和社会规范，符合上文对于腐败的定义。尤其是“不得不”，说明被访者并非主动自愿，乃是迫于潜规则、不良风气或者索贿的压力进行的“被动行贿”。笔者认为，有过类似经历的人相比无此经历者更加痛恨腐败。

此外，这道题目的答案包括：检察机构工作人员、公安部门、交通管理部门、海关人员、政府机关领导干部、政府机关的一般工作人员、媒体、单位领导、医生、部队工作人员、学校老师以及其他人。根据本文对腐败的定义，笔者认为前六类人员及体制内单位的领导掌握一定的公权力，属于公务人员。若被访者向前六类人员以及体制内单位[②]的领导请客送礼，则编码为 1，否则编码为 0。

3. 控制变量

根据以往对改革态度的研究文献，我们首先控制了性别、年龄

---

① 刘欣：《当前中国社会阶层分化的多元动力基础——一种权力衍生论的解释》，《中国社会科学》2005 年第 4 期。

② “体制内单位”包括党政机关、事业单位、国有或国有控股企业、集体单位。

和教育程度等人口学变量,但除了这些之外,我们认为还有两个因素可能会影响个体的改革态度:一是政治面貌(中共党员=1);二是单位类型。再编码为三类:"党政机关事业单位"=1,"国有和集体控股企业"=2,"私民营/中外合资/外商独资企业"=3。因为,越贴近体制内可能会越支持国家的改革政策。

此外,在以往的文献中还特别强调了"理性选择"对个体改革态度的影响,那就是个人在改革中的利益得失问题。具体来说可以分为客观利益和主观利益两个方面:客观利益我们使用收入、教育程度、是否为管理者以及工作状态来衡量;主观利益使用个体对自身从改革中获利还是受损的主观评价来衡量。具体如下:

(1) 客观利益。一是收入。笔者采用的是2007年被访者全年的个人总收入,包括工资性、经营性、财产性、保障性和馈赠收入,并对收入取自然对数。① 二是受教育程度。笔者再编码为三类:"初中及以下"=1,"高中"=2,"大专及以上"=3。三是是否属于管理者阶层。问卷询问了被访者的"单位内部职务",答案包括单位主要负责人、中层管理人员、基层管理人员、普通工作人员。笔者将其再编码为一个二分变量:"管理者阶层"=1,"普通工作人员"=0。四是工作状态。笔者进行了再编码:"离/退休"=1,"有工作"=2,"没工作"=3。

(2) 主观利益。问卷询问被访者"总体来讲,您觉得自己在这场改革中是获利还是利益受到损害"。"利益受损"=1,笔者将"利益受到损害"和"利益受到一些损害"合并;"得失持平"=2,包括"有得有失,总体持平"以及"难以回答";"获益"=3,包括"获得很大利益"和"获得一些利益"。与收入等客观指标不同,这道题目恰好测量了被访者对改革利益得失的主观判断。

① 若被访者填写0元,取自然对数前赋予一个极小值10元。

表 2　变量的描述统计　(N＝1 487)

变　　量	频次	百分比(%)	变　　量	频次	百分比(%)
改革态度			党政机关事业单位	227	15.3
保持不变，继续改革	833	56.0	国有/集体企业	810	54.5
调整方向、方式，继续改革	611	41.1	私营企业	450	30.3
停止改革	43	2.9	改革中的利益得失		
寻租机会			利益受损	335	22.5
没有	866	58.2	得失持平	648	43.6
不常有	263	17.7	获益	504	33.9
有时	260	17.5	政治面貌		
经常	98	6.6	非党员	1286	86.5
请客送礼			党员	201	13.5
没有	1322	88.9	工作状态		
有	165	11.1	离/退休	626	42.1
是否为管理者			有工作	734	49.4
普通工作人员	1112	74.8	无工作	127	8.5
管理者	375	25.2	性别		
受教育程度			女	860	57.8
初中及以下	535	36.0	男	627	42.2
高中	591	39.7		均值	标准差
大专及以上	361	24.3	年收入(ln)	10.0	0.7
单位类型			年龄	47.5	12.6

三、模型与统计分析

（一）统计模型

因为因变量“改革态度”是一个具有两个类别以上的分类变量，因此笔者采用多元逻辑斯蒂回归（multi-nominal logistic regression）模型。

（二）统计结果

1. 寻租者假设的检验结果：保持不变

表3的统计结果检验了寻租机会对改革态度的影响。模型1的统计结果表明，寻租机会最多的人（经常被托关系办事）与没有寻租机会的人相比，更加倾向于“保持不变、继续改革”，而不是“调整改革的方向和方式、继续改革”。在模型1中，回归系数是-0.75，具有较高的统计显著性（$P<0.01$）。虽然模型2中的回归系数不具有统计显著性（$p>0.05$），但从回归系数-0.44的符号判断，与“停止改革”相比，寻租机会最多的人还是倾向于“保持不变、继续改革”。模型3进一步比较了“停止改革”和“调整改革”，同样没有统计显著性（$p>0.05$）。如果从回归系数0.31的符号判断，笔者大胆推测，对寻租机会最多的人而言，与其调整改革不如停止改革。

综上所述，表3的统计结果支持假设1b，寻租机会多的人对待改革的态度是“保持方向和方式不变，继续改革”，而不是停止改革，更不是调整改革的方向和方式。

2. 痛恨腐败者假设的检验结果：渴望调整

表4的统计结果检验了对腐败的痛恨如何影响了对改革的态度。模型4显示，那些为了办成事情不得不请客送礼的人与无此

表 3 “寻租机会”影响改革态度的多元逻辑斯蒂回归

	模型 1		模型 2		模型 3	
	调整 VS.继续		停止 VS.继续		停止 VS.调整	
寻租机会[a]						
不常有	0.23	(0.17)	0.15	(0.45)	−0.08	(0.47)
有时	−0.04	(0.18)	−0.38	(0.57)	−0.34	(0.58)
经常	−0.75**	(0.29)	−0.44	(0.79)	0.31	(0.80)
性别(男=1)	0.40**	(0.14)	0.20	(0.39)	−0.20	(0.39)
年龄	−0.004	(0.01)	0.02	(0.03)	0.03	(0.03)
工作状况[b]						
有工作	−0.16	(0.19)	0.06	(0.54)	0.22	(0.55)
没工作	−0.25	(0.28)	0.06	(0.76)	0.32	(0.77)
单位类型[c]						
国有/集体企业	0.04	(0.19)	−0.30	(0.52)	−0.35	(0.52)
私营企业	0.12	(0.20)	−0.24	(0.65)	−0.36	(0.66)
党员	0.12	(0.19)	0.65	(0.56)	0.54	(0.57)
管理者	−0.08	(0.16)	−1.09	(0.62)	−1.01	(0.63)
收入(ln)	−0.02	(0.11)	−0.09	(0.35)	−0.07	(0.37)
教育程度[d]						
高中	0.05	(0.15)	0.27	(0.37)	0.21	(0.38)
大专及以上	0.03	(0.20)	−1.42	(0.84)	−1.45	(0.84)
利益得失[e]						
得失持平	−0.04	(0.16)	0.77	(0.50)	0.80	(0.50)
获益	−1.07***	(0.18)	−0.19	(0.61)	0.88	(0.62)
常数项	0.29	(1.21)	−3.21	(3.77)	−3.50	(4.02)
样本量	1 487					

注：括号中为标准误；* $p<0.05$，** $p<0.01$，*** $p<0.001$（两端检验）。各参照组为：a. 没有；b. 离/退休；c. 党政机关事业单位；d. 初中及以下；e. 利益受损。

表 4 “请客送礼”影响改革态度的多元逻辑斯蒂回归结果

	模型 4		模型 5		模型 6	
	调整/继续		停止/继续		停止/调整	
请客送礼	0.46*	(0.19)	0.38	(0.56)	-0.07	(0.56)
性别(男=1)	0.37**	(0.14)	0.18	(0.39)	-0.19	(0.39)
年龄	0.005	(0.01)	0.02	(0.03)	0.03	(0.03)
工作状况[a]						
有工作	-0.16	(0.19)	0.05	(0.53)	0.22	(0.54)
没工作	-0.27	(0.28)	0.05	(0.76)	0.32	(0.77)
单位类型[b]						
国有/集体企业	-0.02	(0.19)	-0.34	(0.51)	-0.32	(0.52)
私营企业	0.09	(0.20)	-0.24	(0.65)	-0.33	(0.66)
党员	0.14	(0.19)	0.65	(0.56)	0.52	(0.57)
管理者	-0.11	(0.16)	-1.14	(0.62)	-1.04	(0.63)
收入(ln)	-0.09	(0.11)	-0.16	(0.34)	-0.07	(0.36)
教育程度[c]						
高中	0.04	(0.15)	0.23	(0.37)	0.19	(0.37)
大专及以上	0.003	(0.20)	-1.49	(0.84)	-1.49	(0.84)
利益得失[d]						
得失持平	-0.03	(0.16)	0.78	(0.50)	0.80	(0.50)
获益	-1.06***	(0.18)	-0.20	(0.61)	0.86	(0.62)
常数项	1.01	(1.20)	-2.56	(3.71)	-3.57	(3.94)
样本量	1 487					

注：括号中为标准误；* $p<0.05$，** $p<0.01$，*** $p<0.001$（两端检验）。各参照组为：a. 离/退休；b. 党政机关事业单位；c. 初中及以下；d. 利益受损。

经历的人相比，更加倾向于“调整改革方式和方向，继续改革”，而不是“保持不变，继续改革”。回归系数是 0.46，具有统计显著性（$p<0.05$）。在模型 5 中，停止改革与“保持不变，继续改革”相比，虽然不具有统计显著性，但从回归系数 0.38 的符号判断，笔者认为那些不得不请客送礼的人更倾向于前者。模型 6 又比较了停止改革与调整改革，同样不具有统计显著性，若从回归系数 -0.07 的符号判断，不得不请客送礼的人倾向于“调整改革方式和方向，继续改革”。

所以，那些为了办成事情不得不请客送礼的人，就是更痛恨腐败的人，他们更渴望调整改革的方式和方向，假设 2 得到了资料的支持。由此可见，虽然都支持继续改革，寻租者与痛恨腐败者的改革态度存在明显的差异，一个倾向于维持既有的改革轨迹，一个渴望作出调整。

（三）稳健性检验

改革态度中“停止改革”这一类比例过低(2.9%)，同时笔者考虑“难以回答”也可以视作一种“态度”。为了检验上文的统计结果是否稳健。笔者删除了“停止改革”的样本，将因变量再编码为“保持不变，继续改革” = 1、“调整方向、方式，继续改革” = 2、“难以回答” = 3，并采用个案剔除法而不是多重插值法来处理缺失值。

表 5 “寻租机会”对改革态度影响的稳健性检验

	模型 7		模型 8		模型 9	
	调整 VS.继续		难以回答 VS.继续		难以回答 VS.调整	
寻租机会[a]						
不常有	0.39*	0.19	0.22	0.22	-0.17	0.22
有时	-0.07	0.19	-0.54	0.27	-0.46	0.28

（续表）

	模型 7		模型 8		模型 9	
	调整 VS.继续		难以回答 VS.继续		难以回答 VS.调整	
经常	-0.65^{*}	0.30	-0.67^{*}	0.40	-0.02	0.44
性别(男=1)	0.42^{**}	0.15	0.06	0.19	-0.37	0.20
年龄	-0.01	0.01	-0.02	0.01	0.00	0.01
工作状况[b]						
有工作	-0.15	0.22	-0.18	0.27	-0.03	0.28
没工作	-0.20	0.32	-0.05	0.36	0.15	0.37
单位类型[c]						
国有/集体企业	0.20	0.21	0.25	0.26	0.06	0.27
私营企业	0.08	0.23	-0.15	0.31	-0.23	0.32
党员	0.08	0.21	0.03	0.28	-0.04	0.29
管理者	0.01	0.18	0.23	0.23	0.22	0.24
收入(ln)	0.01	0.12	-0.26	0.16	-0.28	0.16
教育程度[d]						
高中	0.08	0.17	-0.35	0.19	-0.43^{*}	0.20
大专及以上	0.03	0.23	-1.12^{***}	0.31	-1.15^{***}	0.32
利益得失[e]						
得失持平	-0.01	0.19	0.30	0.22	0.30	0.22
获益	-1.10^{***}	0.21	-1.01^{***}	0.26	0.09	0.28
常数项	0.14	1.32	2.98	1.71	2.84	1.77
样本量	1 177					
LR chi2	176.02^{***}					

注：括号中为标准误；* $p<0.05$，** $p<0.01$，*** $p<0.001$（两端检验）。各参照组为：a. 没有；b. 离/退休；c. 党政机关事业单位；d. 初中及以下；e. 利益受损。

表 6 “请客送礼”影响改革态度的稳健性检验

	模型 10		模型 11		模型 12	
	调整/继续		难以回答/继续		难以回答/调整	
请客送礼	0.48 *	0.21	−0.80 *	0.38	−1.28 ***	0.38
性别(男=1)	0.38	0.15	0.06	0.19	−0.31	0.20
年龄	−0.01 *	0.01	−0.02	0.01	0.00	0.01
工作状况[a]						
有工作	−0.13	0.22	−0.17	0.27	−0.05	0.28
没工作	−0.21	0.32	−0.09	0.36	0.12	0.37
单位类型[b]						
国有/集体企业	0.11	0.21	0.24	0.26	0.13	0.27
私营企业	0.02	0.23	−0.17	0.31	−0.19	0.32
党员	0.11	0.21	0.03	0.28	−0.07	0.29
管理者	0.00	0.17	0.22	0.23	0.22	0.24
收入(ln)	−0.07	0.12	−0.33 *	0.16	−0.25	0.16
教育程度[c]						
高中	0.07	0.17	−0.38 *	0.19	−0.44 *	0.20
大专及以上	−0.01	0.23	−1.17 ***	0.31	−1.16 ***	0.32
利益得失[d]						
得失持平	−0.01	0.19	0.28	0.22	0.29	0.22
获益	−1.12 ***	0.21	−1.04 ***	0.26	0.08	0.28
常数项	1.04	1.30	3.65 *	1.69	2.61	1.75
样本量	1 177					
LR chi2	174.62 ***					

注：括号中为标准误；* $p<0.05$，** $p<0.01$，*** $p<0.001$(两端检验)。各参照组为：a. 离/退休；b. 党政机关事业单位；c. 初中及以下；d. 利益受损。

表5中模型10的统计结果表明,寻租机会最多的人与没有寻租机会的人相比,更加倾向于“保持不变,继续改革”,而不是“调整改革的方向和方式,继续改革”。回归系数是−0.65,具有统计显著性($p<0.05$)。表6中模型10统计结果显示,那些为了办成事情不得不请客送礼的人更加倾向于“调整改革方式和方向,继续改革”,而不是“保持不变,继续改革”。假设1b和假设2基本得到了进一步的支持,说明笔者的结论比较稳健。

五、结论及不足之处

与已有研究关注利益得失、民主价值观、政治支持率不同,本文探讨了腐败对民众改革态度的影响。笔者首先梳理出“改革诱因说”与“改革解药说”两种竞争的观点。前者将腐败的蔓延归因于改革,认为改革强化了腐败动机、提供了腐败机会;“改革解药说”则认为腐败源自旧体制本身的缺陷以及对新制度的阻碍,深化改革是根治腐败的途径。笔者借鉴了孙立平关于“改革陷阱”“转型陷阱”的论述,提出“改革瓶颈说”来整合上述两种观点。腐败的蔓延并不能单纯地归因于改革带来的新变化,也不能简单地怪罪旧体制的残留,中国腐败蔓延的制度基础是公权力与市场共同作用的混合体制。

在这种混合体制中,根据奥尔森的利益集团理论,官僚集团是典型的特殊利益集团,腐败中的寻租者是典型的既得利益者。他们最有利的选择就是维持既有格局不变,以避免真正的体制变革所带来的利益丧失和风险。统计结果也支持了这一假设,那些寻租机会最多的人不是反对改革,也不是“摸石头上瘾,不过河”,而是选择继续改革,但要保持既有的方式和方向不变。与之相对应,那些为了办成事情不得不请客送礼的人,虽然支持继续改革,却渴望调整改革的方式和方向。

上述研究结果令人深思。改革进入深水区、进入攻坚克难的阶段,关键就是解决制度僵化、破除既得利益集团的阻挠。遏制腐败的蔓延,根本在于打破权力与市场共同作用的混合体制,将改革不断推向深入。同时不容忽视的是,腐败等诸多问题伤害了改革的声誉,已经使民众对既有改革的方式和方向产生了不满,甚至出现怀旧情绪。人们渴望实质性的变革,对改革自身进行改革,而不是口号式的改革、名义上的改革。

最后,本文从腐败出发来研究民众的改革态度,作为一种尝试和探索,依然存在许多不足之处。首先,中国的改革涉及多个领域,意涵非常丰富,但是由于资料的限制,笔者无法对经济改革、政治改革以及社会领域的改革进行细致区分,也难以描绘出人们对不同阶段改革的态度。其次,研究者不仅对腐败的定义莫衷一是,而且在社会调查中也很难“捕捉”到那些触犯法律的腐败行为。本文以“利用工作便利帮人办事”来测量寻租机会,这仅仅是违反党政纪律和社会规范的轻微腐败行为,无法体现腐败的全部内涵。此外,由于无法直接测量对腐败的痛恨程度,笔者以“为办成事情不得不请客送礼”来测量,同样值得商榷。最后,当前“改革”一词如同曾经的“革命”,无论是内心的认同还是媒体的塑造,在普通民众眼中改革是一个积极、正面的词汇,因而在样本中只有3%的被访者选择“停止改革”。由于理论探讨的必要,笔者对这一类别予以保留,但过低的比例会使得模型的估计不稳健。笔者希望未来有更好的测量和数据,能够更加细致、深入地研究腐败与改革态度之间的复杂关系。

Corruption, Interest Differentiation, and Attitudes towards China's Reform

Ming Sun　Hui Li

Abstract: Different from literature emphasizing the distribution of gains and losses, democratic values, and political loyalties in understanding the attitudes towards reform, this paper focuses on the effect of corruption. The authors first clarify the relationship between reform and corruption, and argue that China's reform is not simply the cause of corruption, nor the antidote. The ongoing reform, with a combined system of political power and market economy, might be the institutional root to the corruption. On the basis of this, authors use Olsen's theory of interest groups to analyze different attitudes of rent-seekers and those who hate corruption. Hypotheses derived from above explanations are supported by statistical findings from data "A Comparative Study of China-Russian Social Structure and Social Identification" (2008), using multi-nominal logistic regression models. Statistical results show that rent-seekers tend to maintain the existing reform trajectory, but who hate corruption expect to change reform's way to make adjustments.

Keywords: corruption; reform; attitudes toward the reform; interest group

发展援助型智库的自主性困境

——以日本 JICA 研究所为例*

贺　平　叶思雨

[内容提要] 由于议题特性，国际知名的“发展援助型智库”普遍具有官方或半官方的背景。国际协力机构研究所（JICA 研究所）是日本典型的“政府系智库”，也是亚洲“发展援助型智库”的成功典范。在实践中，JICA 研究所较为有效地应对了这一身份悖论导致的自主性困境：通过遵循国际惯例、重视学术质量，追求智库自主性；与此同时，努力平衡对主管行政机构的附属性。在日益激烈的全球发展援助制度竞争中，JICA 研究所的成败得失对于中国的“一带一路”建设提供了诸多启示。

[关键词] 政府系智库　发展援助型智库　国际协力机构研究所　自主性困境

根据经典定义，智库（think tank）是“非政府”“非营利”的政策研究机构，[①]具有专业性、独立性、公开性等特质。美国宾夕法尼亚大学“智库与公民社会项目”每年度发布的“全球智库权威指数报告”已成为智库研究中知名度很高的榜单。耐人寻味的是，在其排名中不难发现，由于议题特性，除了布鲁金斯学会等少数欧美的

---

* 贺平，复旦大学日本研究中心；叶思雨，复旦大学国际关系与公共事务学院。本文系教育部国别和区域研究课题“亚太区域合作的历史、现状与未来发展”、上海高校智库内涵建设计划战略研究课题“‘后 TPP 时代’的亚太区域合作新格局与中国的战略应对”的阶段性成果。

① R. Kent Weaver, “The Changing World of Think Tanks”, *Political Science and Politics*, Vol. 22, No. 3, 1989, pp.563-578.

智库之外，韩国发展研究院、德国发展研究所、亚洲开发银行研究所等大部分国别或国际“发展援助型智库”都具有官方或半官方的背景，这似乎与智库的本意背道而驰。

“政府系智库”是日本行政决策体系和智库建设的一个显著特色，这些智库由日本政府部门或者行政机构设立或参与设立。几乎每一个日本省厅都有隶属的政策研究机构，例如内阁府经济社会综合研究所、财务综合政策研究所、农林水产政策研究所、国土交通政策研究所等。在“官僚主导型”决策体系的长期作用下，日本的官僚机构或中央省厅甚至被视为“全世界最大的智库”。鉴于日本的行政体系被认为是“绝对的、无谬的官治型构想及国家观念的结果”，国家行政机构具有“密室性、傲慢性”的特点，20 世纪 80 年代之后，其日益成为国内外批判的对象和结构调整的焦点。①

日本国际协力机构研究所（JICA 研究所）是连接上述两个悖论的一个经典案例。JICA 研究所既是典型的日本“政府系智库”，隶属于日本国际协力机构（JICA），又是亚洲首屈一指的“发展援助型智库”，具有广泛的国际影响力。自 2012 年进入前述“全球智库权威指数报告”以来，JICA 研究所在国际“发展援助型智库”中的排名持续上升，从 2012 年的第 52 位，2013—2015 年的第 48 位，已经攀升至 2016 年和 2017 年的第 35 和 36 位。②

对于发展援助领域的“政府系智库”而言，核心的挑战在于平衡智库自身的自主性与其对政府部门的附属性。换言之，“政府系智库”既需要维系“智库”的身份，以获得同类机构以及更广泛意义上国际社会对其的承认，又不能脱离身为行政体系组成部分的现实。在制度经济学意义上，JICA 研究所的设立是日本政府开发援

① 松下圭一：《政策型思考与政治》，蒋杨译，社会科学文献出版社，2011 年，第 220 页。

② “TTCSP Global Go To Think Tank Index Reports”, https://repository.upenn.edu/think_tanks/13/.

助(ODA)体系整体转型的重要一环,通过回溯后者的制度变迁与阶段性特征,我们得以一窥 JICA 研究所的历史成因及其运营逻辑。同时,JICA 研究所又具有显著的标本意义,对于包括中国在内的其他国家在发展援助领域的智库建设具有重要的参考价值。

一、设立背景:顺应日本发展援助政策的变迁

JICA 研究所的设立具有微观和宏观两个层面的基本动因,前者指向 JICA 的机构改革和功能调整,而后者则以日本发展援助政策整体变迁为背景。在相当程度上,前者本身就是后者的阶段性产物。

首先,在 JICA 机构内部设立智库的初始动机和既有条件,是理解这一智库角色必不可少的要素。作为 JICA 研究所的母体,JICA 的前身为国际协力事业团,成立于 1974 年,成立之初专门负责日本 ODA 中的技术援助事业。2003 年改制成为外务省管辖的独立行政法人,更名为国际协力机构,2008 年整合了国际协力银行(JBIC)的海外经济援助事业,目前主要负责有偿资金援助、无偿资金援助和技术援助等事业。作为日本负责国际发展援助的一体化实施机构,JICA 整体事业的重心在于实地操作,而非学理研究。

2003 年 10 月,曾担任联合国难民署高级专员的绪方贞子接任 JICA 理事长。在其主导下,从 2004 年 3 月起,JICA 进行了包括三个支柱的第一阶段系统改革:现场主义;从"人的安全保障"的视角出发重视事业运营;效果、效率与快速化。强调现场主义既是发展援助的题中应有之义,也与绪方贞子本人在联合国难民署的长期经历息息相关。从 2005 年 3 月起,JICA 又进行了第二阶段的改革:强化国内的实施体制,从而能够明确接受发展中国家的现场需求,快速准确地加以应对。为此,需要对国内的事业进行挑

战，对机构进行整编。作为改革的一部分，将JICA研究所定位于“实践型的智库”，汇总援助现场的知识和经验，努力提高承担现场实践的JICA参与者的能力。[①] 绪方贞子呼吁，要强化JICA的研究职能，特别是需要将原先偏向实务需求的研究向具有政治志向的研究转变，对发展援助现场面临的问题进行深入的调查研究，将其成果“政策化”，进而向现场反馈，形成“研究分析——政策立案——实施”的体制，以求在世界的发展援助领域研究中占据一席之地。[②] 2008年10月，为了“增强JICA的智库功能”，[③]JICA研究所正式起步。紧密联结JICA发展援助的“现场”与国内外“学术界”成为JICA研究所成立后最为重视的目标。

其次，JICA研究所的建立与日本对外援助政策的结构性变迁密不可分。对外援助在日本政策体系中具有举足轻重的地位，甚至可视为战后日本外交的重要支柱之一。在战后近七十年的历程中，日本的援助决策机制逐渐从碎片化到集中化，从重视商业效益到强调外交结果，从注重规模扩张转向寻求理念和原则层面的正当化。这些变化都需要“研究活动”的支持。因此，援助政策中研究活动的重要意义不断凸显，得到援助决策者、实施者的共同认可。

特别是20世纪90年代中期之后，日本的发展援助面临着从以“硬件”为中心到重视“软件”、从以“经济发展”为中心到重视“社会发展”、从以“量的扩大”为中心到重视“质的充实”、关注环境等全球化问题等一系列转变，这也对发展援助领域的智库提出了新的要求和挑战。[④]在相当程度上，JICA研究所正是因应上述转变的

① 緒方貞子編『転機の海外援助』、東京：日本放送出版協会、2005年、43頁。

② 緒方貞子述、野林健、納家政嗣編『聞き書緒方貞子回顧録』、東京：岩波書店、2015年、283—285頁。

③ 「日本のODA 新JICA理事· 緒方貞子さんに聞く」、『朝日新聞』、2008年9月30日。

④ 寺田幸弘「多様化する開発ニ-ズにこたえて」、『NIRA政策研究』、10巻6号、1997年、28—31頁。

机构性成果。具体而言,又分为以下三个方面。

首先,日本的援助决策和实施,经历了从权力分散到逐渐集中的过程,亟须学理性政策研究在全程发挥引领、指导、监督的作用。援助起步的最初二十年间,日本的援助体制呈现多个省厅共同参与的特征,其中最具代表性的是日元贷款的"四省厅"体制——在大藏省、通产省、外务省和经济企划厅共同督管下,由海外经济协力基金(OECF)负责落实日元贷款事业。① 在这一过程中,政策是否能够照顾到各个省厅的自身利益,是相关决策参与者最为关心的事项,至于政策本身是否科学则并非首要考量。进入20世纪80年代之后,这种援助政策体制日益受到国内外的质疑,日本的援助政策被批评为没有明确的事先计划,缺乏透明性,责任归属不明,效率低下,评价机制也付之阙如。为此,日本的援助体制的重点由具体的分配和实施转为制定分配和实施计划,逐渐注重验证分配、实施的合理性。1986年,第一次国别援助研究会以菲律宾为对象,讨论确定针对特定国家的援助方针。在后续的国别援助研究会中,参与成员从早期的以外部专家和学者为主,渐渐向多元主体参与发展,JICA在其中的作用日益突出。这也从一个侧面表明JICA开始重视自身的研究和规划功能。② 同时,JICA内部也进行了组织架构的调整,按照国别和援助课题设置部门,并且强化了从国内培养和从机构外部获取援助人才的职能。③ 同年,外务省也设立了援助评价讨论委员会。回溯这一改革历程可以发现,相较于其他公共政策,ODA事实上是日本较早开始实施政策评价的领

---

① 外交政策決定要因研究会編『日本の外交政策決定要因』、東京:PHP研究所、1999年、345頁。

② Ashitate Hideaki, "Changing Relations between the Public and Private Sectors in Japan in the Era of 'Participatory ODA' and Their Results from the Perspective of 'Governance by Network'", Ph.D. Dissertation, University of Pittsburgh, 2009.

③ 外交政策決定要因研究会編『日本の外交政策決定要因』、東京:PHP研究所、1999年。

域。此后至今,突出战略性、强化评价体制仍是 ODA 改革措施的重心之一。

其次,日本对外援助政策的目标转向也对智库功能提出了更高的要求。援助最初起步时,最重要的目标是扩大出口、实现商业利益最大化,企业成为援助的实施主体之一。“挂钩项目”(即要求受援国必须购买援助国指定企业的商品与服务)在日本对外援助中的比例,远超当时经合组织发展援助委员会(OECD/DAC)其他成员国的平均水平。这种援助中“商业主义”“利己主义”的倾向同样受到国内外的质疑和批判。为此,从改善国际形象、塑造大国外交的目的出发,日本政府着意提升援助政策的外交内涵和战略意义。当援助作为一项外交战略而非营商政策时,就无法只停留于实施层面的可行性评估,而必须得到更为全面的政策研究支持,这正是“智库”的比较优势和现实使命所在。

最后,智库建设也有助于日本在发展援助实践的基础上建构理念、塑造话语、优化理论总结。1978 年到 1992 年,日本政府颁布的“ODA 中期目标”中,核心目标都是“要实现 ODA 的翻倍”。在其指引下,日本也确实于 1989 年正式超过美国成为世界第一大援助国。[①] 但一味追求量的扩张也暴露了日本在援助政策理念上的短板。为此,1992 年,日本以内阁决议的形式发布了第一个《政府开发援助大纲》,阐述了实施 ODA 的基本方针,宣示了日本对外援助的理念、原则、重点事项,以及为了加强援助效果、争取国内外理解而准备采取的措施和实施体制。[②] 在 2015 年最新修订的《政府开发合作大纲》中,日本政府进一步明确提出,要加强“日式哲学”和“日式价值观”在对外援助中的地位。同时,日本政府还尝试提出若干援助原则,并争取国际社会的认同,例如“自助原则”

① 渡辺利夫、三浦有史『ODA(政府開発援助):日本に何ができるのか』、東京:中央公論新社、2003 年。

② 古森義久『「ODA」再考』、東京:PHP 研究所、2002 年。

(ownership)、“伙伴关系”(partnership)等。这种理念塑造和提升援助政策“正当化”的尝试客观上也加强了对政策研究的需求。

整体而言,日本政府愈来愈发现,亟须向本国民众与国际社会证明其援助政策与实践在政治上的正当性,而这一需要难以靠既有的行政机构来完成。相对地,与行政部门保持一定距离的机构有望担负起这一职能,这也是加强 JICA 内部的研究机能直至设立专门的智库型部门的根本动机。为此,2008 年 JICA 的机构法修正中,研究被确立为“基本业务”之一。①

二、实现智库功能:追求相对独立性

智库作为一种主要的“政策选项建言机制”(alternative policy advisory organization),独立性是其安身立命之本。在欧美的决策体系中,除了行政当局和国会议员,学者、研究人员和咨询人员往往是仅次于利益集团的非政府角色。一般而言,其对政策备选方案的影响要大于对政府议程的影响,而相比其短期影响,其所贡献的思想或学术力量的长期影响则更为显著。② 与之相对应,传统上,日本被认为缺乏智库的“文化”和“土壤”,来自政府的“委托研究”及其资助在各类智库中扮演了重要角色,也由此影响了智库的自主性和独立性。③ 而由于议题特性,“委托研究”在发展援助型智库中的比例又往往高于其他议题。

当然,“委托研究”本身并不必然导致智库政策研究水平的低

---

① 「JICA 研究所· 組織概要、沿革」、https://www.jica.go.jp/jica-ri/ja/about/history.html.

② 约翰·W. 金登:《议程、备选方案与公共政策》,丁煌、方兴译,中国人民大学出版社,2017 年,第 51—54 页。

③ 野上義二「「トラック1· 5」外交を担うシンクタンク—日本国際問題研究所の挑戦」、『外交』、48 号、2018 年 3 月、86—91 頁。

下。不仅在欧洲、韩国等其他地区和国家也大量存在委托研究型的智库,即便是在一直被视为样板的美国,也并不全是“华盛顿模式”的倡导型(advocacy)智库。概言之,问题的关键仍在于智库与委托方之间的关系。① 2007 年对日本智库中个人研究者进行的一项问卷调查显示,50%的政策研究企划来自外部机构,而 59%的研究资金源于外来的委托单位。尽管如此,分别有 34%和 55%的受访者认为,作为研究者,自身的意见在研究结果中得到了“充分反映”或“相当程度的反映”。这从一个侧面说明,日本智库的研究形态尽管以“委托研究”为主,但研究者本身仍享有了比较充分的自由度和自主性。②

如何权衡对日本政府的独立性和依附性也一直是 JICA 研究所面临的重要挑战。JICA 研究所是由原来 JICA 内部的综合研修所的调查研究部门与 JBIC 的开发金融研究所整合之后设立的。但作为一个智库,JICA 研究所覆盖的活动范围并未停留于纯粹的学术研究,而扩展到政策影响、舆论塑造、创造独特社会空间等诸多领域,这也是它与 JICA 内其他调查研究部门相区分的重要标志。具体而言,在缓解身份矛盾、提升自身独立性上,JICA 研究所主要做了以下努力。

(一)搭建“网络化”研究体制

参与乃至主导某一“政策网络”是日本智库增强自身影响力的主要方式之一,③JICA 研究所也突出地反映了这一特点。研究人员的组成与任职形式是智库研究体制的核心,决定了其研究水平,也反映了该智库的基本理念。由于自认“所内的人员无法全部完

---

① 中村円「影響力か、信頼性か– シンクタンク再考」、『NIRA 政策研究』、19 巻 3 号、2006 年、46—51 頁。

② 総合研究開発機構「政策研究者に関するアンケート調査 報告」、2007 年。

③ 王梦雪:《日本外交政策智库的社会网络分析》,《国际观察》,2017 年第 6 期。

成多样的发展研究课题”,JICA 研究所实行“网络化”的研究体制,从外部募集研究者,共同参与研究。① 因此,这种参与往往是短期的,随着研究项目的完结而结束,人员流动性高。根据 JICA 研究所披露的数据,即使是研究所内的常任研究员,任期最长也一般不过三年。而统计数据的收集和整理等事项,JICA 研究所也基本委托外部机构进行。

JICA 研究所将研究人员划分为职员研究员与专业研究者,前者指有实际参与国际援助经历的研究员,从实际聘用情况来看,这些研究者绝大部分是 JICA 的职员。JICA 研究所认为,这种亲身经历过国际援助实务的研究员,在设定研究主题、剖析政策信息、对外传递研究成果中是必不可少的。对于专业研究者即学术人员,JICA 研究所希望其能够用国际通用的学术标准,保证研究质量。在常任研究员中,这两者的比例一直保持在大约 1∶1 到 1∶2 的状态。②

与大部分智库一样,JICA 研究所区分了研究性工作与事务性工作。所长对研究人员和研究成果的品质负责,而事务性工作则交由副所长和次长管理。关于所长的人选标准,JICA 研究所将其设定为“发展领域的专业研究者”,对照上述研究人员的划分可以发现,这一标准事实上指向高水平学者,避免了过度的行政主导。不仅如此,2008 年至今的六任所长中最近的四位(加藤宏、畝伊智朗、北野尚宏、萱岛信子)都有过较为丰富的实际援助实施经历,在其职业生涯中,在学术研究和援助实务中均取得过不俗的成绩(见表 1)。

---

① 「JICA 研究所活動報告(平成 20 年 10 月~平成 23 年 3 月)」、https://www.jica.go.jp/jica-ri/ja/research/annual/jrft3q000000367v-att/20110815_sheet_1.pdf.pdf.

② 历年职员研究员与专业研究员人数比例分别为,2008 年 1∶1,2009 年 13∶4,2010 年 6∶7,2011 年 5∶8,2012 年 7∶13,2013 年 1∶2,2014 年 2∶3,2015 年 8∶11,2016 年 8∶9,2017 年 6∶7。根据历年 JICA 研究所活动报告数据整理。

表 1　JICA 研究所历任所长概况

	在任时间	职业背景
恒川惠市	2008 年 10 月—2011 年 4 月	学术背景： ● 东京大学教养学部教授 ● 政策研究大学院大学教授
细野昭雄	2011 年 4 月—2013 年 4 月	学术背景： ● 筑波大学教授 ● 神户大学经济经营研究所教授 ● 政策研究大学院大学教授 援助实务背景： ● 驻萨尔瓦多大使 ● JICA 客座专家
加藤宏	2013 年 4 月—2014 年 10 月	援助实务背景： ● JICA 国内事业部长、综合研修所所长
畝伊智朗	2014 年 10 月—2016 年 4 月	援助实务背景： ● OECD、会计检查院、外务省 ● JICA 财务部、肯尼亚事务所、经济基础开发部、非洲部等
北野尚宏	2016 年 4 月—2018 年 4 月	学术背景： ● 京都大学经济学研究科副教授 援助实务背景： ● 海外经济协力基金驻北京职员 ● JBIC 开发金融研究所主任研究员、开发二部部长 ● JICA 东中亚部部长
萱岛信子	2018 年 4 月—	援助实务背景： ● JICA“人的发展部”部长 ● JICA 孟加拉国事务所所长 ● JICA“人的发展部”基础教育小组组长

与人员相对应，具体研究项目的设定和推进方式也显示了 JICA 研究所的“网络”特性。首先，JICA 研究所设定了四个研究领域：和平与发展、(经济)增长与削减贫困、环境与发展/气候变化、

援助战略。这些研究领域的设定打破了JICA的原有结构,与后者按照地域(东南亚与大洋洲、东亚与中亚、南亚、中南美、非洲、中东与欧洲)和事业(民间合作、社会基础与和平构建、地球环境、农村发展、产业发展与公共政策、资金援助、基础设施技术援助)划分部门的逻辑不同,课题的设定具有明显的问题导向性特征。

其次,课题的划分并不机械地等同于人员的划分,同一个研究员有可能参与不同领域的研究项目。这一反科层制的研究项目管理方式意在鼓励人员的流动,推进网络化的研究体制。在同一个研究项目下,不同专业背景和机构所属的研究人员共同参与,有助于实现多学科和跨学科的交流。例如在"斯里兰卡灌溉基础设施的贫困削减效果"的研究项目下,相关论文就由来自斯里兰卡当地非政府组织的专家、日本贸易振兴机构(JETRO)亚洲经济研究所的研究员、国际援助开发专业咨询公司的职员、亚洲开发银行的职员共同完成;①而项目的负责人则是来自东京大学的客座研究员。这种研究项目进行方式在JICA研究所内部已成为一种常态。

(二)研究成果的产出与宣介

研究成果的质量是衡量智库水平的最根本指标,也是智库追求其独立性的最重要筹码之一。在研究成果的产出和宣介方面,JICA研究所具有三个鲜明的特征。第一,始终强调学术质量,从研究方法设定到研究质量把控,再到成果影响力评估,都采用了国际学术界的惯例进行自我管理。例如,每一个研究项目中都基本包括至少一篇工作论文(working paper)。按照JICA研究所的要求,这些工作论文需要经过研究所内部的预备审查、外部评审的双

① "How Access to Irrigation Influences Poverty and Livelihoods: A Case Study from Sri Lanka," March1, 2013, https://www.jica.go.jp/jica-ri/ja/publication/workingpaper/how_access_to_irrigation_influences_poverty_and_livelihoodsa_case_study_from_sri_lanka.html.

盲审查以及所内审查委员会的最终确认后，才能够在JICA研究所的主页上发布。这一做法对内是加强管理的有效手段，对外则是塑造良好形象和拓展学术影响力的基本保障。对于研究成果质量的评判标准，JICA研究所也采取国际通用的学术惯例，注重论文等在重要学术杂志中的被引次数。

第二，拓展研究成果的受众范围。为了加强与海外的沟通，JICA研究所的学术论文大多以英文写作。但同时，研究所采取"政策简报"(policy brief)等形式，用日语和英语提供研究成果的概要内容，并突出其研究的政策相关性，基于研究成果提出政策建议。为了验证影响范围和效果，定期对网站的访问数、论文和其他出版物的下载次数等数据进行比较和分析。此外，所内研究者还撰写阅读难度较低但受众更广的网站专栏，介绍研究成果和政策观点。整体而言，工作论文、政策简报、报告书、专著、文献综述、田野调查报告、项目简介、论文等不同类型的出版物，既提高了JICA研究所的透明度，回应了社会和公众的信息披露要求，又顺应了不同受众群体的多样化需求。

第三，注重成果推介平台和方式的多元化发展。为配合研究成果发布，JICA研究所频繁举办各种规模的研讨会、国际会议，或积极参加其他政策研究机构主办的活动。与国内外相关机构的密切互动，也使JICA研究所成为发展援助领域全球知识网络和政策框架中的一支重要力量。多国籍、多学科的客座研究员和招聘研究员的加盟，极大地提高了JICA研究所的智识开放度和机构国际化。福田咲子(Sakiko Fukuda-Parr)等国际知名学者和实务家作为"特别招聘研究员"的参与，进一步增强了JICA研究所的国际存在感与政策影响力。

这方面颇具象征意义的是中日在发展援助领域的相互合作和借鉴。JICA等部门积极探索与中国同行的合作关系，拓展与非洲等第三方的合作。例如，2009年1月和2010年3月，日方先后两次与中国进出口银行联合举办研讨会，2010 年 10 月，又与中国商务部召开发展援助议题的研讨会，2011 年 1 月召开非洲共享农业发展的研讨会。2011 年 8 月，日本还参加了中国商务部和世界银行联合主办的国际发展合作和能力建设研讨班。①

三、服务于 JICA 的整体职能：因应机构附属性

JICA 研究所终究是 JICA 组织架构中的一部分，虽然在人员和项目的管理上具有一定的自由度，但它的机构目标和利益表达，不能脱离 JICA 而存在。在这个意义上，智库的职能与其行为规范表现出一种工具理性，服务于 JICA 的整体事业调整需求。这一需求主要包含两个向度。在对内的向度上，是一个组织始终难以回避的问题：事业流程的优化。建立研究所可以说是 JICA 自我提升的一个措施，但同时又不可避免地带来了组织结构的复杂化。鉴于 JICA 研究所与原有 JICA 的不同组织逻辑，如何应对这些差异成为两者不得不思考的问题。在对外的向度上，JICA 的事业调整是为了将自身塑造成国际开发援助领域中知识公共产品的提供者，提升外界对其正当性的认同，诉求的对象既包括国内的其他政治行为体、学术界、普通国民，也包括国外的受援国、援助国，以及更广泛意义上的国际社会。在因应机构附属性上，JICA 研究所的实践具有以下两方面的特点。

（一）处理好“调查研究”与“研究”的辩证关系

“调查研究”一直是 JICA 事业中重要的组成部分，也是其强

① 肯尼斯·金：《中国对非洲的援助与软实力：以教育和培训为例》，刘爱生、彭利平译，浙江大学出版社，2015 年，第 156 页。

项。但在JICA研究所中进行的“研究”，与JICA实际援助事业中的“调查研究”相比，其含义、目的和方式均存在明显区别。值得注意的是，JICA研究所和JICA对此差异并不讳言，反而刻意有所强调。双方都意识到，这种表面的冲突有利于JICA事业的调整和改善，JICA研究所也因此得以享受研究中较高的自由度，这主要表现在以下三个方面。

第一，突出研究的学术意义与国际规范。事关发展援助的“政策科学”具有高度的实践性，其知识体系中既包括实证性的知识，也包括规范性的知识，既具有政策导向性，也涉及语义学或认识论意义上的认知，如经济发展过程中的公正、可持续发展、民主化等在不同立场下的不同解释。① JICA研究所追求高度学术性的一个原因在于，在全球日益激烈的关于发展援助的政策竞争中，要想主张自身政策的合理性，必须以学术论证为铺垫，力争实现援助实务与学术研究的有机结合。②

为此，即便是同一个研究主题，JICA研修所时期的报告书与JICA研究所的学术论文也存在显著的风格差异。前者通常采取“概念—案例—建议与结语”的结构，突出作者基于亲身经历的田野调查和现场活动，将事实尽可能详尽地展现；而后者则从一般现象出发，试图探明多元现象背后的共同因果关系，注重更普遍的因果逻辑和学理意义。

第二，重视研究的自省意识与批判功能。前已述及，在日本，官僚机构长期占据了政策研究、政策形成、政策执行、政策评估的全过程。这一政策流程的特点之一在于所谓的“前例主义”。尽管基于既有经验萧规曹随对于提高效率不无裨益，但也面临缺乏创

① 後藤一美「実践的政策学としての開発援助研究- 行政的アプローチに関する予備的考察- 」、『国際開発研究』、創刊号、1991年11月、130131頁。

② 武内進一「JICA研究所とアジア経済研究所- - 出向先で考えたこと」、『アジ研ワールド· トレンド』、No.180、2010年、13_15頁。

造性、革新性,疏于长期战略性等不足。① 同时,日本的决策体系和官僚制中又具有“禀议制”的特点,即行政的计划或决定由最基层单位起草,经层层上报和轮流会签后议决,但经过冗长的审批程序之后得出的结论往往与最初的草案并无大异,甚至原封不动。② 这些弊端在实务性极强的发展援助领域往往更为突出,使项目本身“只见树木,不见森林”,囿于前例的复制和机械执行。

正因如此,JICA 自身的活动也成为 JICA 研究所的研究对象乃至批判对象。这事实上也是 JICA 研究所初创时期提出的目的和要务之一,即通过研究分析 JICA 既有事业的实施效果,将日本在发展援助领域个体层面的经验提升和转换成为体系层面的知识,实现从个案到体系的统合和升华。以对青年海外援助队(JOCV)的研究为例,JICA 研究所采用了经济学、社会学、心理学、人类学、政治学等各个学科的综合研究路径。例如:分析其组织设立的政治动机;国际国内政策决定过程;JOCV 参与者在实际过程中感受到的现实与预期之间的落差及其人类学剖析;从 JOCV 参与者的训练数据中观察判断其参与动机与性格类型等。③

这类针对 JICA 事业本身的反思性研究,还往往采用计量经济学方法对其研究项目进行回归分析和实证考察。作为独立行政法人,JICA 需要发布“业绩评价报告”,这一报告与 JICA 研究所发布的“事业影响研究成果报告”对比,更能显示出后者的特点。每年度的“业绩评价报告”按照评判事项,分为机构的主要业务、业务运营的效率、财务事项和其他事项。JICA 所从事的援助项目,被归类在主要业务中,评价的内容主要针对项目的完成度、本年度新增

---

① 鈴木崇弘、上野真城子『世界のシンク· タンク : 「知」と「治」を結ぶ装置』、東京: サイマル出版会、1993 年、227—234 頁。

② 辻清明:《日本官僚制研究》,王仲涛译,商务印书馆,2008 年,第 149—165、158—159 页。

③ 「青年海外協力隊の学際的研究」、2016 年 3 月 31 日、https://www.jica.go.jp/jica-ri/ja/research/strategies/strategies_20111201-20140331.html.

项目数、正在进行的项目的进度情况等。而 JICA 研究所的“事业影响研究成果报告”则重在以项目实施过程中积累的数据为基础，建立实证模型，设置实验组与对照组，分析项目实施先后的差别。鉴于受众的区别，这两种事业评价按照不同逻辑开展。独立行政法人的业绩评价是行政体系内部的评价，聚焦于业绩的完成情况，重点在于“量的累积”；而 JICA 研究所的评价则重在向国际同行展示项目成效，借助社会科学方法的权威性，力图证明自身事业的“质的提高”。

2014 年至 2015 年担任 JICA 研究所所长的加藤宏，在研究所成立之前一直是 JICA 综合研修所的所长，也是 JICA 研究所的设计者和筹划者之一。① 2008 年，他在谈到研修所和即将成立的研究所的区别时指出，除了给研究员个人更大的空间和自由之外，从体系化和更高层次的视角思考和研究，是他设想中最重要的区别，也是新设立的研究所需要完成的课题。② 时任研修所客座研究员的黑川真澄也提到，JICA 一直以来的“现场主义”过于注重实地经验，缺乏大局视野，理论支撑不足；新设立的研究所如果能坚持客观研究，这一点就有望得到改善。③ 而针对当时 JICA 内部担心设立独立的研究所可能导致研究与实际事业产生偏离的意见，加藤认为这恰恰是促使国际援助的实务从事者参与研究的最大理由。虽然不乏内部的疑虑，但主张设立 JICA 研究所的职员都有一个共识，即应从长期性、多向度、超越个体的视角，思考、整理实际援助

① 加藤宏在 1997 年时也是“JICA 业务组织改革工作组”的发起者和重要参与者之一。参见橋本光平「日本の援助政策決定要因」、外交政策決定要因研究会編『日本の外交政策決定要因』、東京： PHP 研究所、1999 年、370 頁。

② 「新研究所に向けて『この人の思い』Vol. 1 加藤宏 国際協力総合研修所長編」、2008 年 1 月 7 日、https://www.jica.go.jp/jica-ri/IFIC_and_JBICI-Studies/jica-ri/column/archives/column01.html.

③ 「新研究所に向けて『この人の思い』Vol. 3 英国シンクタンクの視察を終えて編」、2008 年 2 月 4 日、https://www.jica.go.jp/jica-ri/IFIC_and_JBICI-Studies/jica-ri/column/archives/column03.html.

事业中所得到的经验,并将其重新应用于援助实地工作。

第三,JICA 研究所也通过各种途径保证研究与 JICA 实际事业的联系,展示自身作为机构整体一部分的立场,比如定期举办 JICA 内部的研究成果研讨会,在研究实施中加强与实际事业部门的合作等。鉴于 JICA 研究所大量的研究素材仍来源于 JICA 多年的积累和一线的经验,这种联系对于 JICA 研究所来说,也是必不可少的存在条件。

(二)积极塑造国际发展援助的知识公共产品

从 1996 年开始,世界银行在时任行长沃尔芬森的领导下迈出了转型为“知识银行”的步伐,包括亚洲开发银行在内的地区性发展援助银行以及新近成立的亚洲基础设施投资银行、新发展银行等,也纷纷以“知识银行”为机构建设的目标。事实上,不仅是发展援助银行,对于任何一个发展援助机构而言,“知识管理”都日益成为重要课题。在上述背景下,自 20 世纪 90 年代起,JICA 就致力于有效应对政策挑战:构建知识管理的网络从而实现知识的共享和创造;使隐蔽的知识转变为显性的知识;基于知识管理改变技术合作的方式;更好地开展知识评价;在不同援助机构以及援助机构和大学等其他机构之间实现知识的共享;有效评价知识管理体系本身等。①

进入 21 世纪之后,日本国内对战后的国际发展援助实践进行了深入的反思。一个较为普遍的认识是,国际援助力量最重要的作用是创立可供政策和制度讨论的“场所”,通过这一“触媒功能”促进政治、行政、市场、市民社会之间的相互作用和对话。② 与此

---

① 三好皓一「開発援助機関における知識管理」、『国際開発研究』、第 8 巻 2 号、1999 年 11 月、29—43 頁。

② 下村恭民、辻一人、稲田十一、深川由起子『国際協力: その新しい潮流』、東京: 有斐閣、2001 年、192 頁。

同时，传统的日本发展援助实践又面临另一个批评，被认为"有案例，无总结"或"有实例，无研究"。这一缺陷与日本的社会体系不无关系。例如，传统上，日本社会比较注重"实务""现场"等美学，而相对轻视从长期观点进行的科学分析。① 为此，对于JICA而言，亟须将发展援助现场长期积累的各种"经验性知识"和"实情"加以严密检验，使之体系化，通过国际学术期刊等渠道，最终变身为"全球公共产品"的世界性知识。②

上述两方面的政策背景和理念基础鲜明地反映在JICA研究所的设立和发展中。加强JICA在国际开发援助话题上的话语权，是JICA设立研究所的重要目的之一。③ JICA内部过去的调查研究，缺乏一定的学术高度，讨论也仅限于机构内部，无法与国际同行进行对话。而JICA研究所建立后，期待遵循国家通用的学术惯例进行数据收集、问题建构、研究设计和实证分析，由此得出的研究成果也有望得到更高的社会评价和国际接受度。正如JICA研究所的第二任所长细野昭雄所提出的，要将JICA长期以来的援助经验通过研究所的工作变身为"公共产品"，提供给发展中国家等受援助方、援助实践者、市民团体以及更广泛意义上的利益攸关方。④

前已述及，20世纪90年代之后，日本逐渐面临外援助事业的正当性危机，为此，对ODA事业的关注重点和开展方式进行了重大变革。进入21世纪以后，日本又面临着国内财政困难、ODA规

① 竹中平蔵「日本の政策研究所をめぐる諸問題--日米比較を中心として」、『経セミ』、No.434、1991年3月、12—16頁。

② 贺平：《议题塑造与偏好嵌入：区域型智库建设与大国的权势竞争——以ADBI、ERIA、IDE-JETRO为例》，《外交评论》，2016年第5期。

③ 「新研究所に向けて『この人の思い』Vol. 2 新研究所立ち上げの"新 & 旧"現場監督が語る！ 編」、2008年1月4日、https://www.jica.go.jp/jica-ri/IFIC_and_JBICI-Studies/jica-ri/column/archives/column02.html.

④ 「細野昭雄所長に聞く」、2011年5月25日、https://www.jica.go.jp/jica-ri/ja/news/interview/jica-ri_focus_vol13.html.

模缩小、新兴援助国赶超等新的问题，亟须在国际援助规模之外挖掘“新比较优势”，再造自身形象。幸运的是，战后几十年内所从事的国际发展援助事业为其提供了丰富的经验事实和原始数据，但若不经整理，这些数据只属于个人或单一项目，至多是 JICA 拥有的“沉默知识”，无法发挥更大的沟通功效和借鉴作用。正因如此，JICA 研究所利用智库的机制载体及其实践惯例，将这些“沉默知识”重新梳理和提炼为可以沟通、共享的形式，推动研究成果触及更广泛的目标群体。这些努力无形中也为 JICA 带来了变化，促使日本的国际发展援助决策和实施提高了透明度和问责性。

四、结论与启示

当前，全球发展援助中的国别竞争和制度竞争日趋激烈，呈现出一种你追我赶之势。2018 年 4 月 18 日，中国国家国际发展合作署正式成立。作为“战略谋划和统筹协调”对外援助的重要改革举措，这一机构服务于中国的外交总体布局，也有助于推进“一带一路”的国际合作。值得注意的是，在其内部分工和机构设置中并无研究功能，后者仍主要由商务部国际贸易经济合作研究院等原有部门负责。

在发展援助领域，日本仍是一个备受国际社会期待的国家，特别是 JICA 依然具有相当的美誉度和影响力。① 在相当程度上，JICA 研究所的政策研究促使日本发展援助的现场实践与日本作为援助国的政策实务实现了有机的结合。同行的压力也促使 JICA 进一步加强自身建设。2017 年，JICA 设立了国际顾问委员

① 飯田敬輔、北岡伸一、国分良成、白石隆、田中明彦「座談会 東アジアの国際関係： 混迷する国内政治，翻弄される国際政治」、『レヴァイアサン』、60 号、2017 年、9—43 頁。

会,并计划设立JICA发展研究生院合作机构。2017年7月,JICA制定了新的愿景:"以信赖领导世界",并提出了使命感、现场、大局观、共创、革新五项行动计划。

无论是和魂洋才,还是中体西用,在发展援助领域,创立具有本国特色并为国际社会广泛接受的"品牌"是包括中国、日本在内的主要援助方共同面临的课题。[①] 中日的比较优势各有千秋,在包括发展援助在内的经济外交中亟须超越传统的权执竞争逻辑,寻找更大的利益契合点和合作公约数。[②] 前文对JICA研究所的案例研究,对于中国在"一带一路"建设中提高决策质量和智力支持水平不无借鉴意义。对于中国的发展援助型智库而言,同样面临着行动的自主性与目的的依附性之间的矛盾。这一矛盾决定了JICA研究所的事业运作模式,也生动展现出其突破政府系智库困境的努力,主要提供了以下三点启示。

首先,政策分析的政治性往往难以避免,因此,在理想状态下,智库的政策建言需要既体现一定的价值判断中立,又积极倡导自身的主张。[③] 在机构职能和事务运营层面,JICA研究所的智库定位与运作,从人员招募、研究设计与开展,到成果的发表与政策相关性的呈现,都坚持学术逻辑,并且明显区别于原有JICA内部的调查研究部门。JICA研究所通过更加开放的研究体制、更加严格的研究标准以及反思性的研究体例,强调并表现出智库的较高自主性。JICA研究所是发展援助领域"全球发展网络"(Global Development Network)在日本的重要成员,在"智库的世界中"获

---

① 大塚啓二郎、黒崎卓「「スマート・ドナー」として国際社会をリードするために」、黒崎卓、大塚啓二郎編著『これからの日本の国際協力:ビッグ・ドナーからスマート・ドナーへ』、東京:日本評論社、2015年、330—331頁。

② 贺平、陆诗怡:《中日经济外交的区域权执相争:分径与合流》,《日本学刊》,2017年第2期。

③ 総合研究開発機構・政策研究情報センター編『政策研究における人材:NIRA公共政策研究セミナー開講記念シンポジウム』、東京:総合研究開発機構、2002年、22—23頁。

得了认可，近年在权威榜单中不断突破；而其力争的自主性也得到了主管机构的容许，获得了相当的发展空间。

其次，JICA研究所的发展归根到底隶属于JICA的整体目标，这使其在追求相对独立性的同时，也注重与JICA的联系，并强调研究成果对于实际援助事业的服务作用，从获取研究资源到开展研究事业，均与JICA整体保持一定的关联性甚至附属性。从更宏观的角度而言，JICA研究所归根到底要服务于加强日本ODA事业的正当性这一目的，只是采取了有别于传统行政机构的智库方式。

再次，在讨论智库时，人们往往带有官民二元对立的先入之见，但就政策研究而言，相比“由官到民”，“由官到公”的理念或许更为重要。① 一段时期以来，日本的国际发展援助战略面临着转型的巨大压力，对于这一领域的“政府系智库”而言，需要在充分利用“既有优势”的基础上协助其“再造优势”。日本国内也越来越多地出现一种声音，呼吁其在ODA等国际援助和政策合作中从原先的“重视财力型”向“重视智力型”转变。概言之，研究、政策、实践之间，以及不同行为体和参与方之间，需要形成一个发展援助领域的“政策共同体”。② JICA研究所的成败得失，也是日本社会各个领域之间流动性不断增强、努力构筑“新的公共政策体系”的一个缩影。

Development Think-tanks' Dilemma of Autonomy: A Case Study of JICA Research Institute

Ping He　Siyu Ye

Abstract: Due to the nature of the issue area, those internationally

① 中村円「シンクタンクと政策研究」、北川正恭、縣公一郎、総合研究開発機構編『政策研究のメソドロジー：戦略と実践』、東京：法律文化社、2005年、204頁。

② 大野泉「開発協力の知的ポリシー·コミュニティの形成を」、『アジ研ワールド·トレンド』、No.180、2010年、1頁。

renowned "development think tanks"often have an official or semi-official background. The JICA Research Institute (JICA-RI) is a typical "government-affiliated think tank" in Japan and a successful example of Asia's"development think tanks". In practice, JICA-RI has been responding effectively to the autonomy dilemma brought about by its identity paradox. It makes great efforts to pursue the autonomy of think tanks by following international practices and attaching importance to academic quality. At the same time, it endeavors to balance its attachment to the administrative agency. In the increasingly fierce global competition in development institutions, JICA-RI's experience has provided many inspirations for China's "Belt and Road" construction.

Keywords: government-affiliated think-tank; development think-tank; the JICA Research Institute; dilemma of autonomy

思想史

帝国逻各斯的解构：伯罗奔尼撒战争与修昔底德关于雅典帝国的反叙事*

张　源

[内容提要]　雅典帝国的兴败荣辱，是横亘在帝国时代思想者之间的分水岭。波斯帝国原属地哈利卡纳索斯人希罗多德继承（希腊）自由 vs.（波斯）专制这一雅典话语，模仿《荷马史诗》的语言、风格乃至史诗特有的环形结构模式，完成了一部《历史，或雅典帝国的崛起》，希罗多德的雅典帝国元叙事，成为西方帝国逻各斯建构之始。针对外邦人希罗多德的雅典帝国叙事，被放逐的雅典人修昔底德完成了一部《历史，或雅典帝国的衰亡》。在这部关于雅典帝国的反叙事中，关于自由 vs.专制的话语仍旧有效，只不过这一回雅典成了专制帝国，而希腊古风时代的领袖斯巴达重新成了自由理想的代表。在希罗多德那里已经妥善解决的题目（雅典与斯巴达的制度孰为优胜），在修昔底德的时代重新成为问题。斯巴达所代表的旧制度卷土重来，对帝国时代的新文化成功发起了反攻，最终伯罗奔尼撒战争终结了雅典帝国，修昔底德的《伯罗奔尼撒战争史》终结了雅典帝国逻各斯。

[关键词]　帝国逻各斯　伯罗奔尼撒战争　修昔底德　雅典帝国的反叙事

古希腊是西方之本源，全盛时期的雅典是“全希腊的学校”，曾

* 张源，北京师范大学文学院。

经辉煌的雅典帝国，[①]是雅典命运之轮从极盛转向衰落的顶点；思考雅典帝国，就是思考整个西方与现代世界。古希腊三大史家希罗多德（约前 484—约前 425 年）、修昔底德（约前 460—约前 400 年）、色诺芬（约前 430—约前 354 年）作为前后相继的三代人，其经典史著合而观之，贯穿了一个核心叙事：雅典如何国运上升，在一代人的时间里赢得了帝国，又如何运数急转直下，在一代人的时间里丧失了帝国——雅典帝国的兴亡，正是三大史家合力铸就的历史中心事件。

前后不过三代的工夫，雅典一跃登上世界巅峰，向世人欢呼雅典模式的胜利，随后跌入命运谷底，伴着犹在耳畔的胜利呼声，独自咀嚼光荣过后的耻辱。雅典帝国的兴败荣辱，成为横亘在帝国时代思想者之间的分水岭。伴随帝国一同崛起的那批人，对雅典帝国满怀信心。面对来自外部的、东方的波斯帝国的压力，雅典应变出一套关于（希腊）自由 vs.（波斯）专制的话语，将对方描述为野蛮的专制帝国，自己则成了自由的化身。[②] 波斯帝国原属地哈利

---

① 雅典帝国纪年从公元前 478 年算起，这一年雅典军队攻陷塞斯托斯（Sestos）、将波斯帝国的势力打回亚细亚，并于同年冬天建立了提洛同盟；到公元前 404 年为止，这一年雅典向斯巴达投降，第二次伯罗奔尼撒战争结束。人们通常认为，雅典帝国始于公元前 454 年（这一年提洛同盟的金库从提洛岛转移到了雅典，以此为标志，提洛同盟转型为雅典帝国），但其实早在提洛同盟成立之初，雅典已经迅速继承波斯的贡金制度（此为波斯帝国统治的制度基础），由雅典人任命“希腊财政官”负责收取、管理盟邦贡金，同时像波斯帝国那样四处武力扩张，并于公元前 466 年镇压了“叛变”的盟邦纳克索斯，“这是雅典违背盟约而奴役同盟城邦的第一例，之后同盟的其他城邦就这样逐个地遭到了奴役”（修昔底德：《伯罗奔尼撒战争史》，以下简称《伯史》：1.96—98）。可见公元前 454 年提洛同盟金库转移到雅典这一事件，只是雅典帝国公开背弃盟约、无视统治合法性问题，彻底走向“帝国主义”的一个标志。

② 例如希罗多德曾根据“全体希腊人的说法”（《历史》：6.134），记录了雅典人、马拉松战役统帅米太亚德的嘉言懿行：米太亚德劝告将军卡利马科斯，“今天是在两件事情中任凭你来选择的日子，或者是你使雅典人都变为奴隶，或者是你使雅典人都获得自由，从而使人们在千秋万世之后都永远怀念着你，……如果你同意我的意见，你就可以使你的国家得到自由，使你的城市成为希腊的第一城（πόλις πρωτη）”（《历史》：6.109），而在此之后，便有了名垂青史的马拉松之役：“当雅典人聚拢起来，便合力向波斯人杀去，他们战斗得令人永难忘怀：因为在我们所知道的所有希腊人中，他们是第一次奔跑着攻向敌人的，也是第一次能够直视米底（波斯）服饰以及身着这种服饰之人的，而在此 （转下页）

卡纳索斯人希罗多德心仪雅典、向往自由，他继承自由 vs.专制这一雅典话语，模仿《荷马史诗》的语言、风格乃至史诗特有的环形结构模式，完成了一部《历史，或雅典帝国的崛起》①：西方第一部完整的历史，便是一部（西方）自由城邦对（东方）专制帝国武力战胜、制度战胜、文化战胜与精神战胜的历史，一部自觉的、关于意识形态及其斗争的历史。雅典成为世界上第一个自由的帝国，而自由帝国（empire of liberty）作为（西方意义上）人类政治生活的最高理想，其肇端正始于登峰时期的雅典：希罗多德的雅典帝国元叙事，成为西方帝国逻各斯（logos of empire）建构之始。波斯问题（东西之争）由此得到妥善解决，雅典成功迈过了通向伟大之路的第一场危机。②

希波战争后期（前 478—前 449 年）成长起来又赶上第二次伯

（接上页）之前，希腊人只要听到米底（波斯）之名就会陷入恐慌。”（《历史》：6.112）热爱自由的雅典人奋不顾身，雅典此后果然成为希腊第一城：对内取代斯巴达，成为希腊新的霸主；对外取代波斯，夺得地中海地区的统治权（前 478 年），成为西方历史上第一个帝国。在此之后，马拉松勇士、悲剧家埃斯库罗斯（前 525—前 456 年）在《波斯人》（前 472 年）一剧中写下了这样的合唱歌：“生活在亚细亚的人民，/今后将不再臣服波斯，/不再被迫交纳贡品，/不再俯伏地上膜拜君主，/帝王的威势已被彻底摧毁。// 人们将不再羁勒自己的舌头，/他们已经获得解放，/可以自由发表思想，/扼制他们的力量已被瓦解！”这是雅典人民的集体呼声、雅典帝国的盛世元音。

① 希罗多德的《历史》（题目系为后人所拟）经常又被称作《希波战争史》，但实际上他的史书讲述的既“不全是希波战争”（希罗多德的史记始于“伊娥被劫”的神话时代，此后一笔带过特洛伊战争，从约公元前 718 年吕底亚王国的巨吉斯篡位说起，待到第五卷全书过半时才正式进入希腊与波斯的争端），又是“不全的希波战争”（希罗多德的“历史”止于公元前 478 年雅典军队攻陷塞斯托斯、建立提洛同盟，而希波战争直至公元前 449 年雅典代表希腊与波斯签订“卡里阿斯合约”时才正式宣告结束），就此而言，《希波战争史》并不是一个恰当的标题。波里比阿第一个提出了“普世史”（universal history），而希罗多德第一个写出了普世史；波里比阿的《历史》全名为《历史，或罗马帝国的崛起》，反观希罗多德的《历史》，其实不妨叫作《历史，或雅典帝国的崛起》，或许更合乎全书大意。希罗多德《历史》记述的年代从伊娥被劫开始，止于前 478 年，即雅典赢得帝国的年份；波里比阿《历史》记述的年代从第一次布匿战争爆发（前 264）开始，止于前 146 年，即罗马赢得帝国的年份。有人怀疑希罗多德的《历史》是未竟之作，其实伟大的史家同时也是伟大的诗人，比如希罗多德与波里比阿，在“最富有包孕性的顷刻”，不约而同戛然收笔。

② 张源：《帝国逻各斯的建构：希波战争与希罗多德的雅典帝国叙事》，《政治思想史》，2018 年第 1 期。

罗奔尼撒战争(前431—前404年)的这一辈人,跟随雅典从盛世进入乱世,目睹了帝国的日渐败亡。面对来自希腊内部、斯巴达霸权的挑战及其最终的胜利,他们不得不担负起解释雅典帝国何以衰亡的任务。针对外邦人希罗多德的雅典帝国叙事,被放逐的雅典人修昔底德完成了一部关于雅典帝国的反叙事:关于自由 vs.专制的话语仍旧有效,只不过这一回雅典成了专制帝国,而希腊古风时代(前8世纪—前6世纪)的领袖斯巴达重新担任了自由理想的代表。在希罗多德那里已经妥善解决的题目(雅典与斯巴达的制度孰为优胜),在修昔底德的时代再次成为问题。与外来力量相比,传统才是最大的敌人:雅典与斯巴达及其所代表的两种制度原则终将再次争霸希腊,斯巴达问题(新旧之争)如肉中之刺,成为雅典帝国自始至终无法克服的第二场危机。

一、斯巴达问题——新旧之争

为了明确雅典与斯巴达在新旧之争中的相对位置,我们不妨将古希腊分为以下五个历史时期:(1)青铜时代(约前3000—约前1100年),此为古代之"古代";(2)黑暗时代(约前1100—约前800年),此为古代之"中世纪";(3)古风时代(约前800—前500年),此为古代之"近代";(4)古典时代(前499—前323年),此为古代之"现代";(5)希腊化时代(前322—前146年),此为古代之"后现代"。

在青铜时代,雅典是迈锡尼文明中心之一,本地人(佩拉斯基人,Pelasgians)建立了埃瑞克透斯王朝(Erechtheid Dynasty,前1556—前1227),世系绵延三百余年;[①]斯巴达更是迈锡尼时代的

① 根据地下考古实迹,雅典卫城的迈锡尼(赛克洛普式)王宫建筑约在公元前1250—前1200年完成(见N.G.L.哈蒙德,《希腊史——迄至公元前322年》,(转下页)

强国，入侵者（希腊族的阿开亚人，Achaeans）建立了阿特柔斯王朝（Atreid Dynasty，前 1283—前 1104 年），世系延续近二百年。①根据荷马的“船目表”，特洛伊战争（约前 1200 年）时期雅典派出舰队共 50 艘，而斯巴达统领本国连同拉栖第梦地区法里斯等国的舰队共 60 艘（《伊利亚特》：2.546—556，581—587），双方国力大致相当。青铜时代末期特洛伊的陷落（约前 1184 年）标志着“古代”的终结，迈锡尼文明衰落，上古希腊沉入暗夜。

特洛伊战争之后，多利亚人（Dorians）入侵希腊大陆（约前 1100—前 1000 年），黑暗时代来临。一般认为，是多利亚人的征服推翻了迈锡尼人的统治：入侵者打着“赫拉克勒斯后代回归”（Return of the Heracleidae）的旗号，在伯罗奔尼撒开创了赫拉克勒斯族王朝（Heraclid Dynasty，前 1104—前 192 年），斯巴达改朝换代，世系延续九百余年，成为伯罗奔尼撒当之无愧的统治者。② 希腊原住民被迫迁徙，阿提卡成了逃亡各族的避居地，伊奥尼亚族（Ionians）大国雅典带头抗击侵略者，成功将其驱赶出境，雅典国王

（接上页）朱龙华译，商务印书馆，2016 年，第 64 页）。雅典人称该城墙为佩拉斯基克（Pelasgic），用以记录居住于此的古代居民佩拉斯基人（见伯里：《希腊史》，陈思伟译，吉林出版集团责任有限公司，2016 年，第 34 页）。雅典本地人建立的王国与底比斯、阿尔戈斯等国享有最为悠久的朝代世系，最早可追溯至公元前 1556 年，直至公元前 1127 年来自派罗斯（Pylos）的米兰图斯建立新的王朝（Melanthid Dynasty，前 1126—前 1068 年）为止（参见哈蒙德：《希腊史》，第 79—80 页。See Phillip Harding, *The Story of Athens: The Fragments of the Local Chronicles of Attika*, Routledge, 2008, p.14, p.78）。

① 约公元前 15 世纪阿开亚人征服北部希腊，约公元前 13 世纪伯罗普斯开创阿尔戈斯王族世系，其子阿特柔斯继承王位，阿特柔斯的两个儿子迈锡尼国王阿伽门农与斯巴达国王墨奈劳斯成为希腊最显赫的统治者与阿开亚人的代表。特洛伊战争结束两代人（按即阿伽门农之子俄瑞斯忒斯与俄瑞斯忒斯之子提萨美诺斯）之后，古老的文明消失殆尽，黑暗时代来临（参见伯里：《希腊史》，第 56 页）。阿特柔斯王朝世系的具体年代（伯罗普斯，前 1283—赫拉克勒斯子孙的回归，前 1104 年），以及下文特洛伊陷落的具体年代均参见伯里：《希腊史》，第 88 页。

② 伯里：《希腊史》，第 63 页。关于“赫拉克勒斯后代回归”的神话与“赫拉克勒斯族”王朝世系，详见卡特利奇：《斯巴达人——一部英雄的史诗》，梁建东、章颜译，上海三联书店，2010 年，“斯巴达国王年表及简介”，第 279—282 页。关于多利亚人入侵，哈蒙德的版本是，多利亚人与阿开亚人的 Heracleidae（意即“赫拉克勒斯的后代”）氏族结盟，共同侵入了伯罗奔尼撒（参见哈蒙德：《希腊史》，第 78 页）。

卡德鲁斯殉国,他的儿子墨冬开启执政官制度(前 1068—前 146 年),雅典革故鼎新,制度沿革九百余年,成为阿提卡名至实归的领袖。① 多利亚人的入侵与原住民族的迁徙,大大推进了希腊人自青铜时代末期开始在爱琴海诸岛与小亚细亚西岸的殖民活动,②希腊世界呈现出新的格局,希腊民族的三个支脉——多利亚人、伊奥尼亚人和爱奥里亚人(Aeolians)成为未来创造希腊文明的主体。③

---

① 哈蒙德:《希腊史》,第 118—120 页。哈蒙德认为,其实早在忒修斯统治的时代(约公元前 1250 年),阿提卡已经在一个政府之下统一起来,变成了一个政府集权于雅典而全体公民以雅典为名的国家。参见《伯史》: 2.15。据说卡德鲁斯殉国之后,雅典人取缔了王政,因为他们认为不可能找出一位可与之比肩的继承者,于是卡德鲁斯的儿子墨冬成了雅典第一任执政官,然而,这个说法在史家伯里看来,是对"正常革命过程"的"奇怪的逆向解释","这个故事不过是后世的虚构"(参见伯里:《希腊史》,第 197—198 页)。无论如何,从黑暗时代开始,雅典与斯巴达便采取了不同的政治制度,不同的制度又与各自的城邦性格相辅相成,直至古希腊历史终结,这一事实本身更值得我们关注与思考。此外,雅典的执政官制度历经变革,大致分为: 终身制(前 1068—前 753 年),十年制(前 753—前 683 年),一年制(前 682—前 146 年),并一直延续到罗马统治时期(前 146—485 年),由于罗马统治时期整个希腊,包括雅典已经丧失主权独立,因此这一段不计入雅典执政官制度年限。

② 伯里:《希腊史》,第 64 页。

③ 哈蒙德认为,从早期青铜时代末(前 1900 年)开始,这三个支派已经占据希腊半岛,人们根据他们有着明显区别的方言——伊奥尼亚语、爱奥里亚语和西希腊语(包括多利亚语和西北希腊语)——而分别称之为伊翁、爱奥鲁斯和多鲁斯的后裔(参见哈蒙德:《希腊史》,第 50 页)。伯里则认为,将希腊人分为三个不同支派,是希腊在小亚细亚的殖民者回望故乡("远眺爱琴海对岸东部希腊人")、力图建构身份认同的产物(参见伯里:《希腊史》,第 82 页)。事实上,根据哈蒙德自己提供的证据,后世希腊人在史诗传说中是用"亚该亚人""达纳亚人""阿尔戈斯人"等名号来称呼他们迈锡尼时代的祖先的,这类称呼也在公元前 14—前 12 世纪的赫梯与埃及文献中得到了佐证(参见哈蒙德:《希腊史》,第 66—69 页);而用"伊奥尼亚人"来指称希腊人的说法,根据目前已知的文献,则首次出现于公元前 738 年之后(亚述王帕拉萨三世统治期间的一份报告)(参见伯克特:《东方化革命——古风时代前期近东对古希腊文化的影响》,刘智译,上海三联书店,2010 年,第 5 页)。也就是说,"伊奥尼亚人"等希腊民族分支在青铜时代即便已经存在,也不是以"伊奥尼亚人"等身份而存在的,最初的相关文献记载大概出现在公元前 8 世纪,这意味着希腊"伊奥尼亚"等各族真正登上了历史舞台。由此看来,伯里的推断(希腊民族是在黑暗时代分为三个支派的)比哈蒙德的推断(希腊民族的三个支派在青铜时代已经出现)似乎更有理据。无论如何,随着迈锡尼文明沉入暗夜,新时代的民族大迁徙已从根本上改变了希腊大陆的民族构成,而新的结构获得合法性的根本途径,便是与此前的历史拉上关系,用伯里的话来说,这属于"希腊人对早期希腊史的重构"(参见伯里:《希腊史》,第 81 页)。从而我们耳熟能详的"人们根据他们有着明显区别的方言,分别称之为伊翁、爱奥鲁斯和多鲁斯的后裔"等传说(哈蒙德曾不加质疑地加以引用),或许不过是重构的内容之一。

与后世欧洲的历史相似，所谓的“黑暗”孕育了伟大的文明，现代对古代多是想象性地继承，中世纪才是现代真正的源头。

古风时代以荷马追述“古代”(特洛伊战争)为开端，此之谓“文艺复兴”，希腊从此走出“中世纪”，来到了“近代”。这一时期希腊各族城邦(polis)纷纷建立，取代部落组织成为社会与政治生活的中心，斯巴达与雅典分别成为多利亚族与伊奥尼亚族城邦中的翘楚。① 文艺复兴往往是民族振兴的先声，《荷马史诗》成为希腊全民族的精神财富：斯巴达靠迎回“阿伽门农之子”的骨殖战胜劲敌铁该亚(约公元前560年)，随即建立伯罗奔尼撒同盟，由此逐渐确立了在希腊的霸主地位；②

---

① 参见约翰·博德曼 贾斯珀·格里芬 奥斯温·穆瑞编，《牛津古希腊史》，郭小凌 等译，北京师范大学出版社，2015年，乔治·福瑞斯特撰写的“第一章 希腊古风时代的历史”中“城邦的出现”、“政治的发明”等有趣的章节，第13—33页。据希罗多德记述，在吕底亚王国向波斯开战前夕(前546年)，希腊城邦里最强大的，在多利亚族里是拉栖第梦人(即斯巴达人)而在伊奥尼亚族里则是雅典人，这两个民族自古就在希腊占有十分突出的地位(《历史》：1.56)。希罗多德将雅典人称作“佩拉斯基人”，而将斯巴达人称作“希腊人”，并分别讲述了“佩拉斯基人”变为“雅典人”“伊奥尼亚人”、“希腊人”变为“多利亚人”的经过(《历史》：1.56，8.44)。希罗多德还说：佩拉斯基人是异邦，讲着异邦的语言，原本属于佩拉斯基族的阿提卡人放弃自己的语言而采用了希腊语，后来成为了希腊族；而希腊族则一直使用同一种语言，他们从一个弱小的开端成长壮大为一个各民族的集合体，这主要是由于佩拉斯基族和其他异邦民族加入了他们的队伍(《历史》：1.57—58)。由此可见，在希罗多德时代的希腊人看来，“希腊”这个地方的原住民是异族，入侵者才是“希腊人”，而决定是否“希腊人”的标准在于是否使用希腊语。古希腊人以语言来区分“夷”(barbaros，意为“讲非希腊语的人”)、“夏”(arche，意为开端、原则、统治、帝国)由来已久，这样说来，“本地人”雅典乃是“变夷为夏”，“入侵者”斯巴达倒成了“夏室正统”。无论如何，我们由此可以想见的是，这套话语一定是由入侵者制作的，并且直至希罗多德的时代都成功有效。

② 斯巴达在伯罗奔尼撒打了一场漂亮的心理战与文化战。“赫拉克勒斯的后代”(多利亚人)在这个时候转而开始追奉“阿伽门农之子”(阿开亚人)(反讽的是，事实上正是前者推翻了后者的统治)，与《荷马史诗》(阿开亚人在此乃是希腊人的代表与代称)在这一时期的强大影响应该不无关系。半个世纪之后(前510年)，斯巴达国王克列欧美涅斯(前520—前490年在位)试图进入雅典卫城的雅典娜神庙，女祭司起身拒绝，理由是“多利亚人不能进入”，这位国王竟然回答说：“我不是多利亚人，我是阿开亚人”(《历史》：5.72)。斯巴达人为了取得一度属于阿伽门农的伯罗奔尼撒半岛的统治权，以及阿开亚地区的领导权，不惜减弱他们的多利亚人色彩，这些都属于“对阿伽门农加以利用的总体计划的一部分”(参见默里：《早期希腊》，晏绍祥译，上海人民出版社，2008年，第253页)。关于伯罗奔尼撒同盟建立的时间，历史学家们的说法多为“公元前6世纪”或“公元前600年”，唯有哈蒙德明确指出，这一同盟是在公元前560年(铁该亚之战)后立即缔结的(参见哈蒙德：《希腊史》，第255页)。

大致与此同时(庇西特拉图统治时期,前 560—前 556 年,前 546—前 527 年),雅典在庇西特拉图的带领下进入"黄金时代",通过编修《荷马史诗》来抢注在希腊的领先地位,呈现出与斯巴达分庭抗礼的态势。① 公元前 546 年,国际形势发生重大变化:波斯人征服吕底亚帝国,抵达地中海沿岸,小亚细亚的希腊人从此进入"波斯治世"(Pax Persiana)。以这一年为界,希腊从古风时代前期(东方化时代)来到了古风时代后期(东方帝国统治时代)。② 在波斯帝国的压迫之下,希腊人的民族意识日益觉醒,希腊走向"现代"的时刻即将到来。

以希波战争(前 499—前 449 年)的爆发为标志,希腊迎来最辉煌的年代——古典时代。这是一个民族生命力空前爆发的年代,希腊各部族城邦在这一时期先后登台亮相,或问鼎帝国(Arche,即以地中海为中心的世界的统治权),或争夺霸权(Hegemonia,即希腊地区的统治权):先是伊奥尼亚族的雅典凭借在希波战争中的出色表现,取代波斯赢得帝国(前 478—前 404 年);继而多利亚族的斯巴达与雅典进行了两次伯罗奔尼撒战争(前 461—前 451 年,前 431—前 404 年),最终斯巴达战胜雅典、重获自古风时代以来在希腊的霸主地位(前 404—前 371 年);此后雅典重振旗鼓建立第二次海上同盟,号称"第二雅典帝国"(前 378—前 355 年);紧接着爱奥里斯族的底比斯在留克特拉战役击

① "黄金时代"的说法见亚里士多德:《雅典政制》:XVI.7。修昔底德同样对庇西特拉图的统治大加赞美,参见《伯史》:6.54。古典学家基托在他的名作《希腊人》中盛赞庇西特拉图的"文化政策",并以略带夸张的语气说:庇西特拉图将雅典"从一个小村镇"提升到了"具有国际地位的城市"(参见基托:《希腊人》,徐卫翔、黄韬译,上海人民出版社,2006 年,第 95 页)。

② 公元前 546 年是"米底人(波斯人)到来之时"(色诺芬),这一年对于希腊人而言是一个新的起点(参见莫米利亚诺:《外族的智慧》,晏绍祥译,生活 · 读书 · 新知三联书店,2013 年,第 159 页)。《牛津古希腊史》以这一年为界划分"古风时代早期"与"古风时代后期",第 510—511 页;哈蒙德《希腊史》亦以这一年为界划分"希腊的复兴"时期(前 850—前 546 年)与"希腊的凯旋"时期(前 546—前 466 年)。

溃斯巴达，成为希腊新晋霸主（前371—前362年）；最终“蛮族”[①]马其顿在喀罗尼亚战役打败雅典与底比斯，称霸希腊（前338—前323年），进而四处征服扩张，建立亚历山大帝国（前336—前323年）。争夺帝国与霸权是这个时代最突出的特征之一，因此也不妨称之为希腊的“帝国时代”。这是一个帝国交替兴亡的时代，也是本文关注的时代。

随着亚历山大大帝（前356—前323年）及其帝国（前336—前323年）的陨落，“现代”终结，希腊的古典时代随之结束。此后天下三分（希腊的安提柯王朝、埃及的托勒密王朝与叙利亚的塞琉古王朝），希腊的帝国成为明日黄花，“自由的希腊人”这时只是以一种极为危险的“幻影的形式”存在，[②]此即古代希腊的“后现代状态”。[③]希腊的生命之火即将燃尽，是时候由新的民族来照亮世界。罗马从西方崛起，马其顿沦为罗马的一个行省（前148年），进而罗马征服地中海（前146年），西方世界进入罗马时代。随着希腊帝国（Arche）的消逝，希腊人的自由也一并消逝；希腊化时代燃尽了希腊帝国的余烬，古希腊的历史亦就此终结了。

回顾古希腊的历史，本地人与入侵者不断融合而成为“希腊

---

① 据希罗多德记载，马其顿国王亚历山大（前498—前454年在位，亚历山大大帝的同名远祖）曾被谢绝参加希腊人的奥林匹亚赛会，因为“外国人没有资格参加”，结果亚历山大在证明自己是“阿尔戈斯人”之后被判定为是一个希腊人，这才得以参加比赛（《历史》：5.22）。而正是这个亚历山大，在雅典大败波斯海军之后，替波斯帝国来游说雅典，试图为之媾和，遭到了雅典人的断然回绝（《历史》：8.140—144）。果然是“非我族类，其心必异”，雅典人此时的辞令非常有趣，言语上亲切地称对方为“客人”与“朋友”（《历史》：8.143），同时态度坚决地将对方礼送出境，亚历山大无功而返。

② 布克哈特：《希腊人和希腊文明》，王大庆译，上海人民出版社，2008年，第441页。

③ “自由的希腊人”作为希罗多德等逻各斯作者（logicians）集体创作的元叙事，其存在的语境在希腊化时代早已崩坏。这里的“后现代状态”一词或会引发人们对利奥塔的《后现代状态》的联想：“正义同真理一样，也在依靠大叙事”，“简化到极点，我们可以把对元叙事的怀疑看作是‘后现代’”，“系统—主体的设想是一个失败”，人文哲学“从此只好取消自己的合法化功能”，“大多数人已经失去了对失去的叙事的怀念本身”，“后现代世界正是处在这种视野中”（见利奥塔：《后现代状态——关于知识的报告》，车槿山译，生活·读书·新知三联书店，1997年，“引言”，第1—2、85—86页）。

人”(Hellenes),共同创造了辉煌的文明。斯巴达自青铜时代以来,其王朝便系由入侵者建立(青铜时代后期的阿特柔斯王朝,黑暗时代直至希腊化时代的赫拉克勒斯王朝),始终保有积极扩张、四处征服的侵略者基因。斯巴达在古风时代库古立法(约前 804 年)之后,确立了希腊霸主的地位,寡头政制垂数百年而不变,或者说,正是由于其“祖传”的“优良政制”(Eunomia,即来库古立法所确立的制度)行之有效,[①]斯巴达才日渐走向了保守。“不变”成为斯巴达的特色与成功的奥秘,结果起初变化多端的入侵者(时而是“赫拉克勒斯之子”,时而是“阿伽门农之子”)最后竟成了坚守“传统”的代表。

与之相映成趣的是,雅典人在青铜时代的王朝系由本地人建立,本是历史传统最为悠久的王国之一,进入黑暗时代之后,雅典面对入侵者的压力应激而求变,自墨冬变法(取缔王制、建立执政官制度 Rule of Archons)之后一发而不可收,到了古风时代更是通过不断变法走向强大:历经德拉古立法(约前 621 年)、梭伦改革(前 594 年)、庇西特拉图父子僭主统治(前 560—前 556 年,前 546—前 510 年)与克里斯蒂尼改革(前 508 年),民主制度在雅典终于确立。斯巴达与雅典从此走上不同的道路,相异的城邦性格于此养成。“变革”本身成了雅典的传统,革新的力量使雅典在古典时代以令人瞠目的速度崛起并勇夺帝国,最终历史悠久的原住民成了“革新”的代表。

通过与小亚细亚伊奥尼亚族移民的联系,雅典成为最早接受东方影响的希腊本土城邦之一。希波战争后的雅典立刻对波斯帝

---

① 公元前 6 世纪是重装步兵国家的时代,随之产生了重装步兵阶级统治的政体;在这一过程中,斯巴达处于中心地位,军队对自己的政体,即所谓的优良政制(Eunomia)深感自豪。公元前 546 年战胜宿敌阿尔戈斯之后,斯巴达被视为希腊最强大的国家,东方各国纷纷开始与其建交(参见默里:《早期希腊》,第 252—254 页)。

国统治制度加以学习与内化，这意味着雅典率先从“东方化革命”[①]第一阶段（古风时代的文化革命）来到了第二阶段（古典时代的制度革命），成为古典时代希腊当仁不让的领跑者。事实上，雅典也正是在古典时代成为希腊“第一城”的。当雅典领跑希腊率先进入“现代”之时，希腊古风时代的领导者斯巴达拒绝革新、坚持旧制，以遗世而独立的姿态一直生活在“前现代”。雅典所代表的帝国（Arche）是新事物，斯巴达所代表的霸权（Hegemonia）是旧传统。[②] 帝国是希腊城邦未来发展的方向，[③]然而传统的力量仍旧强大无比。与外来力量相比，传统才是最大的敌人：东西之争犹可应对，新旧之争令人束手。代表“现代”新精神的雅典帝国与代表“传统”旧精神的希腊霸主斯巴达之间产生了不可弥合的裂隙，新旧之争成为贯穿雅典帝国时代的思想主题。雅典与斯巴达及其所代表的两种制度原则（民主制 vs.寡头制）带着新的问题（帝国 vs.霸权）终将争霸希腊——这是制度之战，也是新旧之争，雅典与斯巴达之间的战争不可避免。

① 这个术语来自德国古典大家瓦尔特·伯克特的杰出论著《东方化革命——古风时代前期近东对古希腊文化的影响》（刘智译，上海三联书店，2010 年），“希腊文明的形成期正是它经历东方化革命的时代”，第 8 页。“由于军事扩张和日益增长的军事活动，到公元前 8 世纪已经形成了一个源于近东，绵延横亘整个地中海地区的文化统一体”，“东方文化一度占据优势，但是希腊人以其惊人的吸收和调试所接受事物的能力，立即发展了自己独特的文化形式。很快，希腊就赢得了地中海文明的主导地位”。“希腊的荷马时代恰是发生东方化革命的时期。”“‘希腊奇迹’不仅是独特天赋所产生的结果，有这个奇迹还由于希腊人在西方人中最靠近东方这一简单的事实”，“希腊（Hellas）并非所谓的西方之国（Hesperia）”（第 125—126 页）。

② John Wickersham, *Hegemony and Greek Historians*, Maryland: Rowman and Littlefield Publishers, Inc., 1994, pp.78-79.

③ “城邦政体是个死胡同，它不能扩张，只能自我复制”，这是英国历史学家、政治学家芬纳在其名作《统治史》中一唱三叹、反复致意的一个主题（参见芬纳：《统治史》（卷一），王震、马百亮译，华东师范大学出版社，第 92、394 页等各处）。

二、修昔底德关于雅典帝国的反叙事

“雅典-斯巴达战争”一开场，修昔底德便借“科林斯人”之口，将斯巴达人与雅典人的歧异定性为新旧之争：

> 与你们（斯巴达人）交战的雅典人是怎样的一个对手啊，他们和你们是多么不同，甚至截然不同！雅典人热衷于革新，其特点是敏于构想，并立即付诸实施。而你们善于维持现状，总是缺乏革新意识，在被迫行动时也从未取得过足够大的成就。……你们的习惯与他们的相比已经过时了。在技艺上的法则和政治上的一样，新陈代谢不可逆转。对于一个没有纷争的公民集体来说，固定不变的习惯尽管是最好的，但连续不断的行动的需要必定是与方法的不断改进相伴随的。因此，雅典所拥有的极为丰富的经验，使他们在革新之路上把你们远远地抛在了后面。（《伯史》：1.70—71）。

雅典和斯巴达分别代表着两种不同的选择，以及难以兼容的生活方式。① 雅典是多变的大海，斯巴达是坚实的陆地；而唯有掌控大海，才能掌握帝国。② 吕底亚帝国时代，统治者克洛伊索斯选择希腊霸主斯巴达为盟友，而在希腊战胜波斯之后，雅典成了波斯帝国真正的继承者，斯巴达仍是陆上霸主，雅典则成为海上帝国。根据希罗多德的报道，吕底亚与波斯开战（前546年）之前，斯巴达

① 卡特利奇：《斯巴达人》，第11页。

② 参见约翰·黑尔：《海上霸主——雅典海军的壮丽史诗及民主的诞生》，史晓洁译，广西师范大学出版社，2012年。

与雅典已经并列成为希腊最强大的两个城邦，而这大概是希罗多德的修辞之一，因为实际上直到希波战争取得决定性胜利的时刻（即普拉提亚战役），希腊的领导者仍是斯巴达。无论如何，吕底亚舍近求远，选择与心目中“希腊人的领袖”斯巴达成为盟友（《历史》：1.56—70），这大概是雅典人一直以来的隐痛。不过，希罗多德笔下雅典贤人梭伦的出色表现随即为雅典扳回一城。据说梭伦（约前638—前558年）在周游列国期间，曾到访当时如日中天的吕底亚帝都萨尔迪斯，为自大的克洛伊索斯上了一堂幸福课之后便飘然而去，后来正是这堂课把克洛伊索斯从居鲁士的火堆上救了下来，此后克洛伊索斯成为波斯王的股肱之臣乃至顾命大臣，忠心辅佐居鲁士父子两代帝王云云（《历史》：1.29—33，86—89，208，3.36）。严肃的学者大可以质疑希罗多德，梭伦周游列国那十年（前593—前583年）似乎与克洛伊索斯在位的时间（前560—前547年）接洽不上，但这不过是希罗多德雅典帝国神话大剧中的一首副歌：希罗多德的雅典帝国叙事担负着双重任务，既要妥善应对波斯问题，同时还要恰切处理斯巴达问题。

据说当年希罗多德在雅典诵读自己的作品，少年修昔底德当场为之潸然泪下。一代人的时间过去，物转星移。希罗多德曾经以大受欢迎的拟古语言追模先贤，在帝国如日中天的时刻登上历史舞台，现在修昔底德同样操着令人不安的拟古语言，[1]提示人们他的文本与前人文本之间的微妙联系，在帝国的日落时分登场。针对异邦人希罗多德的《历史，或雅典帝国的崛起》，被放逐的雅

---

① 英国古典大家芬利指出：“修昔底德的措辞既是古风式的也是诗歌式的。修昔底德所用的是所谓的古阿提卡方言（αρχα ια' Ατθ ις），古阿提卡方言通常以—ξ—代替—σ—，以—ρσ—代替—ρρ—，以—σσ—代替—ττ—。直到公元前403年，雅典官方演说才废止古阿提卡方言。……因此，修昔底德坚持这种古风式的措辞只是另一个标志，表明他是多么热切地凝望着先前的时代。”参见刘小枫、陈少明主编：《修昔底德的春秋笔法》，华夏出版社，2007年，芬利，“修昔底德的文风”，第64页。Also see *Dionysus of Halicarnassus on Thucydides*, Berkeley: University of California Press, 1975, pp.16-17.

典人修昔底德完成了一部关于雅典帝国的反叙事,此前关于自由vs.专制的话语仍旧有效,只不过这一回雅典成了专制帝国,而希腊古风时代的领袖斯巴达重新担任了自由理想的代表。代表“旧制度”的年轻一代开始向代表“新制度”的老一辈发起冲击,一场精神弑父的悲剧即将上演。希罗多德为衬托雅典崛起而精心铺设的草蛇灰线,在修昔底德这里化作了暗指雅典帝国败坏的绵里藏针(《伯史》: 1.89—117)。希罗多德故意将希波战争与特洛伊战争拉上干系,[①]修昔底德则在开篇(Archeology 部分)直接告诉我们: 特洛伊战争之前无希腊(遑论波斯乎),希波战争并不伟大,特洛伊战争乏善可陈(《伯史》: 1.1—11)。前有希罗多德苦心经营,后有修昔底德釜底抽薪。而修昔底德何以为此?——《波斯人》(前 472 年)一剧中阿托莎与歌队关于自由的精彩问答犹在耳畔,雅典已经开始终结希腊世界的自由。写下《波斯人》慷慨悲歌的埃斯库罗斯,不知当年是否参加了镇压盟邦那克索斯(前 466 年)的不义之举?此后埃斯库罗斯完成杰作《被缚的普罗米修斯》,剧中严厉抨击的“宙斯”又是哪位?最后埃斯库洛斯为何愤而去国、客死异乡?帝国巅峰时代的诗人索福克勒斯,一边在《安提戈涅》(前 442 年)中谴责暴政、写下关于永恒正义的天问,一边担任帝国司库(前 443 年)、负责向盟邦强征贡金,并心安理得地跟随伯里克利镇压盟邦萨德斯(前 440 年)。言念及此,我们会理解为什么在修昔底德与苏格拉底的时代,正义问题会重新回到思想者的视野: 自我质疑的时代精神,要求拆除前代建造的神话,而这些神话中最宏大之一种,即是伴随雅典帝国而兴起的

① 希罗多德在《历史》一开篇就告诉我们: 波斯与希腊结怨,实际上始于特洛伊战争!(《历史》: 1.1—5)这当然是无稽之谈,特洛伊战争(前 13—前 12 世纪)或许与赫梯帝国有关(这个古老的帝国据说在公元前 12 世纪为“海上民族”所灭),可是距离波斯帝国崛起(前 6 世纪)还隔着六百来年。然而,这不妨碍希罗多德言之凿凿,将特洛伊划为波斯帝国属地,把希腊与波斯的恩怨追溯到荷马史诗描写的时代,为当代史增加“厚重的历史感”。

帝国逻各斯。

最引人注目的是，修昔底德的《伯史》不但使用了荷马的语言与希罗多德的主题，①甚至还使用了荷马与希罗多德式的回环结构。与希罗多德《历史》的叙事结构相似，修昔底德的《伯史》同样具备整严的 A—BBB—C—BBB—A 结构模式（见表 1、表 2）。希罗多德的这位可怕的对手，不但要像对方一样使用拟古语言与之展开对驳，还要用结构解构结构，用逻各斯拆除逻各斯。

表 1　希罗多德《历史》结构模式表（A—BBB—C—BBB—A）

<table>
<tr><td rowspan="4">卷一至四
波斯帝国崛起
走向全盛</td><td colspan="2">一、波斯帝国崛起，居鲁士大帝纵横亚细亚，波斯继承君主专制制度迅速崛起，雅典还在僭主统治下毫无起色</td><td>A</td></tr>
<tr><td rowspan="3">二至四、
波斯帝国
走向全盛</td><td>二、刚比西斯进攻埃及</td><td>B</td></tr>
<tr><td>三、大流士再次确立君主专制</td><td>B</td></tr>
<tr><td>四、大流士进攻斯奇提亚、利比亚</td><td>B</td></tr>
<tr><td colspan="3">卷五　雅典建立民主政治，实力大增；波斯意图染指欧罗巴，两强相遇</td><td>C</td></tr>
<tr><td rowspan="4">卷六至九
希腊战胜波斯
雅典赢得帝国</td><td rowspan="3">六至八、
希腊战胜
波斯</td><td>六、马拉松战役击溃大流士军队</td><td>B</td></tr>
<tr><td>七、温泉关战役对抗薛西斯大军</td><td>B</td></tr>
<tr><td>八、萨拉米斯海战剿灭薛西斯海军</td><td>B</td></tr>
<tr><td colspan="2">九、雅典帝国崛起，雅典自由帝国战胜了波斯专制帝国
原波斯属地小亚细亚各邦加入雅典领导的希腊联盟</td><td>A</td></tr>
</table>

① Jeremy Mynott, *Thucydides and War of Peloponnesians and Athenians*, Cambridge: Cambridge University Press, 2013, p.xxx, p.606.

表 2　修昔底德《伯罗奔尼撒战争史》结构模式表
（A—BBB—C—BBB—A）

<table>
<tr><td rowspan="4">卷一至四
雅典与斯巴达
两强争胜</td><td colspan="2">一、雅典帝国崛起，对盟邦实施专制统治</td><td>A</td></tr>
<tr><td rowspan="3">二至四、十年战争
（前 431—前421）</td><td>二、斯巴达两次入侵阿提卡</td><td>B</td></tr>
<tr><td>三、斯巴达两次入侵阿提卡，普拉提亚陷落</td><td>B</td></tr>
<tr><td>四、斯巴达第五次入侵阿提卡，雅典盟邦暴动</td><td>B</td></tr>
<tr><td colspan="3">卷五　敌对双方将军同归于尽，订立尼基阿斯和约（前 421—前 414 年）</td><td>C</td></tr>
<tr><td rowspan="4">卷六至（九）
雅典溃败
斯巴达胜出</td><td rowspan="3">六至八、十年战争
（前 414—前404）</td><td>六、西西里远征</td><td>B</td></tr>
<tr><td>七、西西里远征惨败</td><td>B</td></tr>
<tr><td>八、伊奥尼亚起义</td><td>B</td></tr>
<tr><td colspan="2">（九、雅典帝国覆亡：雅典盟邦加入斯巴达领导的希腊联盟）</td><td>A</td></tr>
</table>

修昔底德的《伯史》每一卷本身都具备严谨的回环结构，①同时全书整体上如同希罗多德的《历史》一般，呈现出完美的"可怕的对称"。《伯史》各卷自相指涉，卷一与卷六、卷二与卷七、卷三与卷八分别形成平行对应关系，从而在结构上要求有一个与卷四对应的卷九。②《伯史》一至四卷为上半场：雅典与斯巴达两强争胜、十年苦战。卷一交代雅典与斯巴达的制度选择，并暗示斯巴达之于雅典的制度优胜。在"斯巴达的辩论"一场，正角（protagonist）雅典

① W. Robert Connor, *Thucydides*, Princeton: Princeton University Press, 1984, "Appendix One-Nine", pp.251-261.

② 关于修昔底德史记的分卷问题，*The Landmark Thucydides* (ed. by Robert B. Strassler, New York: Free Press, 1996)一书导言述之甚详，见 Introduction, p.xiii. 另见 Hunter Rawlings III, *Structure of Thucydides' History*, Princeton: Princeton University Press, 1981, p.216ff. 作者谈及"修昔底德的计划"(Thucydides' Plan)，认为卷四应有一个与之并行的"卷十"，这里的"卷十"应为"卷九"之误。

与反角(antagonist)斯巴达同时登台，随着双方展开对驳，修昔底德与希罗多德的对驳也同时开始。雅典人讲着刺耳的波斯帝国的话语，修昔底德由此追述雅典夺取帝国并走向帝国主义的经过；而斯巴达人则明确反对这套话语，对雅典给予了最后通牒，双方终于开战。卷二至四讲述了雅典帝国与斯巴达的十年战争：斯巴达两次入侵雅典势力范围阿提卡(卷二)；此后斯巴达又入侵阿提卡两次，并攻陷了与雅典同享城邦祭祀的小城普拉提亚(在光荣的马拉松平原，面对波斯强敌，希腊各城邦明哲保身，唯有小城普拉提亚冒死与雅典并肩战斗，最终击退强敌，获得配享雅典城邦祭祀的荣誉)(卷三)；斯巴达第五次入侵阿提卡，雅典盟邦开始频繁暴动(卷四)。上半场似乎双方互有胜负，实则雅典被斯巴达步步紧逼(从入侵领土到攻陷亲密友邦再到盟邦暴动)，雅典帝国败象已呈。卷五为中场枢纽：经过十年战争，雅典与斯巴达统帅同归于尽，双方订立合约。六至九卷为下半场，雅典与斯巴达又是十年大战，雅典西西里远征惨败(卷六、卷七)，帝国每况愈下，伊奥尼亚族人起义(上次起义是反对波斯，这次起义是反对雅典！)(卷八)，雅典惨败，最终丧失帝国(卷九)。在希罗多德的《历史》中，波斯在上半场对世界各国的一切胜利，不过是为了反衬雅典在下半场从对波斯帝国的武力战胜走向制度、文化与精神的全面胜利；而在修昔底德的《伯史》中，雅典在上半场的节节退败，不过是铺垫了在下半场的一败涂地。此前希罗多德的《历史》中雅典与希腊的每一场胜利，无一不被描述为自由城邦之于专制帝国的道德战胜，而在修昔底德的《伯史》中，雅典此前的道德战胜沦为帝国当下的离心离德。

呼应希罗多德《历史》的叙述结构，修昔底德《伯史》既可以与《历史》全书比照而读，《伯史》后半部(后五卷“雅典帝国衰亡史”)又可与《历史》后半部(后五卷“雅典帝国崛起史”)倒过来对勘而读：雅典建立民主制度之后力量壮大起来(《历史》卷五)/伯罗奔尼撒战争结束，雅典丧失帝国(《伯史》卷九)；雅典人在马拉松平原上第一次飞奔着攻向敌人，因热爱自由而获得了自由的报偿（《历史》卷六）/伊奥尼亚族人起义，因热爱自由而获得了自由的报偿（《伯史》卷八）；[①]斯巴达人为了自由视死如归（《历史》卷七），此后雅典海军在萨拉米斯剿灭波斯海军（《历史》卷八）/雅典为了钱财与帝国野心远征西西里，西西里海军以其人之道还施彼身、雅典海军全军覆没（《伯史》卷七、卷六）；波斯大军经普拉提亚一役被希腊联军彻底赶出欧罗巴，雅典夺取帝国（《历史》卷九）/虽然风雨飘摇，雅典仍保有帝国，弥罗斯的陷落，令人想起希波战争的起源——米利都的陷落（《伯史》卷五）。在修昔底德这里，雅典帝国一边走向终点，一边退回到了希罗多德笔下雅典帝国的起点，不禁令人追思，雅典在夺取帝国之初，是否如其所说的那般正当、那般正义？

三、雅典帝国逻各斯的解构

通过武力与意识形态（即所谓事功 ergon 与言辞 logos）双重手段，雅典夺取了波斯在地中海的统治权，巩固了帝国的文化领导权，并自觉担负起“教化”全希腊的任务。“我们的制度是别人的模范，而不是模仿任何其他人的”，雅典帝国全盛时代“第一公民”伯里克利自豪地宣称：“我们的城邦是全希腊的学校。”（《伯史》：2.41）然而，伯里克利只讲了一半事实：“我们的制度”之民主的部分或是雅典的首创，而帝国的部分却是从波斯那里模仿来的。

波斯的帝国制度学自曾经统治他们、后来反被他们征服的米底人（《历史》：1.95—102）；米底帝国的统治方式，又同样学自曾经

① Lisa Kallet 曾述及修昔底德史书卷八“西西里远征”与希罗多德笔下“伊奥尼亚起义”之间的平行对应关系，See *Money and the Corrosion of Power in Thucydides*, Berkeley: The University of California Press, 2001, p.229.

统治他们、后来反被他们征服的亚述帝国(《历史》：1.125—130)。[①] 被统治者攫取了统治者的核心制度，更充分地实现了统治者的精神原则，反过来制服了从前的主人。主奴辩证法的逻辑在现实世界无情推进，一条从亚述到米底再到波斯的精神脉络清晰浮现。现在轮到雅典向曾经统治他们、后来反被他们征服的波斯学习帝国制度了。然而，不同于西亚大陆各帝国天然享有利于文化制度交流的地理人文条件，雅典帝国在试图推行波斯统治制度的过程中，一路遭到本土的激烈抵抗。当西方试图“拿来”东方的制度，由于文化地缘等各方面的差异，立刻激起了自身机体的排异反应，传统机制开始对新事物进行反扑。始自古风时代早期的东方化革命远未结束：雅典帝国时期，东方化革命的第二阶段——制度革命才刚刚开始，既谈不上彻底，更谈不上成功，这要等到亚历山大大帝统治时期(前336—前323年)，近一百五十年之后，东方帝国制度的本土化进程才终见成效。

所谓雅典是“全希腊的学校”，从伯里克利《阵亡将士葬礼演说》的闪烁其词当中，可以窥见雅典推行帝国“教化”的尴尬：“我们结交朋友旨在给他人好处，而不是从他人那里得到好处。……但是我们的受惠者，在感情上缺乏同样的热忱，他们在报答我们的时候，就像是在偿还一笔债务，不是自动地给予。”(《伯史》：2.40)原来在雅典帝国看来，向盟邦征收贡金，是在给予他人好处，而非得到好处。盟邦交纳贡金形同“还债”，自然是由于“教化”得还不够。在伯里克利的三次演讲中，对帝国贡金与权力的强调可以说无以复加，特别是关于雅典娜女神的黄金的那番讲话，伯里克利多好地继承了波斯帝国的世俗精神啊！[②]希罗多德煞费苦心建构起来的

---

① 参见英国政治学家、历史学家芬纳就亚述帝国及其制度所作的经典评述，《统治史》(卷一)，第91、218、224、225、234—245页。

② 波斯帝国是世界上第一个世俗帝国，世俗精神是自阿契美尼德王朝“太祖皇帝”居鲁士以来奠定的国家精神。参见芬纳：《统治史》(卷一)，第92、299、310页。

伯里克利(及其家族)的光辉形象,在修昔底德这里悄然崩塌。①

希罗多德的《历史》是一部关于雅典帝国开天辟地的崇高史诗,正角是文明的雅典,反角则是野蛮的波斯,无德者落荒而逃治权旁落,有德者英勇奋战终获帝国。二者的对立不是悲剧式的,这里不存在伦理困境,也不存在两难选择。而修昔底德的《伯史》是一部反崇高的悲剧,希腊旧日的霸主斯巴达反角不反,曾经辉煌的雅典帝国正角不正。孰是孰非,令人嗟呀,令人扼腕。热爱自由、曾为《米利都的陷落》(前 492 年)痛哭流涕的雅典人,现在开始主演"弥罗斯的陷落"(前 416 年),终结盟邦的自由。据说欧里庇德斯书写《特洛伊妇女》(前 415 年),就是在暗讽弥罗斯屠城、反对西西里远征:剧中肝肠寸断的老妇人坐在地上,怀里抱着死去的孩子,那是已经丧失道德力量的雅典在帝国末日的哀哭。面对波斯大军,雅典光荣的马拉松老战士,曾经飞奔着迎向敌人;如今雅典进犯,西西里勇敢的战士们,一如当年挚爱自由的人们,飞奔着攻向敌人雅典!远征西西里的雅典军队,就像当年入侵的波斯大军一般,耀武扬威、浩浩荡荡地离开佩里乌斯港,其中很多人再也没有回来。雅典的萨拉米斯老战士们,可曾料到西西里的惨败?最为反讽的是,西西里人击败雅典的战术,正是当年雅典击败波斯的战术,《波斯人》里呼天抢地的痛哭,转眼成了雅典人自己的悲号。

修昔底德抚今追昔,以拟古的语言与风格,对应希罗多德《历史,或雅典帝国的崛起》的结构模式,完成了一部《历史,或雅典帝国的衰亡》,②拆除了前代建构的关于雅典自由帝国的神话。有人

---

① Dennis Proctor, *The Experience of Thucydides*, England: Aris & Phillips Ltd, 1980, pp.138-139.

② 希罗多德《历史》记述的年代从伊娥被劫开始,止于前 478 年,即雅典赢得帝国的年份;修昔底德的《历史》记述的年代从特洛伊战争开始,(计划)止于前 404 年,即雅典丧失帝国的年份(参见《伯史》:5.26,"第二序言")。

曾说，雅典的逻各斯对内改变了城邦的内在结构，对外推动了城邦的外在扩张，“其力量的外显形式即是帝国”，“逻各斯建造了帝国(logos built the empire)”。[①] 伯罗奔尼撒战争终结了雅典帝国，而修昔底德用《伯史》终结了雅典用逻各斯建造的帝国。雅典帝国逻各斯由此遭到了第一次颠覆，而这场颠覆的非同凡响之处，首先在于它来自自身，经过雅典“传统主义者”的重新阐释，斯巴达所代表的旧制度卷土重来，对帝国时代的新文化成功发起反攻，最终斯巴达重新夺回了昔日在希腊的霸权，而关于帝国的话语仍然掌握在雅典人手中：在创生帝国逻各斯之后，雅典仍有无尽的天才，能够继续演化出反/后帝国逻各斯，雅典的帝国逻各斯得以修补升级为雅典-斯巴达双内核系统。

修昔底德的史书在第八卷戛然而止，色诺芬与奥克西林库斯诸史家都曾试图续写他的历史，而后人当中似乎唯有柏拉图最为领会他的精神，也唯有柏拉图再次抖擞起与古人竞赛的精神，以35部对话重构了一部帝国“大说”[②](此后这部“大说”又加入了后人带有完形意图制作的7部“伪篇”)，事实上重写了修昔底德笔下那段历史。柏拉图重构雅典帝国逻各斯的年代，正是雅典重建第二海上同盟(号称“第二雅典帝国”)的年代：不论柏拉图此后如何书写雅典帝国的兴亡，西方帝国逻各斯都就此进入了永恒轮回，反转升沉，生生不已。

---

① Darien Shanske, *Thucydides and the Philosophical Origins of History*, Cambridge: Cambridge University Press, 2007, p.29.

② 即宏大叙事(grand narrative)。柏拉图的劲敌尼采将柏拉图对话称作“小说的样板”，我们在此特意使用“大说”这一字眼，向尼采致意，并提示尼采的错误。“柏拉图的对话可以说是一条小船，拯救了遇难的古代诗歌及其所有子孙们：现在，它们挤在一个狭小的船舱里，惊恐地服从苏格拉底这个舵手的指挥，驶入一个全新的世界……柏拉图确实留给后世一种新艺术形式的样板，即小说的样板：小说堪称无限提高了的伊索寓言……此即诗歌的新地位，是柏拉图在魔鬼般的苏格拉底的压力下把诗歌逐入这个新地位中的。”(参见尼采：《悲剧的诞生》，孙周兴译，商务印书馆，2013年，第103—104页。)

Deconstruct the Logos of the Empire of Liberty: The Peloponnesian War and Thucydides' Anti-Narratives of Athenian Arche

Yuan Zhang

Abstract: The Rise of Athenian Empire produces the historian Herodotus, and the Fall of Which, Thucydides. Herodotus, admirer of Athens, imitating Homer's language, style and even the Ring Composition pertaining to Epics, gives birth to the logos of empire of liberty in his Histories, or The Rise of the Athenian Empire. Thucydides, exile from Athens, countering Herodotus' Narratives of Athenian Empire, employing archaic language and also the Ring Composition pertaining to Epics, composes anti-narratives of Athenian Empire in his Histories, or The Fall of the Athenian Empire. The Peloponnesian War ends the Athenian Empire, and Thucydides' anti-narratives ends her logos of empire of liberty.

Keywords: logos of empire of liberty; the Peloponnesian War; Thucydides; anti-narratives of Athenian Arche

悲剧的历史与历史的悲剧*

——修昔底德《伯罗奔尼撒战争志》的一则阅读札记

胡继华

[**内容提要**] 公元前480年至前404年，斯巴达与雅典之间的战争，以悲剧的方式穷尽了政治生活的各种可能性。故而，修昔底德的作品不妨被读作“一部悲剧性的叙述”。种族、城邦、政治实体、文化共同体，都是一些脆弱的维系，随时都可能被对抗的权力所撕毁，并一环套一环地引发政治危机。叙述一场关系到古代希腊世界黯然落幕和“整体死亡”的战争，各种差异、对立、冲突如潮涌动，权力关系跌宕沉浮。《伯罗奔尼撒战争志》乃是一种政治诗学范式，而不像利奥·施特劳斯所说那样，是“政治史学”范式。修昔底德的“诗才”是其“史笔”与“议论”的原始驱动力。过去发生的事件与未来可能发生的事件，都涌流在他的“春秋笔法”之下。正义（δικη）、种族关系（ευγγ ενεια）、利益（ευμΨερον）以及“必然”（αναγκη），四个修昔底德的写史原则，将这些异质共同体的行动与言辞串联在一起，缝制出“政治诗学”的知识织体。以实在史观为架构，修昔底德彰显了这出悲剧的主题——正义在政治灾难中沦陷。

[**关键词**] 伯罗奔尼撒战争志 政治诗学 悲剧元素 历史合作原则

* 胡继华，北京第二外国语学院跨文化研究院。

引言

修昔底德没有写一部“战争史”，其所“志”之战并不完整，叙述戛然而止于战争的第二十一年。甚至还可以说，其战争志也只不过是一个篇幅宏大的残篇而已。在其所志战事中，他因驰援不力、战事被动而被放逐。他将发生在古典希腊世界的一场“动荡”、一场“运动”，或者说一场骚乱（kinesis, movement, or upheaval）镌刻于史乘，而炳彪万世。① 后人将他的著作称为“战争史”，其实只不过是“战争志”（synegraphe ton polemon），即古典希腊世界动荡事件的编年纪实。“博闻强志，明于治乱，娴于辞令。”（《史记·屈原列传》）司马迁对灵均的定位，用于修昔底德，也一样确切。被流亡的平庸将领，以发生在雅典与伯罗奔尼撒人之间的那场“动荡”为素材，构造了一场他自以为“伟大”至极而无法超越的“战争”。可是，生活在公元前 5 世纪的希腊人未必能认同这场“动荡”的伟大。而嗣后的一个世纪，甚至也没有人知道，古典希腊世界还发生过这么一场伟大的战争。②

由此看来，我们重读修昔底德的“战争志”残篇，所面对的真实，乃是“文字的真实”。文字的真实，产生的只不过是修辞学的效

---

① 参见沃格林：《城邦的世界》，陈周旺译，译林出版社，2009 年，第 438 页。

② 修昔底德的同时代人，对于伯罗奔尼撒战争持续了 27 年的这个不争的事实却不甚了然。他们知道阿基达马斯战争或十年战争（Archidamian War or Ten Years War，前 431—前 411 年），狄西里亚战争或爱奥尼亚战争（Decelean War or Ionian War，前 414—前 404 年），以及两场战争之间的绝对和平的 7 年。在当时人们看来，这些零星冲突只不过偶然地中断了希腊世界城邦之间的和平。而雅典人远征西西里（前 415—前 413 年）并不属于雅典人与伯罗奔尼撒人的战争。甚至在公元前 404 年之前，修昔底德的《战争志》尚未问世，战争与和平的区分标准并没有发生什么变化。综观公元前 4 世纪前半叶，至少在这个时间节点上，没有人知道有这么一场伟大的伯罗奔尼撒战争。（参见沃格林：《城邦的世界》，第 436—437 页）

果。用柏拉图的话说,热爱智慧的人绝对有能力"言说任何事情",借着此等巧术"凭言说引导灵魂"(《斐德若篇》261a5)。[①] 面对文字的真实,通过修辞的途径,去接近古典希腊世界的沧桑波澜和兴衰节奏,就是一道"伦理的律令"。如果遵从这一伦理的律令去理解修昔底德,我们所读到的,就可能不是"政治史学"(利奥·施特劳斯),不是"政治理论"(大卫·格雷纳),而是"知识的诗学"(雅克·朗西埃)。[②] 理解修昔底德,"就是从文字的最真实意义上去理解他那个时代的希腊",[③]因为他以见证者的身份,观察并反思了古典希腊世界的衰微,并用诗学化的知识之绝对完整性去呈现公元前5世纪希腊世界的"权力与苦难""正义与利益"的张力,以及希腊世界悲壮的没落。

一、知识的诗学及其悲剧意味

"历史"只不过是一个名称。蕴含在以"历史之名"呈现的体系之中的,乃是一系列事关国家治乱、政体兴亡以及个体之悲欢离合的知识。知识表现于言辞,历史寓含在行动,因而言辞与行动之间,多有悖逆之处,而鲜有谐和之时。谐和的效果,源于同质的书写,而悖逆的困惑,却根于异质的书写。"异质的书写"(heterogeneity of writings),乃是一个脱胎于电影史的艺术学概念,激进而且充满了

① 参见刘小枫:《柏拉图四书》,生活·读书·新知三联书店,2015年,第357页。"苏格拉底:……除非他足够热爱智慧,否则它绝不会足以有能力言说任何事情……那么,整体而言,修辞术应该是某种凭言说引导灵魂的技艺……"

② 施特劳斯:《修昔底德:政治史学的意义》,见刘小枫主编:《修昔底德的春秋笔法》,华夏出版社,2007年,第2—32页;格雷纳:《古希腊政治理论——修昔底德和柏拉图笔下的人的形象》,戴智恒译,华夏出版社,2012年,第三章"修昔底德政治的难题";雅克·朗西埃:《历史之名:论知识的诗学》,魏德骥、杨淳娴译,华东师范大学出版社,2017年,第16页。

③ 格雷纳:《古希腊政治理论——修昔底德和柏拉图笔下的人的形象》,第38页。

诗学色彩。

从一个同质构型的串联中，未必能触及真实，反而是在一个异质性的串联当中，看似无关的事物彼此碰撞，却能擦出真实的火花。字词，作为类身体，构造一个可以呈现出感性分配模式的思维场所，其本身所具有的异质性，得以"构成冲击并建造连续体。冲击的空间与连续体的空间甚至可以共享同一个名称，即历史之名。……异质者之间的关联，建立并同时反映那摆荡在这两端的历史意义"。①

以异质的串连呈现历史的意义，恰恰就是修昔底德建构历史的方式。他当然知道，一个人的经验肯定有局限，个人的记忆不仅模糊而且残缺，"不同的目击者对于同一个事件，有不同的说法"（《战争志》，第20页）。② 将这些异质的书写串联起来，看似彼此孤立的事件就呈现出令人惊异的关联性。这种关联性就是"历史的意义"。《战争志》将事件纪实、历史考古、争辩商谈、史家独白，甚至还有诗人的咏叹等各种异质的书写编织在一起，用以凸显他所志"动荡"的伟大性，传递他心中沉郁的悲剧感。虽然明确地否定了诗人的证据法和散文家的纪年法，但他在整个《战争志》的谋篇布局上却刻意地追求一种"知识诗学"的效果。"极天下之赜者存乎卦，鼓天下之动者存乎辞。"（《周易·系辞上》）《战争志》中收纳41篇演说辞，③它们烘托出古典希腊世界的杂语喧哗，异趣纷纭，而它们相互激荡，彼此碰撞，道说人性的伟美与猥亵，铺叙个人与城邦的难舍难分，呈现正义与利益的生死纠结。修昔底德所"志"之战，事关"永恒人性"（"人性总是人性"），有益于"了解过去

① 雅克·朗西埃：《历史之名：论知识的诗学》，"中译者导读"。

② 修昔底德：《伯罗奔尼撒战争史》，谢德风译，商务印书馆，2016年。以下简称《战争志》，随文用圆括号标出引文页码，如（《战争志》，第21页），如无特别说明，均见这个版本。

③ 斯塔特：《修昔底德笔下的演说》，王涛等译，华夏出版社，2012年，第7页。

所发生的事件”和“将来也会发生的类似的事件”。因而，他渴望他的《战争志》成为瑰宝而“传诸永远”(第 20 页)。

于是，我们重读修昔底德，就势必以“知识诗学”的方式，通过文字与修辞来接近《战争志》的“历史意涵”。他的见证，别人的见证，演讲人的讲词，以及他自己的论说，都是“自我认同的记号”。“知识诗学”(poétique de savoir)力求将这些“记号”统合起来，①借着一些书写的解释程序，超越文学形式，提供知识范式，呈现道德原则，发掘形上韵味。质言之，以“知识诗学”的方式解读《战争志》，就必须重构修昔底德的修辞。通过这种重构，也就是说通过《战争志》的文学形式去捕捉其形上韵味。这份形上韵味尤其值得咀嚼、喟叹和沉思。

将修昔底德的《战争志》当作文学形式，阐发其悲剧意味，构成本则阅读札记的命意。为阐发这一命意，有必要简略概论古希腊人的悲剧意识。首先，后世史家如布克哈特辈，甚至认为悲剧感乃是希腊人的生活和文化的坚硬内核。修昔底德写雅典经过一场战事极盛而衰，恰恰证实了希腊人的精神倾向：“对他们来说，世界历史中最伟大的命运就是衰落”，“在所有的文明人中，正是希腊人自身承受了最大的和感受至深的痛苦”。② 其次，希腊人的悲剧感甚至还有其宇宙论的渊源，“宇宙与悲剧”成为自然哲学、道德哲学以及戏剧诗学的基本母题。希腊人本能地感到，“宇宙为人类提供了一种幸运的机缘，但宇宙之存在绝非以人为目的”，所以希腊心灵乃是悲剧的土壤。悲剧诗人索福克勒斯和自然哲人阿那克萨戈拉，是公元前 5 世纪同侪，他们以自己独特的方式提出了两个希腊式核心命题，一唱一和地烘托出希腊人的悲剧意识。索福克勒斯在《俄狄浦斯在科洛诺斯》中让长老合唱队控诉了人类的彻底悲

① 雅克·朗西埃：《历史之名：论知识的诗学》，第 15—19 页。

② 雅各布·布克哈特：《希腊人和希腊文明》，王大庆译，上海人民出版社，2008 年，第85 页。

苦:“人类最好是不要出生。”亚里士多德在《尤台谟伦理学》中记载,自然哲人阿那克萨戈拉曾无奈地表白说:人类之所以选择了出生,而不是不出生,乃是为了“仰观苍穹,把握宇宙秩序”。[①] 正是因为人类无法穷尽宇宙整体,这个宇宙才反过来认证人类存在的合法性。这么一种深沉且高远的悖论,修辞地回答了“希腊人悲从何来?”的难题。再次,修昔底德以战争志为载体,以文学形式记言述事,传达了悲剧的神韵,激发了悲剧的美学效果。古代悲剧作家留给后世的伟大遗产之一,乃是以城邦为背景表现悲剧性的过失和普遍的人性苦难。可以推想,如果没有悲剧作家的深刻影响和智术启蒙的修辞学洗礼,修昔底德或许写不出这么一部悲情涌动的战争志。与悲剧诗人一脉相承,史家修昔底德通过呈现政治生活的限度与人类灾难来唤起读者的“怜悯”与“恐惧”之情,实现悲剧的“净化”,征服悲剧中的邪恶,象征性地超越实在专制主义,瞩望作为终极境界的“诗性正义”。[②] “诗性正义”乃是一种对于邪恶的退让,对苦难的慰藉。因为就像诗人奥登所说:“在希腊悲剧里苦难是天谴,是外界强加于英雄的惩罚。他通过受难来赎罪并最终服从律法。”[③]最后,史家修昔底德将悲剧时代的希腊哲学观念隐微地铭刻在战争志的深层。修昔底德的记言志事寓含着悲剧

---

① Hans Blumenberg, *Die Genesis der Kopernikanischen Welt*, Frankfurt am Maine: Suhrkamp, 1981, pp.16-17.

② 参见 M.I.芬利主编:《希腊的遗产》,张强等译,上海人民出版社,2015 年,第 194—195 页。又参见汉斯·布鲁门伯格:《神话研究》(上册),胡继华译,上海人民出版社,2012 年,第 132—133 页。“贝奈斯重构了亚里士多德的悲剧功能理论,认为悲剧的作用乃是净化(Katharsis)恐惧与怜悯,而这是一个源自医疗发散实践的独特隐喻,即通过呈现在舞台上的恐惧来引导剧院里的观众从折磨他的悲剧激情与受难之中解放出来。“慰藉与快乐相辅相成”(Erleichterung mit Genuss),这就是亚里士多德对于音乐效果的特别描述,这种描述第一次将审美快乐描述为距离的获得。以一种显然是不可忍受的方式,摹仿或再现“纯粹”由经验构成;因此,正是在这么一种“顺势治疗”(homoopathische Dosierung)之中,它以毒攻毒,同时又将这种经验排除在其过度的场所之外,以便心气平和地超越这种经验。”

③ W.H.奥登:《希腊人和我们》,见《奥登文集·序跋集》,上海译文出版社,2016 年,第 24 页。

时代的希腊哲学的两个重要观念——“必然”与“争斗”。自然哲人阿那克西曼德说出了一个悲观主义者的神秘箴言：“事物生于何处，则必按照必然性毁于何处；因为它们必须遵循时间的秩序支付罚金，为其非公正性而受惩罚。”①修昔底德的战争志将这种忧伤的学说推及人类普遍性，证明政治生活在穷尽了人类生活的可能性之后必然通往悲剧。赫拉克利特断言一切都在生成之中，“争斗”让万物涌现，而成为支配天理人情物象的“永恒正义”。② 修昔底德在其战志之中，保留了对“永恒正义”的绝对忠诚。

所以，修昔底德以文学形式叙述古典希腊时代人们如何思考、如何治理、如何互相欺诈和彼此争斗，其戏剧的情节主线乃是一场以权力与苦难演绎的“伟大悲剧”。怜悯与悲伤，是《战争志》的诗意与美感。一部悲剧性的《战争志》，寓含着各种普遍性，最核心的悲剧性则在于，古典希腊世界的政治文化已经不可逆转地走向了终结，城邦的世界被带到了终结，一去而不复返。③ 毋庸置疑，这种最伟大的衰落，这种感受至深的痛苦，构成了修昔底德《战争志》的悲剧性。《战争志》有悲剧的气象、悲剧的节奏、悲剧冲突的要素，以及悲剧事件的突转。

二、《战争志》的悲剧气象与节奏

《战争志》开篇就道出了悲剧的气象。修昔底德无比自信地宣称，他所志之战，乃是“比过去曾经发生过的任何战争都更有叙述价值”的“伟大战争”（《战争志》，第 2 页）。其卷入者不仅是希腊世界，而且还有非希腊世界，更是“影响到几乎整个人类”（《战争志》

---

① 尼采：《希腊悲剧时代的哲学》，周国平译，商务印书馆，1996 年，第 40 页。

② 同上书，第55 页。

③ 埃里克·沃格林：《城邦的世界》，陈周旺译，译林出版社，2009 年，第 452 页。

第 2 页)。在他看来,过去的时代,无论是战争还是其他方面,都算不得“伟大的时代”。伯罗奔尼撒战争前半个世纪的“希波战争”,在他看来规模和时间都不足以称为“伟大”,因为它仅仅经过两场海战、两场陆战就迅速决出了胜负。修昔底德用《战争志》十九章的篇幅,来打消读者的疑虑,深信他所志之战空前伟大。他身后一代人,比如伊索克拉底,却仍然认为,特洛伊战争是最伟大的希腊战争。但修昔底德有言在先,特洛伊战争的伟大可能是诗人的虚构,因为人性贫瘠而且资源匮乏的古人根本没有能力远征,没有能力发动一场席卷整个人类的持久“动荡”(《战争志》,第 12 页)。

《战争志》的叙述进程,乃是悲剧节奏越来越明确的进程。与事关全人类、呈现永恒人性的格局相联系,修昔底德将古典希腊世界的动荡呈现为一个整体,把整体的动荡上升到启示录般的“人的一部灾难剧”。[①] 希腊世界的方方面面都被卷入精神秩序颓败的必然性之中。希望诱惑出贪欲,贪欲驱动权力,权力践踏正义,正义的幻灭导致了人类整体的苦难。伟大的战争与巨大的苦难,在《战争志》中血脉相连,恐怖事件接二连三,悲天悯人之情挥之不去。修昔底德面对的现实,是一部“残酷的戏剧”。而所谓“残酷的戏剧”(cruel theater),乃是“对某种可怖的/而且是不可抗拒的必然性/的肯定”。[②] “残酷的戏剧”并非一个缺席的空虚的象征,它是帝国衰微、英雄末路、无序上升的诗学写照。《战争志》以不容置疑的文字表明,希腊人的公元前 5 世纪开始得很辉煌,但结束得令人悲伤。[③] 而这正是悲剧的节奏:权力与苦难,正义与利益,铁血的必然和温柔的道德,和谐与无序,文化的兴起与精神的堕落,纠缠成人类的永恒困境,而“宙斯的正义”从古典希腊世界的秩序之中

---

① 埃里克·沃格林:《城邦的世界》,第 452 页。

② 雅克·德里达:《残酷戏剧与再现的关闭》,见《书写与差异》,张宁译,生活·读书·新知三联书店,2001 年,第 417 页。

③ 雅各布·布克哈特:《希腊人和希腊文明》,第 284 页。

消逝了。修昔底德像一位精神病理学家，将权力分析置于悲剧结构之中，揭示出肉体的毁灭，理性的毁灭，激情的放纵，精神气质的颓败。[①] 恐惧与怜悯之情，随着《战争志》的推进越来越强烈，《战争志》最终成为一种“恐惧与怜悯的叙事”。

三、《战争志》的冲突要素

亚里士多德断言，最初诗人所述说的故事，是他们在好运气下信手拈来的，但“最好的悲剧取材于少数几个家族”（《诗学》，1453a18—19）。[②] 悲剧之所以激发悲天悯人之情，是因为它们所演绎的故事属于世界上“凤毛麟角的伟大家族”。《战争志》中，悲剧对峙、冲突的双方，乃是雅典和斯巴达两个强大的政治实体，自然也属于世界上“凤毛麟角的伟大家族”。斯巴达曾镇压了雅典以及希腊世界的“僭主政治”，并很早就制定了一部“宪法”，其政治实体在四百多年间维持连续性，生生不息，且有实力干涉国际间的事务。希腊僭主政治终结后，希波战争爆发，当时最为强大的斯巴达指挥希腊联军，希腊世界凝心聚力击退了外族的入侵。携手抗战的希腊世界随后分裂为两个集团：一个集团以雅典为领袖，一个集团以斯巴达为领袖。这两个强大的国家在希腊世界列国之中脱颖而出，雅典为海上霸主，而斯巴达乃陆上枭雄。在希波战争中，雅典人抛家舍业，流亡海上，全体人民皆为水手。击退入侵者之后，雅典势力迅猛增长，修筑城墙，建立强大的海军，聚敛巨额财富，引发了斯巴达的恐慌。新政治实体的崛起，老政治实体的恐

---

① 斯塔特：《修昔底德笔下的演说》，第 43 页。

② 参见亚里士多德：《诗学》，罗念生译，人民文学出版社，1988 年，第 38—39 页。“……这种人声名显赫，生活幸福，例如俄狄浦斯、堤厄斯忒斯，以及出生于他们这样的家族的著名人物。”

慌，让一场历时 27 年的动荡横扫地中海世界。

《战争志》呈现了动荡的城邦，而让静态的高贵生物活出了崇高的意味。在柏拉图对话《蒂迈欧》的开篇，苏格拉底向来自意大利罗克里城邦的蒂迈欧回顾头天晚间《王制》之中构想的理想政制——最佳城邦的原型。然后话锋一转，苏格拉底希望那个静态的城邦模型运动起来：

> 现在我来告诉你们，我对我们所描述的社会是怎样的感觉。我的感觉就好像一个人在图画上看某种高贵的生物，或者在看一种有生命却一动也不动的真实动物，从而出现一种愿望：要是他们运动起来尽情发挥它们所拥有的能力，那该多好啊！关于我们所描述的城邦，我的感觉是这样的。我很愿意听听别人对它的评论：它是怎样在竞争中作为一个城邦和其他力量较量时发挥效力；采取合理的方式进行战争，并由于它的教育和训练，使它无论在武力较量上，还是在签订条约上都取得胜利。（《蒂迈欧》，19b3—c5）①

苏格拉底随后讲述了一个没有文字记载却口耳相传了九千年的神话：雅典城邦击败亚特兰蒂斯城邦，创造辉煌伟业的英雄故事。在大洪水之前，在希腊的大地上生活过“世界上最伟大、最英勇的民族”，他们骁勇善战，城邦治理术无与伦比，制定善好的法律，仿效宇宙秩序，深谙和谐的秘密（《蒂迈欧》，23c2—24d1）。然而，一股来自大西洲的强大势力，敌视整个欧亚两洲，且聚结力量企图一举奴役地中海甚至整个世界。在这传说的危境之中崛起，雅典城邦扮演着救世主的角色，向全人类显示了她的英勇和伟大。

---

① 柏拉图：《蒂迈欧篇》，谢文郁译，上海人民出版社，2005 年，第 13 页。

雅典作为希腊城邦世界的领袖,后来却在众叛亲离的逆境中单独作战,历经千劫万难而战胜了入侵者,捍卫了希腊世界的自由。自那以后,地震和洪水周期性爆发,在那可怕的日日夜夜,那些斗士们全都被大地吞噬了,大西洲也沉入海底,伟业丰功云烟消散。

晚年写作《蒂迈欧》对话的柏拉图,不可能不知道修昔底德的《战争志》。而且,从《王制》《法礼》对话中,我们还能感觉到柏拉图将其最佳政制、次佳政制的构想置于希罗多德神话史观和修昔底德实在史观的背景之下。《战争志》就是对话之中的苏格拉底希望看到的"运动中的城邦"。通过修昔底德的述说,雅典、斯巴达以及希腊世界众多的城邦真的"运动起来","尽情发挥它们所拥有的能力",在竞争中彼此较量,通过悲剧的冲突而展示出权力的效用。

《战争志》悲剧冲突的核心,乃是雅典和斯巴达两个政治实体及其负载的精神气质(ethos)的冲突。按照利奥·施特劳斯的说法,雅典和斯巴达代表了"希腊性"和"人类性"的顶峰。[①] 修昔底德叙述伯罗奔尼撒人与雅典人之间的战争,却让我们看到了希腊性和人类性的两个峰极:如人类运动于战争与和平之间,运动于野蛮与文明之间。斯巴达是传统的贵族制,趋向于保守甚至僵化,而雅典是城邦的民主制,趋向于创新甚至无序,二者都有独特的卓越之处,也有不可逾越的局限。雅典领袖伯里克利在阵亡将士国葬典礼上的演说,以及柯林斯城邦代表在斯巴达辩论中的陈词,都对两个政治实体及其负载的精神气质展开了对比,凸显出雅典和斯巴达独特的卓越之处。伯里克利、柯林斯人、雅典出使斯巴达的使节,都在极尽言辞颂扬雅典。然而,在整个《战争志》中,却没有一个斯巴达人像雅典人那样毫无保留地赞美自己的母邦。雅典人巧言令色,而斯巴达人敏于行动。言辞与行动之间的冲突,亦贯穿

① 施特劳斯:《修昔底德:政治史学的意义》,见刘小枫主编:《修昔底德的春秋笔法》,第15页。

在《战争志》的始终,最后是言辞拙于行动,行动战胜言辞,表明斯巴达人无需自己颂扬自己,其丰功伟绩自然由别人来传扬。修昔底德认同伯里克利对雅典政策及其精神的颂扬:

> 我们的城市,对全世界的人都是开放的;我们没有定期的放逐,以防止人们窥视或者发现我们那些在军事上对敌人有利的秘密。这是因为我们所依赖的不是阴谋诡计,而是自己的勇敢和忠诚。在我们的教育制度上,也有很大的差别。从孩提时代起,斯巴达人即受到最艰苦的训练,使之变为勇敢;在我们的生活中没有一切这些限制,但是我们可以和他们一样,可以随时勇敢地对付同样的危险。……我们是自愿地以轻松的情绪来应付危险,而不是以艰苦的训练;我们的勇敢是从我们的生活方式中自然产生的,而不是国家法律强迫的。……(《战争志》,第 148—149 页)

强制与自由、义务与权力之间的对比,泾渭分明,希腊性和人类性二极的对峙触目惊心,实在史观于此彰显出强大的张力。在政治上,斯巴达稳健,持守中道,而雅典激进,锐意求新。这种对立也凝缩在科西拉残酷而持久的内战之中,这场内乱不仅极具杀伤力,而且也让以后的希腊世界为之震撼(《战争志》,第 82—83 页)。每个独立城邦内部都爆发了捍卫民主制和寡头制的斗争,支持民主制的人求助于雅典,而支持寡头制的人寄望于斯巴达。科西拉动荡不息,灾祸不已,“只要人性不变,这种灾祸现在发生了,将来永远也会发生”。在和平与繁荣时期,城邦和个人都遵守比较高尚的标准,而“战争是一位严厉的教师”,“使大多数人的心志降低到他们的实际环境的水平之下”(《战争志》,第 267—268 页)。或许,战争这位严厉的教师,也是折磨人的恶魔教师。在这种你死我活的严酷情境下,不论是雅典人的爽朗开明还是斯巴达人的中正之道,都是软弱的标志,无能的代名词。“猛烈的热忱是真正丈夫的标志,阴谋对付敌人是完全合法的自卫”(《战争志》,第268页)。大多数人宁愿称恶事为聪明,而不愿称头脑简单为正直,以第一种品质为自豪,而以第二种品质为耻辱(《战争志》,第269页)。贪欲与个人野心引发的统治热望,导致了邪恶无时不在、无处不有。民主党人持有民众在政治上平等的政治纲领,而贵族党人则许诺稳健平和的生活方式。然而,在争取优势获得主导权的斗争中,目的与手段颠倒,没有什么可以阻挡各自对权力的追逐,以至于“他们既不受正义的限制,也不受国家利益的限制”。权力就这么任性,希腊世界的品性普遍堕落了,敌对取代了淳朴,猜疑取代了信任,阴谋取代了决断,法律与秩序荡然无存。通过对科西拉内战的病理学分析,修昔底德呈现了一种无法和解的冲突,让人触摸到一种源于深层动荡世界的绝望。必然性驱逐了正义,雅典在非正义的泥潭中越陷越深,不可自拔,而走上了一条自我毁灭的不归路。“在道德人格沦丧的最朴实的意义上,辉煌的扩张是一种自我毁灭。”①这一自我毁灭的过程,从公共世界蔓延到私人领域,自外而内地侵入了内在世界,在公共事务中非正义成性,而人与城邦的那种和谐关系终于破裂。人与人之间没有诚实,只有诡诈;没有忠诚,只有背叛;没有礼义,只有欲望;没有恻隐之心,只有厚黑之道。大动荡时代的“道德混乱”“心志堕落”“精神衰微”“秩序迷乱”,让修昔底德的《战争志》宛若长歌当哭,绝望哀鸣,而他所描述的人性冲突,千年百载后犹让人感受到动荡不安。

在斯巴达的辩论中,柯林斯人控诉雅典,而雅典使者颂扬自己的城邦。二人的讲词立场对立,却一左一右地映衬着伯里克利国葬演说中对希腊性二极和人性二极的阐述。柯林斯人讲词的要点是:雅典开放而斯巴达保守,但雅典的侵略已经是非正义,且剥夺

---

① 埃里克·沃格林:《城邦的世界》,陈周旺译,译林出版社,2009年,第449页。

了希腊世界一些国家的自由。斯巴达人只相信自己的宪法,只忠实于因袭的贵族生活方式,貌似稳健,实却无知,无奈于雅典迅速扩张和蛮横侵略。压制自由,乃是斯巴达政治的本质:不但压制了那些被雅典奴役的人民的自由,并且压制了其同盟国的自由(《战争志》,第 54 页)。雅典人敏于决断,而斯巴达人天性踟蹰;雅典人锐意创新,而斯巴达人墨守成规;雅典人总是在海外,而斯巴达人总是留在家乡。柯林斯人最后总结说:雅典人"天生不能享受安宁的生活,也不让别人享受安宁的生活"(第 57 页)。比较起来,雅典是一个"近代化的国家",而斯巴达人从祖先那里"继承了伯罗奔尼撒的领导权"(《战争志》,第 57—58 页)。雅典使者请求发言,并且获得了允许。他历数雅典人的辉煌业绩,尤其强调在希波战争中击败异族入侵的赫赫战功,以及将士们的勇敢精神,重点强调雅典帝国从民主制向帝国的宏大转向。为自己的帝国感到骄傲,雅典使者表示,已经到手的帝国绝对不能放弃。至于为什么不能放弃,他提出了"安全""荣誉""利益"三个动机,进而提出"弱者必须服从强者"这条丛林法则,宣称"那些合乎人情地享受他们的权力,但是比他们的形势所迫使他们作的更注意正义的人才是真正值得赞美的"(《战争志》,第 62 页)。弱肉强食,适者生存,这种丛林法则,这种"实在政治"(reelpolitik),以及生动阐释这种强权逻辑、压制公平正义的"狼羊对话",就在"弥罗斯对话"中臻于极境。手握重兵的雅典将军毫无遮拦地威胁弥罗斯人:"正义的标准是以同等的强迫力量为基础的","强者能够做他们有权做的一切,弱者只能接受他们必须接受的一切"。权力压倒正义,利益玷污尊严,一切都这么斩钉截铁,强权就是任性,宰杀没得商量。同样斩钉截铁的是,雅典将军宣称,希望是一种危险的安慰。言外之意就是,"正义是强者的利益"(柏拉图:《王制》,338c2),弱者是不配谈正义的,最紧要的是如何在奴役状态下苟且偷生。果不其然,即便弥罗斯人无条件地投降,被俘虏的成年男丁还是被虐杀,而妇女和儿童都被贩卖为奴。

弥罗斯陷落的次年,悲剧诗人欧里庇得斯的《特洛伊妇女》上演,为雅典精神的没落立此存照。在《特洛亚妇女》中,欧里庇得斯描绘了赫克托耳之子阿斯提阿那克斯被雅典人扔下城墙活活掼死的恐怖场景,特别细致地呈现了那副血流如注、扭曲变形的面孔。悲剧诗人对雅典认知文化和伴随着求知的非人性姿态之间的关联展开了毁灭性的批判。雅典文化的非人性姿态,源自希腊神话中诸神对人间罪孽和苦难三缄其口,冷漠无情。具体化为战争,则表现为对他人的残暴,对他人血肉之躯的凌辱。更何况,被残杀的不是全身披挂的将士,而是一个手无寸铁的婴儿!在诗剧之中,阿斯提阿那克斯的面孔以一种令人发指的方式被呈现出来:

> 可怜的孩子,你先人的城墙
> 阿波罗建筑的城墙,竟自就这样
> 凄惨地磨去了你的头发,这美丽的卷发,
> 你母亲时常轻柔地爱抚它,时常吻它,
> 鲜红的血从摔碎的脸上的破骨之间狂笑流射,
> 　　此等惨状我真不该描摹。
> (《特洛亚妇女》,第 3 场,第 1173—1177 行)

恐怖场景的描述绝非朗格努斯所论“自然崇高”,而是血腥悲剧。一直坚信神谕偏袒他们的雅典人想不到,就在《特洛伊妇女》问世的那一年,入侵西西里的雅典远征军全军覆没,雅典城哀歌流荡。一直宣称即使到了末日也不放弃帝国威权的雅典人更想不到,自己的邦国在劫难逃,色诺芬的《希腊史》续写了《战争志》,其中描写了灾难消息传来的那一幕。

> “帕拉鲁斯”号在夜间抵达雅典,告知雅典人他们遭

> 遇惨败的消息。消息由一个人传给另一个人,雅典人的哀号之声通过他们的长城,从比雷埃夫斯传到雅典城里去;这天夜里谁也未能入眠,他们不单为那些死者悲伤,更多的是为他们自己担心,他们认为自己将遭受同样的苦难——他们曾经在围攻征服对方后施加于拉栖代梦人的殖民者弥罗斯人,施加于希斯提埃亚人、斯基奥涅人、托伦涅人、埃吉那人以及许多其他希腊人身上的,自己也将遭到报复。①

这里的"报复"应该理解为"报应"。修昔底德像欧里庇得斯一样,终结了悲剧,也终结了雅典的伟大。但他是一个深刻的"实在论者",他告诉我们: 战争没有赢家。公元前5世纪,雅典黯然谢幕,古典文化便开始了不可逆转的没落。那种人与城邦、人与神、人与人自由和谐且和谐寓于个体的发展这一古典境界,毕竟是18世纪以后欧洲人的浪漫想象而已。②

四、《战争志》悲剧事件的突转

如果尝试将《战争志》读作一部悲剧,那么就必须辨识这部纪实之作的事件突转。按照亚里士多德的经典论述,"突转"(perpeteia)、"发现"(anagnorisis)以及"苦难"(pathos)乃是悲剧情节的三个主要因素。③ "突转"是指情节按照可然律或必然律而发生转变,例如主角从顺境突转为逆境,从而从不知到知,领悟自身的命运。唯当"突转"和"发现"同时出现,悲剧最能激起恐惧与怜悯

---

① 色诺芬:《希腊史》,徐松岩译,上海三联书店,2013年,第58—59页。
② 胡继华:《浪漫的灵知》,北京大学出版社,2016年,第88页。
③ 亚里士多德:《诗学》,罗念生译,人民文学出版社,1988年,第35—36页。

(《诗学》,1452a—b)。悲剧之悲,恰以摹仿此等效果的情节为源。而悲剧人物的幸与不幸,也缘于这种情节的突转。

《战争志》中,修昔底德多次并置战争情节,产生突转与发现之效,令人对雅典帝国这一大写的个人产生关注和同情。但最令人难忘的两次并置完美地将"突转"和"发现"同时呈现出来,从而实现了悲剧的效果。第一次,伯里克利葬礼演说赞颂雅典帝国的辉煌与荣耀、夸耀雅典的文治与武功之后,紧跟着雅典的瘟疫,以及由此导致的人口锐减,更有道德沦丧。第二次,雅典将军出使弥罗斯,说服弥罗斯人投降未果,从而发动了一场屠杀,紧跟着是雅典远征西西里全军覆没的惨败。第一次情节并置,让雅典人的功业蒙上暗影,古希腊文化的衰败已见凶兆,而且雅典人不敬神祇的肆心之态表露无遗,人与城邦、神与人之间的紧张关系一触即发。第二次情节并置,雅典人呈现出人性的凶残、贪欲的无限,大屠杀与大惨败接踵而至,从而决定了雅典的最终厄运。描述两场突转,呈现两度发现,修昔底德暗示后来者,雅典瘟疫、西西里滑铁卢、雅典在伯罗奔尼撒战争中全面溃败,乃是神对人的肆心和不义、强权与贪欲的严厉惩罚。天作孽犹可恕,自作孽不可活!雅典人在帝国的酣梦之中一睡不能醒来,在贪欲的泥潭之中越陷越深,而她的悲剧就不只是一个城邦的悲剧,而是普遍人性的悲剧。

伯里克利在国葬上的演说,显得是那么自信,自信到了盲目自夸和霸气纵横的地步。赞美祖先,缅怀烈士,歌颂政制,炫耀势力,并将这一切都归结为雅典文化、雅典的生活方式(tropos)。他宣称,雅典制度是其他国家摹仿的范本,雅典是整个希腊人的学校,雅典是大地上最自由、最开放的国度。"我们爱好美丽的东西,但是没有因此而至于奢侈;我们爱好智慧,但是没有因此而至于柔弱。我们把财富当作可以适当利用的东西,而没有把它当作可以自己夸耀的东西。"(《战争志》,第149页)然而,在传统自信、政制自信、法律自信以及海权自信之后，隐含的微言大义是让自己的同胞为城邦慷慨而战、慷慨而死，要求每一个人为城邦忍受一切痛苦，忠贞不渝地为之服务(《战争志》，第 151 页)。

公元前 430 年春末夏初，伯里克利豪迈的声音还在地中海上空回荡，余韵悠扬。但一场罕见的瘟疫从上埃及爱西屋比亚传至利比亚、波斯，以迅雷不及掩耳之势席卷雅典，众人像苍蝇一样死亡，满城都是不洁的晦气。瘟疫恣意蹂躏雅典的直接后果是人口锐减、邪恶暴行有作、恣意亵渎神灵。瘟疫让道德、法律的防线全面溃败，礼法荡然无存，恻隐之心、羞恶之心、虔敬之心、是非之心，颗颗破碎。“由于瘟疫的缘故，雅典开始有了空前违法乱纪的现象”，“对神的畏惧和人为的法律都没有拘束的力量了”(《战争志》，第 159—160 页)。瘟疫流行最厉害的地区，就是人口稠密的雅典，对于这个被伯里克利赞颂的伟大城邦，这就是一场空前的灾难，一段最艰难的时世。城里人在死亡，城外的天地被蹂躏，而最可忧叹的是堕落、绝望、不敬神灵的人心。随后伯罗奔尼撒人第二次入侵亚加狄，雅典人必须同时跟战争和瘟疫抗争，民不聊生，而民怨沸腾，把所有的怨愤转移到了他们的领袖伯里克利身上。他召集民众会议，给同胞注射精神强力针，谴责绝望、溃逃，鼓励在灾祸面前怀藏希望。他号召自己的人民“维持雅典帝国的庄严”，面对逆境勇往向前，因为世界上没有任何一个强国能阻挠雅典人去远方航行。然而，伯里克利垂垂老矣，有心杀敌，无力回天。深谙希波克拉底病理学的纪实作家修昔底德诊断出了雅典人的过错(hamartia)：第一，名义上的民主政治，权力却在一个人手中；第二，像远征西西里这样的决策，不只是一个判断上的错误，而是由于政治阴谋而让远征军失去了动力；第三，内部的纷争导致无序，最后自己毁灭了自己。

这场突变确实是悲剧性的：不应由逆境转入顺境，而是从顺境转入逆境，其原因不在于人物的为非作恶，而在于他犯下了巨大的过错。① 雅典的过错,在于贪欲导致肆心、强权导致不义、荣耀导致不敬神明。尼采以修昔底德反对柏拉图,②告诫我们慎重对待伯里克利的国葬演说,解读悲剧史家("悲剧艺术家")修昔底德的微言大义:

> 希腊城邦像任何有组织的政治权力一样,对文化的发展采取排斥和怀疑的态度;它的强大本能几乎仅仅表现为使文化瘫痪,使文化受到阻碍。……对此,你不应该引用伯里克利的颂文;因为它只是关于城邦和雅典文化之间所谓必然关系的一种伟大的乐观主义幻觉;修昔底德让它在夜幕降临的雅典前夕(瘟疫和传统的终止)再一次像一道美丽的晚霞放射光芒,这时候,人们可以忘记晚霞前刚刚过去的不愉快的白天。③

在弥罗斯对话和西西里惨败之间的并置,修昔底德呈现了雅

---

① 亚里士多德:《诗学》,第 39 页。

② John Zumbrunnen, " 'Courage in the Face of Realty': Nietzsche's Admiration for Thucydides", *Polity*, Vol. 35, No. 2, 2002, pp.237-263.

③ 尼采:《人性的,太人性的》,杨恒达译,中国人民大学出版社,2005 年,第 253—254 页。尼采在《我要感谢古人什么》这个片段中,用修昔底德来反对柏拉图,他写道:"我的康复,我的偏爱,我对各种柏拉图主义的治疗,一直是修昔底德。修昔底德,或许还有马基雅维利笔下的君王,与我最为相近,因为我们都有这样的绝对意志:即不自欺,不在'理性'中,更不在'道德'中,而是在现实中考察理性……对于卑劣地把希腊人美化为理想——受到古典教育的年轻人在文科学校接受生活的训练时,作为奖赏所得到的正是这种理想——的做法,没有比修昔底德的治疗更为彻底的了。人们必须逐行地读,并且像读他的文字那样地读出他的隐念:很少有这样富于隐念的思想家。在他身上,智者文化——我要说实在论者的文化——达到了完美表达;这个处于到处正在发生的苏格拉底学派道德和理想欺骗之中异常珍贵的运动。希腊哲学是希腊本能的衰退;修昔底德是植根于古希腊人本能中那种强大、严格、坚实的真实性的总和和最终显现。在现实面前的勇气最终把修昔底德和柏拉图这样的天性区分开来:柏拉图在现实面前是一个胆小鬼——所以,他逃避到理想中去;修昔底德可以控制自己——所以,他也可以控制事物……"(《偶像的黄昏》,见《尼采著作全集》(第 6 卷),孙周兴等译,商务印书馆,2016 年,第 195—196 页)。

典的第二场突转,将古典世界的悲剧性呈现到了极致。弥罗斯悲剧事件发生在伯罗奔尼撒战争中晚期,情节惨烈更是恐怖,以至于纪实作家修昔底德和悲剧诗人欧里庇得斯这两个无论是风格还是文体上都差异极大的人,都将这场"突转"大书特书。我们感到,这就是雅典悲剧性的"发现"。在军事和政治上,弥罗斯事件并没有决定战争走向,也没有特别的政治意义。可是,修昔底德和欧里庇得斯都将它标记为一个孕育着雅典悲剧的时刻。① 雅典使节劝降弥罗斯人未果,随后血洗这座小岛,屠杀成年男性,将妇女儿童贩卖为奴,500 名雅典人移居至此。在修昔底德伟大的战争纪实之中,这个时刻乃是雅典人道德堕落和傲慢肆心的至境。从此以后,纪实作家笔下的英雄就走向深渊,不可挽回地导致英雄的最后失败与毁灭。雅典帝国,就像满身伤残、双目失明的俄狄浦斯,自我流放在科洛诺斯;又像被缚且承受道德诅咒的普罗米修斯,被禁锢在荒凉的高加索山崖。

弥罗斯对话,是《战争志》中唯一的对话,在风格上同其他的论辩、演说迥然异趣。面对这个具有七百年历史、具有自己的政制且想保持中立的城邦,雅典将军尽欺骗和恐吓之能事。雅典使者(将军)说,弥罗斯人的当务之急,是要设法在事实上保全城邦,使之免于毁灭。这是彻头彻尾的谎言,心照不宣的欺骗。雅典使者(将军)又说,强者能够做他们有权做的一切,弱者没有资格讨价还价。这是赤膊上阵的恐吓,豺狼对绵羊的劝勉。最后,雅典使者(将军)还将自己的强权与不义诉诸神圣,上升到普遍规律与必然法则的层次。"我们对于神祇的意念和对人们的认识都使我们相信自然

---

① 弗朗西斯·康福德指出,修昔底德将弥罗斯对话置于西西里远征之前,与其说是遵循编年史规范,不如说是为了凸显雅典人的"肆心"(hybris)及其悲剧性后果,因而《战争志》叙述隐含着一种悲剧结构,参见 Francis Cornford, *Thucydides Mythistoricus*, London: Kessinger Publishing, 1907, x. 参见利奥·施特劳斯:《政治哲学史》(上),李天然等译,河北人民出版社,1998 年,第 9—10 页。

界的普遍和必要的规律,就是在可能范围以内扩张统治的势力。”(《战争志》,第 469 页)自古至今,弱国无外交,强权即真理,雅典将军在公元前 416 年就说出了这么一个赤裸而残酷的事实。

然而,悲剧事件的突转已经发生,接下来就是巨大的苦难。所谓苦难,乃是毁灭或者痛苦的情节(《诗学》,1452b12):叙拉古战争的领导权易主,更勇猛的吉利普斯和赫摩克拉特接管了战事,雅典海军力量不占优势,在西西里的局势又更为严峻。叙拉古海战胜利,雅典人欲退无路,欲进无能,对远征之举悔恨不已。尼西阿斯孤注一掷,意欲率军冲破叙拉古人的封堵,战前发表演讲,寄望于机运,表达渺茫的希望,可就是没有提及诸神和圣物。尼西阿斯将军对他的军队说:“就是现在,我们还是应当满怀希望。”(《战争志》,第 623 页)沮丧的雅典人指望命运,但衰兵必败,自是不易的道理。接下来的战争惨烈无比,甚至当他们撤退到西西里内陆时天公亦怒:雷鸣电闪,狂风暴雨,一切都表明雅典帝国气数已尽,灾难的结局不可避免地降临。战斗的最后时刻,雅典人德莫斯提尼投降,尼西阿斯请求议和而被叙拉古人拒绝。雅典远征军弹尽粮绝,通宵抗争,被叙拉古人逼入河中,被残忍地射杀,淹死的淹死,卷走的卷走,俘虏则被扔进石坑,被虐而死。出于各种理由,尼西阿斯被处死。修昔底德的评说漫溢悲情,催人泪下:“在所有的希腊人中间,他是最不应该遭到这么悲惨的结局的,因为他是终身致力于道德的研究和实践的。”(《战争志》,第 632 页)

远征西西里,是希腊人在伯罗奔尼撒战争中最大的一次军事行动。修昔底德进一步说,“是希腊历史中我们知道的最大的一次军事行动”(《战争志》,第 633 页)。最大的一次军事行动,以全军覆没告终,而这就是古典希腊世界命运的“突转”。贪欲、肆心、强权、不义,导致了最悲惨的失败。“他们的痛苦是很大的,他们的毁灭,诚如俗话所说,是整个的毁灭,海军、陆军——一切都毁灭了。许多人中间很少有回到故乡的。”(《战争志》,第 633 页)“岁岁杜鹃啼血尽，不知催得几人归。”王国维先生读二十四史的悲情，也是我们读修昔底德《战争志》的悲情。读完《战争志》，没有感到“正义”得以伸张，“强权”遭到谴责，“贪欲”已被抑制，“不义”接受审判。相反，我们感到一阵彻骨的悲哀。说白了，雅典人失败并非正义的胜利，相反它激起了对“英雄末路”的悲悯之情。正义不可解构，它不属于战胜者，也不属于战败者，而蕴含在战争的全体受害者微弱的心灵中。在这个意义上，《战争志》不是哲学，不是政治，不是历史，而是“悲剧”，甚至可以说是“悲剧中的悲剧”。以实在史观为架构，修昔底德彰显了这出悲剧的主题——正义在政治灾难中沦陷。宙斯的“狄刻”从雅典秩序中消逝了，悲剧之情从民族回流到个人心头。史家的慧黠则表现在：作为静观动乱之人，他凭着对和谐秩序的记忆，来度量当下的残破与无序，从而保留了对正义的虔诚。①

The Tragic History and the Historical Tragedy: A Note on Thucydides' History of the Peloponnesian War

Jihua Hu

Abstract: The great war between Sparta and Athenes during years from 480 BCE to 404 BCE has almost exhausted the possibilities for politically human life. So Thucydides' narrative of the most heavy event may well be deciphered as a typical tragedy, in which some certain fragile ties such as race, polis, political entity, cultural community are in nature extemely easy to be interupted by the conflicts between powers at any time and lead to a series of political crisis. The accounts of this war concerned with the decline of ancient Greec and its total perishing pemeated with the rise and fall of powers in diversity, oppostions, and protests. And rather we can read

① 参见埃里克·沃格林：《城邦的世界》，第 451 页。

History of The Peloponnesian War as a paradigm for poetics, which manifests a histrian's talent for driving the writing on history and which includes four principles for historical writing such as justice, ethnical relationship, interest, and destiny. On the basis of political poetics Thucydides puts his emphasis on a tragic theme that justice is falling down in the political catastrophes.

Keywords: History of the Peloponnesian War; political poetics; tragic elements; principles for historical writing

评　论

如何在三方博弈中独赢：“围魏救赵”的智慧*

陈济冬　牛铭实

很多人可能和本文作者一样，原先对“围魏救赵”这一计的了解是魏以精锐攻赵，国内空虚，孙膑遂引兵攻魏都大梁，攻其所必救，并乘魏军回师救援途中，在桂陵设伏，擒庞涓，大败魏军，解赵之危。然而近来读《孙膑兵法》的第一章“擒庞涓”，我们对其中的一些细节感到好奇：如果为了救赵，孙膑为什么不一开始就疾走大梁，在桂陵设伏？为什么故意派两位不通军事的都大夫攻打难攻的平陵？为什么需要如此损兵折将以“示之疑”“示之不知事”？当进一步了解这段史实后，我们对孙膑的智慧有了更深的认识。我们应用博弈论来分析齐、魏、赵三国间的这场博弈，发现救赵的方法不止一种，孙膑运用“能而示之不能”的策略，使齐国利用魏赵之争达到强齐、魏赵相弊的最佳结果。

在“优胜劣汰”的国际体系里，弱国的下场往往不好，有的被大国兼并，有的成了大国的附庸、藩属，还有些是被夹在大国之间的缓冲国，只有非常少数的小国成功地成为中立国。想要改变这种命运，弱国于内需要变法图强、整军经武，于外要韬光养晦、善于纵横。虽然这一套生存法则很明白，但要实现这个目标，历史上成功的例子却很少。主要是因为国际政治是一场多方博弈，任何一方想改变现状时，对手都会有相应的对策来阻扰破坏。因此，在一场多方博弈中，一个弱国能维持现状已不易，还想要削弱其他对手，

* 陈济冬，北京师范大学经济与工商管理学院；牛铭实，杜克大学政治系。

成为唯一的赢家,有如痴人做梦。但在中国历史上“围魏救赵”的这一场魏、赵、齐博弈中,孙膑的策略成功地削弱魏、赵,使齐国在这场三方博弈中独赢。

当时,魏、赵、齐三国中,魏国最强,对赵、齐都是很大的威胁,因此,合纵以抗魏符合赵和齐的战略利益(strategic interests)。因为如果齐赵不互救,结果很可能被魏一一击败。还有一种可能是魏国联合齐国以瓜分赵国,但齐国知道这样自己将会是魏国下一个目标。所以,在这场一强两弱的博弈中,齐赵选择结盟以吓阻强魏,三方僵持不下、不输不赢应该是最合理的结局。然而,孙膑却成功地让赵国相信,如果魏攻赵,齐国会进攻魏国,攻其所必救,以解赵危,这样赵国就有了抵抗的信心和决心。同时,孙膑运用“能而示之不能”的策略,让魏国认为即使齐国进攻魏国,魏国的后方仍有足够的实力来防卫,这样魏国就可以放心地进攻赵国,等打败赵,再来攻齐。结果,等魏军攻破赵都邯郸,赵国求降,魏军实力已耗损不少时,齐军对魏国发动一波新的攻击,在魏军回师救援时,齐军大败魏军于桂陵,为往后齐国在东方的崛起打下基础。

孙膑是如何让赵国相信齐国一定能成功为赵解围,因此决定不求和,决定和魏国开战,又同时让魏国认为齐国军力不足惧,不用停止对赵国的进攻的呢?我们在山东省临沂市银雀山汉墓1972年出土的《孙膑兵法》第一章“擒庞涓”中找到了回答这个问题的线索。我们先前对“围魏救赵”的了解是魏国以精锐攻赵,国内空虚,孙膑遂引齐军攻魏都大梁,攻其所必救,并乘魏军回师救援途中,在桂陵设伏,擒庞涓,大败魏军,解赵之危。然而根据“擒庞涓”,齐军并没有一开始就疾走大梁,反而故意派两位不通军事的都大夫攻打难攻的平陵,结果兵败。为什么孙膑需要如此损兵折将以“示之疑”“示之不知事”?再说,三家分晋之后,魏国地处四战之地,环抱于齐、楚、秦、韩、赵五国之中,腹背受敌,每当魏国与另一国交战时,其他邻国往往会趁机攻击魏国,因此,在这样的战略环境下,当魏国出兵伐赵时,庞涓应该已经对齐国采取“围魏救赵”有所防备。在这种情况下,为什么孙膑仍然使用“围魏救赵”这一计,且能取得大胜?

当进一步了解这段史实后,我们对孙膑的策略有了更深的认识。我们在这篇文章里用博弈论来帮助我们分析孙膑的谋略,重新认识“围魏救赵”的智慧。

一、“救赵孰与勿救?”

魏国在战国七雄中地处中间国,容易遭受邻国夹击,为了能在强敌环伺下生存,不被歼灭或削弱成一个附庸国,魏国的实力必须比邻国强大,①因此,“一统三晋”是魏国建国后的大战略。韩国的战略环境和魏国相似,但实力不如魏国,公元前 357 年败于魏,外交上臣服于魏,②两国为了与邻国抗衡,魏韩“盟于巫沙”。为了与魏韩联盟抗衡,公元前 356 年赵成侯与齐威王在平陆结盟。接着,为了不让魏国日后用位于赵、魏之间的卫国进攻赵国,赵成侯先出兵占领了卫国在黄河以北的漆、富丘两地。③ 由于卫是魏的附庸国,赵国的这一军事行动触发了魏、赵两国间发生在公元前 354 年的战争,这也就是《孙膑兵法》第一章“擒庞涓”的开场白:“梁君将攻邯郸,使将军庞涓,带甲八万至于茬丘。”

战国初期,魏国的军事实力最强,面对魏的威胁,赵向各国求救。救还是不救?根据《史记 · 田敬仲完世家》记载,“齐威王召大

---

① 德国是欧洲大陆的中心国,首相俾斯麦外交上最成功处也是如何不让法、俄两国结盟,但如果无法避免,如何让德国能在法、俄东西夹击中胜出。

② 据《古本竹书辑证》记载,公元前 357 年,“魏惠王十三年,郑釐侯使许息来致地:平丘、户牖、首垣诸邑及郑驰地”,“王及郑釐侯盟于巫沙”。

③ 据《古本竹书纪年 · 魏纪》记载:“梁惠成王十六年,邯郸伐卫,取漆富丘,城之。”

臣而谋曰:‘救赵孰与勿救?’”大臣段干朋建议出兵救赵,因为赵是齐的盟友,如果魏兼并了赵,“其于齐何利哉”?《战国策・楚一・邯郸之难》记载了楚国君臣对救赵熟与勿救的讨论。一方建议不救,在赵国没有外援的情况下,会让魏国的谈判姿态更高,对赵国求和的条件更苛刻,让赵国不能接受,赵必坚守,魏、赵对峙,彼此消耗实力,这样的结果对楚国有利。另一方不同意这个论点,因为如果楚国不救赵,魏国没有了楚国这个后顾之忧,赵将有亡国之忧,魏国则会变得更强大,这样对楚国有什么好处?赵国也可能在没有外援的情况下,与其任魏宰割,还不如“与魏合而以谋楚”,这样对楚国更不利。① 齐、楚两国得到的结论一样:救赵是上策。接下来的问题是如何救?

二、“救赵必先围魏”

齐国大臣段干朋认为齐国不应该出兵赴赵和魏国的主力军交战,那样等于是替赵国打仗。他主张先南攻襄陵,牵制魏军,同时也向赵表示齐国信守平陆盟约,以坚定赵国抗魏的决心,等魏军攻破邯郸,兵马疲累之际,再予以正面的攻击,齐威王接受了段干朋的建议。② 楚国大臣景舍的对策也是先让赵、魏相弊,并乘虚攻取睢水、秽水之间的土地。③ 秦国也于公元前 354 年“与魏战元里,

---

① 据《战国策・楚一・邯郸之难》记载:“景舍曰:‘夫魏之攻赵也,恐楚之攻其后。今不救赵,赵有亡形,而魏无楚忧,是楚、魏共赵也,害必深矣!何以两弊也?且魏令兵以深割赵,赵见亡形,而有楚之不救己也,必与魏合而以谋楚’。”

② 据《战国策・齐一・邯郸之难》记载:“段干朋曰:‘夫救邯郸,军于其郊,是赵不拔而魏全也。故不如南攻襄陵以弊魏,邯郸拔而承魏之弊,是赵破而魏弱也。’田侯曰:‘善。’乃起兵南攻襄陵。”

③ 据《战国策・楚一・邯郸之难》记载:“景舍曰:‘故王不如少出兵,以为赵援。赵恃楚劲,必与魏战。魏怒于赵之劲,而见楚救之不足畏也,必不释赵。赵、魏相弊,而齐、秦应楚,则魏可破也。’”

斩首七千,取少梁”。虽然齐、秦、楚三国都采取了围魏以救赵的策略,但魏在四面同时作战的情况下,于次年(公元前 353 年)还是攻下了邯郸,看来魏惠王即将完成一统三晋的大业。但这时齐国派了一支军队急行军往大梁进攻,庞涓急忙回师救援,但却在桂陵被孙膑指挥的齐军伏击,大败,功亏一篑。[①] 公元前 351 年(周显王十八年),魏惠王与赵成侯在漳河边结盟,撤出赵国首都邯郸。

“围魏救赵”这一计成功的前提条件之一是赵国要相信齐国会信守平陆盟约,出兵伐魏以牵制魏军。如果各国都照楚大臣景舍所建议的:“故王不如少出兵,以为赵援。赵恃楚劲,必与魏战”,赵国就会明白其他各国只是在利用赵来削弱魏,趁机掠夺些好处,那赵国还不如早点向魏国投降求和。为了让赵国相信齐国救援的诚意,齐威王“使将军忌子,带甲八万至……竞。”和庞涓的八万大军旗鼓相当。

如果齐国的八万大军只是虚张声势,没有实际的救援行动,赵国还是不会相信齐国救援的诚意。但如果齐国八万大军一开始就“疾走大梁”,庞涓必然回师救援,虽然能解邯郸之危,但魏军实力没有受损,即使孙膑在桂陵设下埋伏,齐军也未必是魏军的对手。为了让赵国有抵抗魏国的信心和决心,齐国一方面要开始攻打魏国,展示救赵的诚意,但又不能太成功,免得庞涓回师救援,因此,孙膑选择进攻平陵。

三、“能而示之不能”

《史记》和《战国策》中都没有提到齐军攻打平陵这一战,但在“擒庞涓”中有详细的记载。田忌曰:“若不救卫,将何为?”孙子曰:

---

① 据《史记·孙子吴起列传》记载,孙膑建议:“君不若引兵疾走大梁,据其街路,叏其方虚,彼必释赵而自救。是我一举解赵之围而收弊于魏也。”“田忌从之,魏果去邯郸,与齐战于桂陵,大破梁军。”

“请南攻平陵。”为什么选择进攻平陵呢？孙膑明知“其城小而县大，人众甲兵盛，东阳战邑，难攻也。吾将示之疑。吾攻平陵，南有宋，北有卫，当途有市丘，是吾粮途绝也，吾将示之不知事。”也就是说孙膑进攻平陵的一个目的是要让庞涓觉得齐军缺乏谋略，连从哪里进攻魏国都选得不对。另外，还要魏国觉得齐军实力不强，对魏国的后方不是威胁，不需要现在回师救援。就在前一年，公元前353年(齐威王三年)，“齐攻燕，战于泃水，齐师遁”。燕国军力不是很强，如果齐军都打不赢燕军，更不会是魏的对手。为了加深庞涓对齐军不堪一击的印象，孙膑还故意挑了齐城、高唐这两位不是很会打仗的都大夫攻打平陵。由于他们的部队会经过横、卷二邑，那里四通八达，还是魏将钻荼驻扎之地，齐、高二人肯定被钻荼的驻军断后，可能牺牲。结果真的兵败，两位都大夫战死。庞涓误认为齐军不堪一击，遂不以为虑，继续加紧围攻邯郸。

齐国攻打平陵是向赵国展示齐国已开始“围魏救赵”，以鼓舞赵国继续抵抗的士气以“弊魏”，攻平陵不得还牺牲了两位都大夫，“能而示之不能”为了是让庞涓低估齐军的实力。当邯郸被魏军攻占，大将军田忌问孙膑：“事将何为?”接下来怎么办呢？孙膑请田忌派轻车锐卒直扑大梁城郊，如此设计，结果庞涓果然中计，放弃辎重，只带了一支三万人的轻装部队急行军回来救援，孙膑以六万齐军“击之桂陵，而擒庞涓”。

四、“围魏救赵”博弈模型

“围魏救赵”是齐、魏、赵的一场三方博弈。要救赵，齐国要有足够的实力，但魏、赵不清楚齐国是强还是弱。在我们的模型里，齐国的强弱是由一位虚拟的参赛者“自然”(nature)来决定，齐国知道自己是强还是弱，但魏、赵不确定，他们只知道齐强的机率是

p,弱的机率是 (1 - p)。如果齐弱,我们假设齐国唯一能选择的是“示之不能”,但如果齐强,齐可以选择示之“能”或示之“不能”;接着魏要选择是否要继续攻打邯郸还是回师救援后方,如果魏选择继续攻打,赵要选择是否投降。我们在图 1 中描述齐、魏、赵三方博弈的战略环境。

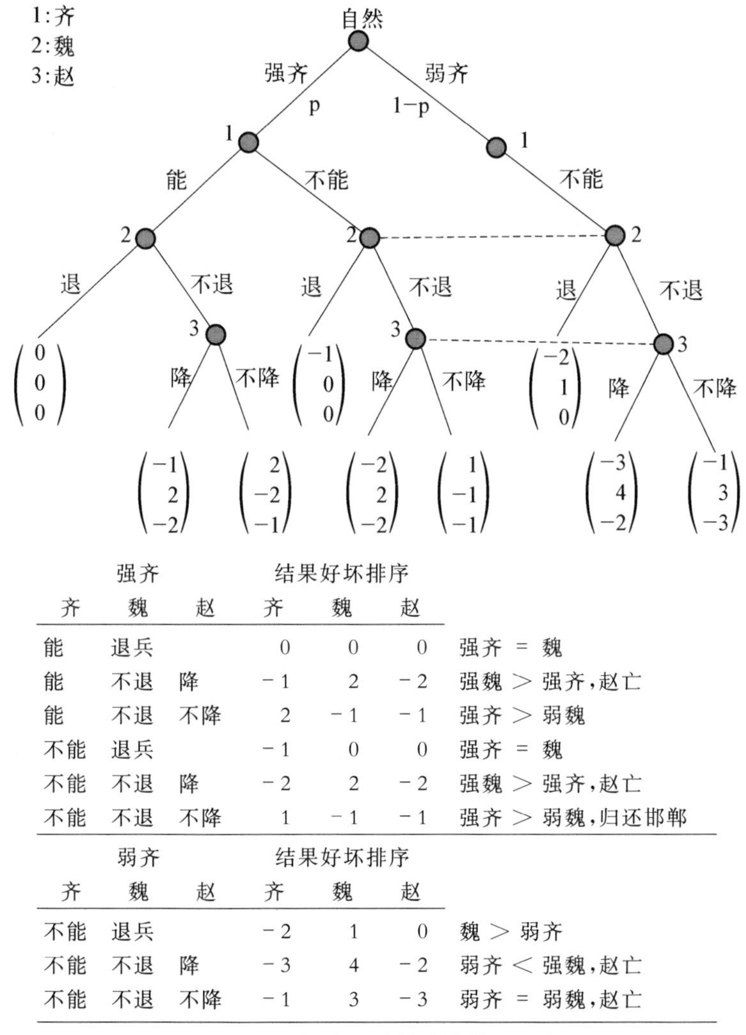

强齐			结果好坏排序			
齐	魏	赵	齐	魏	赵	
能	退兵		0	0	0	强齐 = 魏
能	不退	降	- 1	2	- 2	强魏 > 强齐,赵亡
能	不退	不降	2	- 1	- 1	强齐 > 弱魏
不能	退兵		- 1	0	0	强齐 = 魏
不能	不退	降	- 2	2	- 2	强魏 > 强齐,赵亡
不能	不退	不降	1	- 1	- 1	强齐 > 弱魏,归还邯郸

弱齐			结果好坏排序			
齐	魏	赵	齐	魏	赵	
不能	退兵		- 2	1	0	魏 > 弱齐
不能	不退	降	- 3	4	- 2	弱齐 < 强魏,赵亡
不能	不退	不降	- 1	3	- 3	弱齐 = 弱魏,赵亡

图 1　齐、魏、赵三方博弈的战略环境

我们对齐、魏、赵三方策略互动的结果作几个假设。第一,如果齐军强,齐、赵联军能和魏军至少打个平手,如果魏军认为齐军强而选择退兵,齐、魏、赵三国之间不输不赢,没有一方获利或吃亏,我们用(0,0,0)来代表齐、魏、赵的得分。分数越高越好,反映他们三方对结果的喜好排序。第二,在魏军和赵军进行消耗战后,强齐足以击败魏军。对齐而言,这是最理想的结果。对魏而言,是最坏的结果。对赵而言,坚持抵挡,能削弱魏军实力。即使邯郸被击破,因为强齐会击败弱魏,不久魏就会归还邯郸。齐、魏、赵此时的得分为(2,-2,-1)。但即使齐军强,如果魏国不退兵而赵国投降求和,这会使魏国的实力更强,这时的强魏可以击败强齐,对赵,这是最坏的结果,因为这样赵国会输掉翻身的机会。三国此时得分为(-1,2,-2)。

如果强齐“能而示之不能”,故意在平陵打败仗,而能让魏国低估齐国的实力,决定不退兵,继续攻打邯郸。如果赵国不投降,继续抵抗,削弱魏国,那时强齐可以打败弱魏,赵国不会亡国,三国此时得分为(1,-1,-1)。但如果赵国投降,让魏变得更强,可以战胜强齐,三国此时得分为(-2,2,-2)。但如果魏国决定退兵,强齐能自保,只是在平陵有些牺牲,三国此时得分为(-1,0,0)。

如果齐军弱,假如魏军从邯郸退兵攻打齐国,弱齐将不是魏的对手,三国此时得分为(-2,1,0)。如果魏不退兵,赵降,魏国灭赵之后一定更强大,弱齐将更不是对手,三国此时得分为(-3,4,-2)。但如果赵继续抵抗,虽然削弱魏的实力,弱齐还是打不赢弱魏。对赵而言,在与魏进行消耗战之后投降,这是最坏的结果,三国此时得分为(-1,3,-3)。

在这场三方博弈中,如果(强齐选择示之能、弱齐选择示之不能)(魏选择退兵如果齐示之能,不退兵如果齐示之不能)(赵选择继续抵抗如果齐示之能、选择投降如果齐示之不能),在这样的策略组合里没有任何一方会单方地改变策略,是一个合乎常里的均衡点(表1中左上方斜体字对应的策略组合)。另一种可能是强齐希望借“示之不能”让魏觉得齐弱,这样魏才会选择不退兵,但又要赵相信齐强,这样赵才愿意抵抗到底,不投降,这一个策略组合有可能是一个均衡点吗?根据我们的模型,当魏认为齐强的可能性不是太高,$p\leqslant 2/3$,但赵认为齐强的可能性不低,$p\geqslant 1/2$,这时这组策略也可以是个均衡点(表1中右下方斜体字对应的策略组合)。表1列出了各种策略组合,显示只有这两组策略组合有可能是均衡点。但在这两个均衡点中,需要特别指出之处是第二个均衡点对齐比较有利,对魏、赵比较不利。历史上,“围魏救赵”的三方博弈,如果齐一开始就“示之能”,那魏会选择退兵,三方没有胜负,结果是(0,0,0)。但孙膑却“能而示之不能”,导致三方选择了第二个均衡点,结果是(1,-1,-1),达到了强齐同时魏赵相弊的最佳结果,这是孙膑高明的地方。

表1 三方策略组合

赵	不降(能)/降(不能)		不降(能)/不降(不能)	
齐/魏	退(能)/退(不能)	退(能)/不退(不能)	退(能)/退(不能)	退(能)/不退(不能)
能(强)/不能(弱)	$-2+2p$, $1-p$, 0	$-3+3p$, $4-4p$, $-2+2p$	$-2+2p$, $1-p$, 0	$-1+p$, $3-3p$, $-3+3p$
不能(强)/不能(弱)	$-2+p$, $1-p$, 0	$-3+p$, $4-2p$, -2	$-2+p$, $1-p$, 0	$-1+2p$, $3-4p$, $-3+2p$

五、“孙子之所以为者尽矣”

在齐、魏、赵这场三方博弈中,救赵符合齐的国家利益,但如何救才是上策?如果齐国的八万军队开赴赵国,明确展示和赵国合纵抗魏的决心和实力，那魏国很可能选择撤兵，这样不只能救赵，又避免了一场战争。这个看似很好的结局，对齐却很不利，因为魏国撤兵后可能转而进攻齐国，齐将代赵受罪。

齐国也可以引兵攻魏都大梁，攻其所必救，以解赵危。然而如“擒庞涓”的开场白所述：“梁君将攻邯郸，使将军庞涓，带甲八万至于茬丘”，当时魏、赵还没有开战，如果齐引兵攻大梁，魏国将全军回师救援，即使齐在桂陵设伏，恐怕也不是魏军的对手，如此救赵，只会引火上身。

孙膑不直接攻打大梁，而是选择进攻魏国的边境大城平陵来“围魏救赵”，加深赵国对齐国这个盟友的信心，鼓舞赵国的士气和抵抗的决心，不怕和魏国开战。同时，孙膑运用“能而示之不能”的策略，让庞涓觉得齐军缺乏谋略，连进攻魏国的切入点都选的不对，还故意损兵折将，让魏国深信齐军实力不强，不需要现在回师救援，可以继续围攻邯郸。等魏军攻占邯郸，实力耗损之后，孙膑这时才派轻车锐卒直扑大梁城郊，逼着庞涓放弃辎重，只带了一支轻装部队急行军回来救援，孙膑以大军“击之桂陵，而擒庞涓”。

在三方博弈中，三方僵持不下、不胜不败，或两方胜、一方败是比较符合常理的结果，但一方胜、两方败，胜方还不是最强的，这样的结果就很不寻常。孙膑的“围魏救赵”创造出的就是这样的辉煌战果，让我们深深赞叹“孙子之所以为者尽矣”。

How to Win in the Tripartite Game: The Wisdom of "Besiege Wei to Rescue Zhao"

Jidong Chen Emerson Niou

Abstract: Similar as the authors, many people may think of the "Besiege Wei to Rescue Zhao" in the following way. Wei used its strong army to attack Zhao, creating emptiness of its own territory, Bin Sun then led the

troops to attack Wei's capital Daliang, expecting that Wei will have its army back to rescue their capital. After Juan Pang wasted some of Wei's strength in fighting with Zhao, Sun induced Wei's army back to rescue their capital. On their way back, they got defeated by Sun's army, thus, the danger of Zhao got solved. However, recently when we read the first chapter of "Sun's Art of War", we are very curious about some of these details. If Sun wanted to save Zhao, why didn't he induce Wei to come back at the very beginning? Why did Sun deliberately send two unimportant military generals to attack Pingling, both of whom died in the difficult fight? Why did Sun try to signal the military weakness of Qi at the beginning? After further analyzing this historical fact, we have a deeper understanding of Sun's wisdom. We use game theory to analyze the game between Qi, Wei and Zhao. We find that there are more than one ways to save Zhao. Sun uses the strategy of "showing weakness when strong", so that Qi can use the Wei and Zhao's conflicts to strengthen Qi itself and weaken both Wei and Zhao.
Keywords: "Besiege Wei to Rescue Zhao"; "showing weakness when strong"; signaling

基层权力结构中的动员与组织建设

——对“新传统主义”理论的再思考

侯　喆

“新传统主义”理论来自魏昂德对20世纪50年代至80年代间中国工厂的实证研究。尽管它源于单位政治的研究议题，但是却有着关乎中华人民共和国成立后国家与个人关系的理论关怀。在中国政治体制中，中国共产党有着绝对的核心地位，这也就意味着在国家与个人关系模式的论述中，不可忽视党的作用。本文将基于对“新传统主义”理论的探讨，还原中国共产党如何通过政治动员来进行组织建设。

一、“新传统主义”的理论框架与解释机制

“新传统主义”理论试图从基层“单位制”的视角透视中国城市社会的组织制度和权力关系，以把握中国城市基层政治的基本秩序。理论的起点是基于这样一个事实预设：在中华人民共和国成立后至改革开放前的这段时间，中国共产党管理着城市空间中的工作职位与资源，①这也是很多共产党政权共有的一个决定性的特征。这样一种特征促使了城市工厂中形成依附型的权力结构。

“新传统主义”理论是基于一项对中国城市中权力关系模式的

① Andrew G. Walder, Li Bobai, Donald J. Treiman, “Politics and Life Chances in a State Socialist Regime: Dual Career Paths into the Urban Chinese Elite, 1949 to 1996”, *American Sociological Review*, Vol. 65, No. 2, 2000.

研究,是对中国城市居民管理方式进行的一种解读,在回答中国城市居民如何被纳入政权管理之中的这一问题中,“新传统主义”在勾勒了20世纪50年代至80年代初之间中国工厂内政治风貌的基础上,分析中国共产党如何基于资源分配的方式管理城市居民的生活。

“新传统主义”探讨的起点是中国工业领域中的权力关系,从更加宏观的角度看是关注城市中经济、政治和社会制度,这是“新传统主义”理论研究的制度背景。它从工业领域中被提炼出来,并可以扩展到对整个社会的解释。“新传统主义”理论强调,中国共产党的组织机构,不仅决定了政治行为的方式并创造了一整套独特的政治倾向与个人的关系,而且在这一过程中甚至造就了社会结构本身。①

其一,中国共产党的组织机构在工业领域中也体现了它的特性,共产党的组织结构决定了工厂的内部结构。这主要体现为两个方面:第一,在实行中央计划经济体制的社会中,在原本应只是作为生产机构而存在的工厂中,计划经济背景决定了企业兼有了分发消费品和社会福利的功能,更进一步的是,企业还有着在资本主义市场经济中工业机构较为弱化的政治社会功能。在这样的背景下,工厂的存在是作为兼有社会机构职能的工厂,而非单纯经济机构的工厂。计划经济下的工厂缺乏“目的理性”的生产计算,且影响着工人的消费品和社会福利。而且,工厂对工人的政治社会身份还具有决定性的作用。第二,政党及其附属机构建构了一系列的国有企业,政党的政治属性也延伸到了工厂中,党政合一制度嵌入工厂内,建构起“由上而下一直到车间基层的政治关系和利益”。② 从微观的工厂空间来看,工厂内部的政治组织化是通过

① 魏昂德:《共产党社会的新传统主义——中国工业中的工作环境和权力结构》,龚小夏译,(香港)牛津大学出版社,1996年,第8页。

② 同上书,第98页。

两条线来实现的。这首先表现在垂直且深入车间基层的党组织本身。党组织深入车间基层,党干部与领导拥有工厂管理和行政权力。在工厂内部,党组织建立了车间的班组会议制度,通过与积极分子之间的联系、报告,以及政治档案制度等手段来实现对工人的管理。其次表现在通过工厂的保卫部门来实现工厂内的治理。工厂的保卫部门是属于国家公安机构的分支。共产党通过这两个组织建立起了工厂中的党政合一制度,在此基础上,车间领导在工厂内拥有较大的政治发言权。可以看出,中央计划经济架构和党政合一制度共同决定了工厂内部的治理模式与管理结构。

其二,组织之外的制度文化层面也展现了共产党治理模式的决定性导向。工厂中的经济、政治架构决定了"新传统主义"的权力结构。一方面,工厂中形成了制度性的依附。"新传统主义"理论中所阐述的在工厂内形成的"制度性依附"其实有三个层面的解读。第一个层面是工人在经济上依附企业,中央计划经济下,只有国营工厂才能分发消费品和社会福利,导致了工人在经济上依附于企业。第二个层面是工人在政治上强化党政领导,工厂中的"党政合一制度",使得党组织自己来组织工厂,从而可以在车间基层来发动"政治组织化",强调工人的政治属性,强化工人在政治上服从党政领导。第三个层面则是工人在个人关系上依附车间领导,对党组织的服从很容易与对党政领导的服从混合起来,因此工厂重视的是对车间领导的服从,加上车间领导在经济上的控制权,从而使得车间领导权力过大,使得个人依附于车间领导。在这三重依附与服从之下,工厂内形成了一种超越一般政治文化范畴的制度性的文化。这种文化的特征表现为,党领导与工人之间,尤其是与积极分子之间形成了一种密切的服从与被服从关系。另一方面,这种"制度性的依附"并非像"极权主义模式"所强调的"暴力的压迫",而是一种"正面激励的服从",表现出权威的制度文化。共产党在工厂建构的党组织、班组制度和发动的政治组织化，本来是要建立起一套以激励政治信仰和道德品德为目标的非个人化的“政治激励体系”。但是在日常生活实践中，车间领导却往往根据下级对上级的支持与忠诚来区分“积极分子”和“普通工人”，从而将本来“非个人化”的激励体系变换成为一种鼓励工人与领导建立长期密切的合作关系为目标的个人化的奖励制度，在一个按计划行事的治理体系中，如何激发成员的积极性是一个需要考量的问题。不可否认，这种人身依附关系在事实上构筑了一种竞争性的激励机制。

因此，在比较中苏与美日差异的基础上，作者在分析了社会主义社会与西方工业社会的区别后，指出了共产党的政治组织机构——政党及其附属组织，创造出了一套与西方工业社会不同的特殊的社会关系——“新传统主义”。

“新传统主义”理论来源于中国工厂中的基层关系，但在其适用范围的探讨中，魏昂德也试图将其广义地运用到其他的社会主义国家。对中国共产党社会治理模式的研究可以延伸为对列宁式政党整体研究的范畴。魏昂德认为，列宁式政党将党而不是工人阶级看作是争取的无产阶级意识形态的载体，在列宁看来，是否认同党的主张，决定着个人在本质上是无产阶级还是资产阶级，无论他在社会上的物质地位如何；而中国共产党则进一步创新，认为无论人们实际上的阶级背景是什么，他们都能通过把自己的思想与党所主张的正确思想统一起来而成为无产阶级的一分子。① 这种以改变思想而实现统治的信念，必然会造就一种党政合一的体制；这种体制会渗透到整个社会，尤其是国营企业，以实现改造思想的目的。

---

① 魏昂德：《共产党社会的新传统主义——中国工业中的工作环境和权力结构》，第 141 页。

二、"新传统主义"理论的适用性与反思

在对中国工厂经验研究的基础上,"新传统主义"为理解中国的现实生活和权力关系提供了一个全新的理论。但细究起来,这一项理论的经验研究基础是中国国营企业的正式员工,他们只占中国全体工厂劳动力中的很小一部分,而在整体人口中所占的比重更小。如果认为其理论的解释力可以超越工厂环境甚至超越中国,那么就牵涉到适用范围的问题,这需要从空间和时间上双重把握。

对"新传统主义"理论适用范围探讨的第一个问题是其在空间上的适用性。在工业部门内部有着行业和派系的分别,这种分别会导致工厂资源占有的不同与内部结构的差异。高棣民(Thomas Gold)和裴宜理(Elizabeth Perry)就曾质疑"新传统主义"这一概念是否能解释工业部门中的弱势单位。① 同时,既然"新传统主义"来源于工厂,并试图解释彼时城市中的权力结构,那么就不得不考量与其相对的乡村空间。许慧文(Vivienne Shue)认为中国(曾经)是一个"蜂巢式的组织",在这个组织中,群体的团结性将群体成员与国家隔离并保护起来。裴宜理将"新传统主义"与许慧文的研究作了比较,认为二者理论上的冲突来自许慧文农村关怀与魏昂德城市关怀间的区别。布兰德利·沃马克(Brantly Womack)则认为"新传统主义"和戴慕珍(Jean C. Oi)的农村中"侍从主义

---

① Thomas B. Gold, "Reviewed Work: Communist Neo-Traditionalism: Work and Authority in Chinese Industry by Andrew G. Walder", *Contemporary Sociology*, Vol. 17, No. 2, 1988, pp. 171 - 172; E. Perry, "Review: State and Society in Contemporary China", Reviewed Works: Communist Neo-Traditionalism: Work and Authority in Chinese Industry; The Reach of the State: Sketches of the Chinese Body Politics, *World Politics*, Vol. 41, No. 4, 1989, pp.579-591.

(clientelism)"的分析是相契合的,二者共同展示了中国基层权力关系的概貌。① 在布兰德利眼中,"蜂巢式组织"与"新传统主义""侍从主义"间的区别不是农村和城市现实的区别,而是前者强调集体活动的地方主义色彩,而后两个理论则强调国家权力关系的理性化。"蜂巢式组织"中对于乡村里国家权力无效性的论述并不是"新传统主义"适用范围的问题。② 超越城市与乡村二元关系之外,"新传统主义"理论在空间上的延展性还表现在其是否能够解释超越中国基层社会的情境。布兰德利认为,尽管"新传统主义"表面上看是描述中国基层社会的一个一般性模型,但还不能将其应用到所有的权威关系中。丹尼尔·希罗(Daniel Chirot)则持相反观点,认为尽管"新传统主义"理论仅仅研究了金字塔底部的状况,但却可以延展开用以证明整个国家系统是由类似的个人的、世袭的、新传统主义的关系联结的。③ 高棣民认为,需要用"新传统主义"的理论框架来考察决定其是否塑造了整个中国社会,尤其是其是否适用于工厂企业之外的情况。④ 因此,一方面,尽管在"新传统主义"的理论论述中从未明确将其适用范围推广到基层之外,但是作为一种政治文化的"新传统主义"的影响力远远超出了基层的范围。另一方面,从实际情况看,在精英层面,组织化依附关系的生存环境与基层有很大不同,因而就需要一个新的解释模型。而且,中国远不仅仅是以工厂为代表的单位的简单集合,中介机构和中心机构也会有其自身运作的政治逻辑,这些也限制了"新传统主义"的解释力。而空间限度上的最后一个问题就是"新传统主

---

① Brantly Womack, "An Exchange of Views about Basic Chinese Social Organization Review Essay: Transfigured Community: Neo-Traditionalism and Work Unit Socialism in China", *China Quarterly*, Vol. 126, 1991, pp.313-332.

② Ibid.

③ Daniel Chirot, "Communist Neo-Traditionalism: Work and Authority in Chinese Industry. by Walder Andrew G.", *The Journal of Asian Studies*, Vol. 47, No. 1, 1988, p.135.

④ Ibid., pp.171-172.

义”是中国的还是适用所有社会主义国家？尽管“新传统主义”在理论框架中被界定为“共产主义的”而不是“中国的”，以此来表示其在中国之外的适用性，但是在论证中并没有假设中国的情况适用于其他地方。事实上，魏昂德指出了中国和苏联、欧洲其他社会主义国家在工业关系中的不同之处，认为后者的组织化依附比中国要弱得多。但丹尼尔·希罗（Daniel Chirot）则认为“新传统主义”是对所有社会主义国家中权威、政治和社会结构的本质的深刻见解。① 但无论如何，“新传统主义”这一理论的内容本身就包含了对社会主义社会的研究与中国个案的对照。“新传统主义”这一词语的提法源自对苏联的研究，在用中国案例进行分析并理论化之后，又被试图推广到其他共产党政权中。

对“新传统主义”理论适用范围探讨的第二个问题是其在时间上的适用性。“新传统主义”中其实提到了其理论的解释时间，即20世纪50年代至80年代间。因此，尽管魏昂德自己并未将理论在时间上的解释力无限拉长，但是其他学者却针对这一问题产生了分歧，核心问题就是“新传统主义”能否解释20世纪80年代改革开放后的中国。“新传统主义”的计划经济理论背景使得整个论述中缺失了市场的作用。尽管理论中是通过对资源的配置来控制政治权力结构，但市场的因素少有提及，这当然也暗含了作者自身的理论偏好。高棣民和裴宜理提出自20世纪80年代以来对组织化依赖渐弱的整体趋势。② 魏昂德自己也承认经济领域出现的新变动影响了他所描述的权力关系，他认为在“新传统主义”中所试图强调的工人对企业和管理层的依附已经在改革之后出现了变

① Daniel Chirot, “Communist Neo-Traditionalism: Work and Authority in Chinese Industry. by Walder Andrew G.”, *The Journal of Asian Studies*, Vol. 47, No. 1, 1988, p.135.

② Daniel Chirot, “Communist Neo-Traditionalism: Work and Authority in Chinese Industry. by Walder Andrew G.”, pp.171-172; E. Perry, “Review: State and Society in Contemporary China”, pp.579-591.

化。由于缺乏一个自由的劳动力市场,劳动力的供应掌握在了劳动者自己手中,工人对管理层的依附变为了管理层对劳动力的需求。① 当然,解释力虽然减弱但并未完全消失,从杨美惠(Mayfair Yang)的描述中可以看到,到20世纪80年代,“新传统主义”描述中的单位社会主义仍旧为城市工人衡量自身的生存状况提供了一个标尺。② 当然,如果回到理论本身,究其根本,“新传统主义”中的“传统”是否意味着理论对以往的追溯力?对于这个问题,如果对“新传统主义”理论的论证过程进行反思,就可以看出其在事实上否认传统的影响。这一基于社会主义环境下工作场所分析的理论模型并没有限制于一个特定的文化情境,只是一个类型化的模型。换而言之,不管这一模型与过去有无连续性都不影响这一模型的具体内容。

布兰德利认为“新传统主义”对于基层社会结构及其对于权力和政治塑造的阐释有助于理解中国社会,但是对于国家权力的狭隘关注使得这个理论有所偏差,就像以往的极权主义理论一样。他在反思“新传统主义”模式的基础上,提出了一个描述社会主义单位和中国基层社会的综合模式,并讨论了单位中的社会主义与西方社会理论的关系。③ 这一综合模型的基础是:不可抵抗的国家权力与不可磨灭的单位成员身份间的张力。在不变的群体生态中,领导者的行为是被其对下属不断的合作需求所塑造的。④ 尽管“新传统主义”以国家和社会间的两分法为前提,但在中国,国家

---

① Andrew G. Walder, “Factory and Manager in an Era of Reform”, *China Quarterly*, Vol. 118, 1989, p.252.

② Mayfair Mei-hui Yang, “Between State and Society: The Construction of Corporateness in a Chinese Socialist Factory”, *Australian Journal of Chinese Affairs*, Vol. 22, 1989, pp.31-60.

③ Brantly Womack, “An Exchange of Views about Basic Chinese Social Organization Review Essay: Transfigured Community: Neo-Traditionalism and Work Unit Socialism in China”, pp.313-332.

④ Ibid.

和社会的整合是国家的一个重要特征和主要的内部矛盾。① 正如“新传统主义”理论中所观察到的一样,中国社会是由国家来组织的,但另一半则是社会构成了国家的实质。不管怎样,国家和社会紧密联合的关系在20世纪80年代以来逐渐瓦解。然后,布兰德利还将单位共产主义与其他当代社会团体、社区进行比较。他认为社会主义单位不仅仅是一个传统群体,而且是被其间的主从关系塑造成一个复杂和现代化的公共秩序。

事实上,魏昂德和布兰德利的争论也可以看作针对中国城市基层社会不同时段的解释理论间的争论。“新传统主义”在单位制兴盛之时确实在一定程度上解释了工厂中的权力依附关系,而布兰德利试图把与西方社会理论对话中引出的社区概念,看作中国改革开放之后,面对单位制解体以及市场化对于城市基层社会的改造,对于城市基层权力关系的新的解释理论。由此,一个新的容纳这些力量和新的利益群体的社区体系亟待建立。可以认为,布兰德利引入的西方国家社会关系理论中的“社区”概念恰好契合了中国改革开放之后,单位制瓦解后的中国社会的权力关系图景。

必须正视的是,“新传统主义”还不足以完全描述中国工厂基层权力结构的复杂程度。即使“有原则的特殊主义(principled particularism)”与“庇护关系(patron-client relations)”的确存在于国营工厂中,但这也更多限于车间领导与积极分子之间,还有很多普通工人的政治行为,以及他们与车间领导的关系,不能简单地用制度性依附来解释。普通工人积极地发展“实用性私人网络”其实是在为跳出这种制度性依附而作努力。“新传统主义”中对党政领导的某些权力强调过高,而忽视了某些不占主导地位的普通工人的权力互动关系。不过,1978年以前的中国国有企业还存在着一些

① Brantly Womack, “The Chinese Party-State”, *Problems of Communism*, Vol. 39, No. 5, 1990, pp.9-10.

重要的特征,如终身雇佣制、平均主义、产权不清等,这些都导致普通工人拥有“隐性权力”,从而降低了领导的权威,中国国有企业的权力关系大部分是职工与领导的仪式性联系,完成一般的政治目标即可。从中国的现实状况出发,毛泽东时代的政治运动比较多,也造就了积极分子与普通群众的区分,但政治运动往往是针对领导的群众运动,反而不断地打破上下级互惠的权力关系。

对“新传统主义”这一理论的探讨都是立足于理论本身的抽象性,但又基于现实判断的具象性。“新传统主义”理论无疑为理解20世纪80年代之前的中国政治提供了又一个视角。

三、政治动员下的组织建设

实际上,“新传统主义”通过对个体人身依附关系的分析弱化了国家治理主体作为绝对权力掌控者的形象。这既是一种基于事实的探究,也是一种对于研究视角的创新。从更抽象的角度来看,“新传统主义”讲述的是一种基于“资源予夺”的治理方式,即国家如何通过自己的代理在资源稀缺的情境下,通过对资源配置的控制来进行政治激励,维持国家机器与社会机构的正常运作。

作为后发展国家的中国有着其他转型国家同样面临的分配危机。资源总量不足带来的社会分配方面的压力使得中国在现代化的进程中倾向于采取“赶超型模式”,而在工业领域,这一模式对资源供给的需求又比一般模式更大。[①] 在这样的背景下,中国的现代化进程中产生了一种特殊的激励机制,即借用政治动员这一手

① 陈明明:《在革命与现代化之间——关于党治国家的一个观察与讨论》,复旦大学出版社,2015年,第8—9页。

段来施行。中国共产党的政治动员以宣传劝导为主要方式，辅以物质刺激和其他手段，[①]来实现经济、政治和社会的发展计划。[②]

在国家的治理体系中，国家在计划经济背景下，利用单位制的组织方式，将个人纳入党领导的机构和单位里，利用对现有资源的管控对个人进行政治动员，施行计划经济的分配模式，其中，权力、地位与收入是最为重要也是稀缺的资源。[③] 工厂中所表现出来的政治形态与人身依附关系的存在也不能逃出用资源来进行政治动员的治理模式。在这样一种环境中，形成了一个政经高度重合、国家社会高度一元的体制。大众被编入“单位”，锁定户籍，确立岗位，建立人事档案。单位，是一个人工作的地方，但它也是政治、社会和居民的实体。大单位有自己的学校、党委、人民代表的选区、宿舍和小卖部，甚至还可能有自己的农场或组织起来的工副企业，以便为职工未就业的孩子和配偶安置工作。由于工作单位之间的劳力流动性很差，因此工作单位创造了稳定和紧密的“城市乡村”环境。党、国家和群众组织在工作单位组合在一起，并在这种非正式、熟悉的环境中形成政治结构。[④]

利用政治动员来进行政治激励并不是在工厂中的首创，纵观中国共产党的革命史与建国史可见端倪。中国共产党组织下的这些政治动员对于扩大党的宣传网络、吸收新的积极分子、建立新的社会关系、建设群众组织等方面都起到了积极作用，使得共产党的政治整合能力大大加强。从更深远的层面来看，中国共产党的政治动员水平大大提升，并从以前占统治地位的民族主义目标转向

① 李斌：《政治动员与社会革命背景下的现代国家构建——基于中国经验的研究》，《浙江社会科学》，2010 年第 4 期。

② 陈明明，《在革命与现代化之间——关于党治国家的一个观察与讨论》，第 10—11 页。

③ Harry Harding, *Organizing China: the problem of bureaucracy, 1949 - 1976*, Stanford: Stanford University Press, 1981, p.10.

④ 詹姆斯 · R.汤森、布兰特利 · 沃马克：《中国政治》，顾速、董方译，江苏人民出版社，1994，第 84 页。

社会和经济变革上来,这种方式为社会主义建设铺平了道路。①

四、余论

在这样的认识与背景下,一方面,在共产党的领导下,中国在改革开放前形成了国家社会同构的高度组织化的社会,但是这种组织化是在国家治理目标的指导下形成的,背后的国家权力和国家意志弱化了个人利益的表达;另一方面,为了鼓励群众在现代化与工业建设等领域的积极性,中国共产党又会鼓励群众表达自身的诉求,这样就导致了大量非组织化的、分散的利益表达。

在高度组织化的社会和非组织化的利益表达共存的基础上,与决策者的沟通渠道和人事关系成为不可替代的重要的政治资本。吊诡的是,最有效的非组织化的利益表达经常发生在制度为其提供的场所中,广义地来说就是在国家的基层代理人中。在城市基层空间中,就是发生在工作车间、工厂和单位之中。与"新传统主义"描述的工厂内的人身依附关系不同的是,有一些类似制度的组织化行为鼓励群众定期表达其诉求。例如在基层组织中召开的群众大会,像是工厂里的班组大会,在这些大会上,群众有表达自己意见的空间。同时,"新传统主义"中虽然观察到了工作单位对其成员进行各类资源与福利的一手管控,但是忽视了这些单位的治理责任。事实上,作为最基层的治理单位,它们有责任管理成员的相关事务,完成资源的合理配置。尽管不同类型的单位承担的生产任务不尽相同,规模也各自相异,但是所谓的有着"强""弱"之分的单位有一些共性的职责。在生产职能方面,单位负责安排生产计划、制定预算、计算生产成本和其他员工相关的工作,对员

① 詹姆斯·R.汤森、布兰特利·沃马克:《中国政治》,第77、102—103页。

工进行技能培训;在政治职能方面,单位会对员工进行政治教育;在社会职能方面,单位在资源分配上发挥不可替代的作用,例如工人的工资及其工人本人与家庭成员的福利,这些福利包括受教育权、医疗权等内容。在这样看似千人一面的职能之外,也隐含着不同个体之间的差异,他们在不同意见的表达上会发生冲突和对立。但大体上,非组织化的利益表达并没有超出党的领导所限定的范围。这也就是为什么在资源动员和分配都承受巨大压力的情况下,国家仍然能够维持政治系统的运作并保持一种微妙的平衡。

Mobilization and Organizational Construction in Grassroots Power Structure

Abstract: Based on the analyses of the power structure in Chinese industry from 1950s to 1980s, the theory of Neo-traditionalism tries to reveal the characteristics of communist society. The theoretical framework, explanative mechanism and scope of application of the Neo-traditionalism differ itself from previous theories. Compared with the totalism model, the theory of Neo-traditionalism offers a different perspective. The discussion of power in the theory of Neo-traditionalism is based on the grassroots society and it approves the possibility of compromise in state social relations. Meanwhile, in the extension of the analysis of Neo-traditionalism, party governed state have no choice but to perform organizational construction through political mobilization, especially mobilization of resources.

Keywords: Neo-traditionalism; mobilization; organization

会议综述

新型政党制度的背景、内涵与意义*

——“世界政党与国家治理”会议综述

王建新　郭定平

2018年5月11日，由复旦大学国际关系与公共事务学院、陈树渠比较政治发展研究中心、世界政党研究中心、复旦大学一带一路及全球治理研究院联合主办的“世界政党与国家治理”高峰论坛在复旦大学邯郸校区举行，来自北京、上海、广州、南京、武汉、辽宁等地各高校和研究机构的30余位专家学者参加了本次高峰论坛，中共中央对外联络部和上海市委宣传部也对本次论坛的召开提供了支持。本次论坛召开之际，国外政党政治正处于一种乱象丛生的状态，而在国内却呈现出一种新的景象。习近平总书记3月4日提出“新型政党制度”这一新概念：中国共产党领导的多党合作和政治协商制度作为我国一项基本政治制度，是中国共产党、中国人民和各民主党派、无党派人士的伟大政治创造，是从中国土壤中生长出来的新型政党制度。这种政党制度新在它是马克思主义政党理论同中国实际相结合的产物，能够真实、广泛、持久地代表和实现最广大人民根本利益、全国各族各界根本利益，有效避免了旧式政党制度代表少数人、少数利益集团的弊端；新在它把各个政党和无党派人士紧密团结起来、为着共同目标而奋斗，有效避免了一党缺乏监督或者多党轮流坐庄、恶性竞争的弊端；新在它通过制度化、程序化、规范化的安排集中各种意见和建议，推动决策科学化、

* 王建新，复旦大学国际关系与公共事务学院；郭定平，复旦大学国际关系与公共事务学院。

民主化，有效避免了旧式政党制度囿于党派利益、阶级利益、区域和集团利益决策施政导致社会撕裂的弊端。与会专家学者围绕习近平总书记的论述，对新型政党制度的背景、内涵和意义展开了学术讨论。

一、新型政党制度的背景概览：国际与国内

一些学者认为新型政党制度的提出有其深刻的时代背景，即“世界之乱”与“中国之治”。上海国际问题研究院全球治理所资深研究员叶江介绍了近些年欧洲右翼民粹主义政党的兴起，包括英国独立党、匈牙利奥尔班领导的匈牙利公民党联盟、波兰法律与公正党、荷兰自由党、北欧的瑞典民主党、丹麦人民党、法国国民阵线、德国选择党、意大利五星运动等。这些政党利用民族主义和国家主义蛊惑在欧洲一体化中受损的底层民众和在世界金融危机中受损的中产阶级，使得欧洲一体化面临巨大的不确定性，而且也对欧盟治理产生了很大的影响。中国社会科学院拉丁美洲研究所副所长、研究员袁东振通过对拉美国家政党建设与治国理政的梳理发现，党的建设特别是执政党建设是国家执政能力建设的重要前提和重要组成部分，而该结论恰好能在中国这个正面案例中得到证实。近些年，土耳其的治理乱象也受到国际社会的广泛关注，辽宁大学历史学院副院长、教授李艳枝从土耳其历史上的三次宪法修正案的角度探讨了正义与发展党与土耳其的制度转型，并认为最近的 2017 年宪法修正案规定了总统制的原则框架，强化了埃尔多安的威权政治倾向，增强了正义与发展党的一党独大优势，加深了土耳其的政治治理危机，也使民众对全民公投的结果产生质疑。

研究国外政党政治的与会学者无不将世界各国的治理乱象与政党政治的衰落联系在一起，而研究国内政党制度的学者中央党

校(国家行政学院)科社部副教授郇雷则指出了新型政党制度的三种中国语境：首先，在政党语境中，中国共产党是使命型政党，与掮客政党不同，它不是以扩大选民支持而赢得公职选举为主要目标，而是旨在实现自己的政治理念，即公共利益和人的自由全面发展；其次，在国家语境中，中华人民共和国是党建国家(党治国家)，共产党执政、培育执政精英、组织和建设国家，民主党派参政、提供精英力量、参与国家建设；最后，在社会语境中，新型政党制度最大范围地凝聚社会基础力量，引领社会治理。大家一致认为在西方政党政治尽显疲态之时，中国新型政党制度理论生逢其时，具有普遍价值和时代价值。

二、新型政党制度的内涵解读：制度、历史与功能

一些学者从制度的、历史的和功能的视角对新型政党制度的内涵进行了解读，并一致认为新型政党制度的产生是制度演化、实践要求和历史发展的自然结果。

中国人民大学国际关系学院教授、当代中国政党研究中心主任、中国统一战线理论研究会政党理论研究基地首席专家兼副主任周淑真指出，政党模式和政党制度类型是不可以“输入”，也不可以“输出”的，而新型政党制度正是在遵循这种规律的基础上探索出来的制度形式。第一，新型政党制度突破了一党制、两党制和多党制的传统政党类型，创立了一种合作型的政党制度形式，各个政党之间的关系不是“相竞相轧”而是“相增相长”；第二，新型政党制度突破了以执政为目的、以竞争为手段的政党政治模式，创立了复合形式、立体结构的关系格局；第三，新型政党制度突破了以议会党团为中心的政治参与方式，创立了一种执政与参政有机结合、领导与合作内在统一的政党执政参政方式；第四，新型政党制度突破

了以选举为唯一形式的民主政治,创立了一种选举民主与协商民主互为补充、相辅相成的民主政治实现形式。

中央党史和文献研究院研究员朱昔群认为,新型政党制度是近代中国政治发展的必然结果。在中国近代政党制度的探索中,民国初年的多党选举制度昙花一现,大革命失败后国民党的一党专制背离了人民的利益,抗战期间及胜利后中间党派所主张的多党竞争制度为国民党所不容,最终,中国共产党领导的多党合作与政治协商制度被各党派和人民所接受。所以,从历史的角度而言,新型政党制度是中国政治发展的帕累托最优选择。复旦大学政党建设与国家发展研究中心主任郑长忠梳理了新型政党制度与新型政党关系背后的政党逻辑。他认为新型政党制度的讨论界域是民族国家,而新型政党关系则是被放到了全球政治语境之中,前者与政治整合和政治建构相联系,后者与人类命运共同体相联系,不过二者均统一于以人民为中心。从中华人民共和国的独立与发展历程来看,新型政党制度的实质是用新形式表达人民民主制度。从世界历史的发展来看,新型政党关系就是抛弃以资本为中心的国际关系,而用人民为中心的政党合作平台取而代之。

上海大学马克思主义学院教授、政党治理研究中心执行主任高立伟认为新型政党制度回应了世界政党政治价值、民主、效能三大核心命题。首先,新型政党制度体现了中国共产党执政目的的人民性,也从根本上区别于西方那种代表少数人、少数集团利益的一党制、两党制或多党制等所谓现代先进政党制度;其次,新型政党制度贯彻民主集中原则,践行多党合作要义,为国家政权的行使方式提供了新的民主范式,实现了最广泛和最大限度的政治民主及人民民主;最后,新型政党制度支撑起了中国政治稳定的高效能、社会有序的高效能和国家富强的高效能。上海外国语大学各国议会(政党)研究中心秘书长郝诗楠认为,以统一战线为基石的新型政党制度派生于中国共产党的治理模式但又对后者产生了互补效应,即:中国共产党专精于底层大规模动员,而统战则专注于对社会中上层人士较为精细化的工作。一方面保证了在国家体制中各群体都得到"代表",另一方面也能够让中国共产党实现对潜在反对势力的识别与消解,保证了中国在快速发展过程中的政治稳定。

三、新型政党制度的意义:对四对关系的重构

在充分探讨新型政党制度背景和内涵的基础上,与会专家对该议题有了更深入和多元的认识,并一致认同新型政党制度背后重大的政治学意义,这主要体现在对四对关系的重构上。

首先,在政党与国家的关系上,新型政党制度实现了从争夺国家领导权到服务国家的转变。在西方,国家充当了政党竞争的平台,其本身的自主性被政党制度"合法抑制"。这样的政党与国家的关系暗含着一定的历史逻辑,即民族国家先于政党产生,所以统一、秩序、国家利益会自然地被制衡、竞争、政党利益所弱化。反观中国,政党是先发于国家产生的,并且政党主导了国家建构的议程。因此,统一、秩序、国家利益成为中国共产党、各民主党派的共同目标,政党反倒成了国家的工具。政党和国家不同的发生次序决定了政党与国家的主次关系,西方形成了一种以国家为基础而偏好自由竞争的政党政治,中国形成了一种以政党为中轴而偏好稳定发展的政党政治。

其次,在政党与民众的关系上,新型政党制度实现了从部分聚合到总体整合的转变。从政党组织形态的嬗变历程看,西方政党经历了干部型政党、群众型政党、全方位政党等形式,其代表性是逐渐延展的,但是在实践中代表力却无法获得同等程度的提升。这是因为:第一,多党制度的配置使得代表性和代表力之间存在

一定的张力,政党最理性的策略只不过是笼络中间选民。第二,竞争制度的设定使得各政党理性地抛弃原有的阶级立场,以迎合选民的口味,遂由原来的"代表型政党"演变为"选举型政党"。第三,选举制度的设置使得部分利益的聚合成为标准,而忽略了整体利益。而新型政党制度能够真实、广泛、持久代表和实现最广大人民根本利益、全国各族各界根本利益。一方面,中国共产党代表了工人阶级为主体的最广大人民的共同利益和整体利益;另一方面,民主党派代表了各界别的利益,是一种代表广泛性和深度性的补充。

再次,在政党之间的关系上,新型政党制度实现了从竞争压制到协商合作的转变。在竞争标准下,包括苏联政党、法西斯政党在内的非民主政党制度主要采取压制其他政党的手段保持政党垄断,欧洲、美国等国家的政党采取竞争的方式保持合法执政或合法反对。然而有的政党制度并不是在"竞争"与"非竞争"中进行选择,而是在协商的基础上选择"如何协商",刻意强调竞争会带来意想不到的后果。当前西方政党政治的困境表明,竞争虽然能够导向均衡,但是这种均衡不一定是良性的,有可能是恶性的,甚至是极端的。如美国两党的极化竞争最终将美国拖向了"否决政治",为互相反对而互相反对。以协商合作为导向的新型政党制度摆脱了历史上竞争压制二元对立的政党模式,中国共产党与其他民主党派的关系是执政党与参政党的合作关系,而非执政党和在野党或反对党的关系,这样就实现了稳定性和参与性的结合。

最后,在政党与社会的关系上,新型政党制度实现了从低效决策到有效治理的转变。西方正式的选举机制与制衡机制为各政党提供了合法博弈的平台,为防止政党制定破坏性的决策提供了保障,但过于保守化的倾向也阻碍了积极发展政策的制定。美国政府出现的"停摆"就是两党极化遇到制衡制度产生的尴尬现象,社会公共服务出现暂时性的短缺。此外,即使在正常运转期间,西方国家的政府也无法摆脱来自党派利益、阶级利益、区域和集团利益的压力,相比于不愿为提供公共物品而承担成本的大众,他们更有动机将自己的特殊利益输入决策系统之中。虽然这些特殊利益集团各有各的算盘,但仍然要经过程序化的博弈才能实现,然而这一过程通常是复杂的、漫长的,甚至低效的。当特殊的利益集团投入很大后,往往谋求的回报也很大,这样无疑挤压力公共物品的覆盖范围以及质量。低效的社会决策最终会引发社会的不公以及治理的失败。中国的新型政党制度摆脱了利益集团的束缚,采取的是以政党与社会直接沟通、政党之间互相沟通的政策输入系统,以政党协商为方式的政策整合系统,以政策行政化和法治化为方式的政策输出系统,以民意评估为方式的政策反馈系统,进而形成了一个科学、开放、高效的政策循环系统。

综上所述,新型政党制度是基于中国独特的国情和历史生长出来的政党政治模式,是世界政党史上的伟大创新。它不仅推动着中国国家治理能力的现代化,也将会为构建人类命运共同体贡献中国的政治智慧。因此,有理由认为新型政党制度可以成为新的理论增长点,有待学界进一步探讨和挖掘。

The Background, Connotation and Significance of New Political Party System — A Summary of the Conference on "World Political Parties and State Governance"

Jianxin Wang　Dingping Guo

稿　约

1. 《复旦政治学评论》为学术性与思想性并重的政治学研究类系列出版物，由复旦大学国际关系与公共事务学院主办，每年出版 1—2 辑。《复旦政治学评论》坚持学术自由之方针，以推动中国政治研究的发展为目标。欢迎海内外学者赐稿。

2. 《复旦政治学评论》每辑专题由编辑委员会确立，除专题论文外，还刊载其他中文研究性论文，兼及译稿、研究评论、书评及其他相关撰述。译稿请注明原文语种及出处。稿件需为未在任何报章、刊物、书籍或出版物发表的作品，会议论文以未出论文集为限。

3. 研究性论文一般以一万字至二万字为宜，其他类型的文字可在一万字上下。

4. 来稿可为打印稿，也可为电子文本。来稿须符合《复旦政治学评论》文稿体例。

5. 《复旦政治学评论》实行匿名审稿制度，由学术委员会审定稿件。收到稿件后三个月内，《复旦政治学评论》编辑部即通知作者关于稿件的处理意见。文字打印稿恕不退还。

6. 凡在《复旦政治学评论》发表的文字，并不代表《复旦政治学评论》的观点，作者文责自负。

7. 凡在《复旦政治学评论》发表的文字，著作权归复旦大学国际关系与公共事务学院所有。未经书面允许，不得转载。

8. 《复旦政治学评论》编辑部有权对来稿按稿例进行修改。不同意修改者请在投稿时注明。由每辑执行主编负责具体工作。

9. 来稿请附作者署名、真实姓名、所属机构、职称学位、学术简介、通讯地址、电话、电子邮箱地址，以便联络。

10. 打印稿请寄：复旦大学国际关系与公共事务学院《复旦政治学评论》编辑部（邮政编码：200433，地址：上海市邯郸路 220 号）。电子文本请寄：ChunrongLiu@fudan.edu.cn。

稿　　例

一、来稿请按题目(中、英文)、作者、内容提要(中、英文各200字左右)、正文之次序撰写。节次或内容编号请按一、(一)、1、(1)……之顺序排列。正文后附作者简介。

二、正文每段段首空两格。独立引文左右各缩进两格,上下各空一行,不必另加引号。

三、正文或注释中出现的中、日文书籍、期刊、报纸之名称,请以书名号《》表示;文章篇名请以双引号“”表示。西文著作、期刊、报纸之名称,请以斜体表示;文章篇名请以双引号“”表示。古籍书名与篇名连用时,可用·将书名与篇名分开,如《论语·述而》。

四、正文或注释中出现的页码及出版年月日,请以公元纪年并以阿拉伯数字表示。

五、所有引注均须详列来源。经典注释可随文夹注,其他注释一律采用“页下脚注”格式,注释序号为连续编号。参考文献置于正文之后。

六、注释与参考文献请参考以下附例:

(一) 书籍

1. 中文

(1) 专/编著:王沪宁主编:《政治的逻辑:马克思主义政治学原理》,上海人民出版社,2004年版,第71页。

(2) 译著:罗伯特·吉尔平:《国际关系政治经济学》,杨宇光等译,经济科学出版社,1989年版,第207页。

(3) 文集中的文章:黄仁伟:《关于中国和平崛起道路的再思考》,载上海市社会科学界联合会编:《人文社会科学与当代中国》,上海人民出版社,2003年版,第164—175页。

2. 西文

(1) 专著:Aberbach, Joel D., Robert D. Putnam and Bert A. Rockman, *Bureaucrats and Politicians in Western Democracies*, Cambridge: Harvard University Press, 1981, pp.35-44.

(2) 编著：Kenneth Oye, ed., *Cooperation under Anarchy*, Princeton, N.J.: Princeton University Press, 1986, p.38.

(3) 译著：Nikolai Kondratieff, *The Long Wave Cycle*, trans. Guy Daniels, New York: Richardson and Snyder, 1984, chapter 2.

(4) 文集中的文章：Raymond Aron, "War and Industrial Society," in Leon Bramson and George Goethals, eds., *War: Studies from Psychology, Sociology, and Anthropology*, New York: Basic Books, 1968.

(二) 论文

1. 中文

(1) 期刊论文：阎学通：《中国面临的国际安全环境》,《世界知识》,2000 年第 3 期。

(2) 报纸文章：丁刚：《多边合作求安全》,《人民日报》,2005 年 3 月 23 日,第三版。

2. 西文

(1) 期刊论文：Samuel P. Huntington, "How Countries Democratize," *Political Science Quarterly*, Vol. 106, Issue. 4, Winter 1991-1992, pp.579-616.

(2) 报纸文章：Robin Wright and Glenn Kessler, "Bush Aims for 'Greater Mideast' Plan," *Washington Post*, February 9,2004,p.A-1.

七、注释或参考文献,第一次引用应完整注明资料作者、全名以及各出版项,再次引用可以简化为"作者、著作、页码",如与上一引用完全相同,可简化为"同上"(英文用"Ibid."表示)。如与上一引用的作者、著作相同,页码不同,可简化为"同上书,第 * 页"(英文为"Ibid., p. * ")

八、互联网上下载的资料除应注明作者、题目、时间等信息外,还应注明完整网址。

九、请尽量避免使用特殊字体、编辑方式或个人格式。

图书在版编目(CIP)数据

政治发展新战略:回归与超越/陈明明主编. —上海: 复旦大学出版社, 2018.11
(复旦政治学评论: 第二十辑)
ISBN 978-7-309-14046-0

Ⅰ.①政… Ⅱ.①陈… Ⅲ.①政治-发展战略-研究-中国 Ⅳ.①D621

中国版本图书馆 CIP 数据核字(2018)第 263003 号

政治发展新战略: 回归与超越
陈明明 主编
责任编辑/宋启立

复旦大学出版社有限公司出版发行
上海市国权路 579 号 邮编: 200433
网址: fupnet@fudanpress.com http://www.fudanpress.com
门市零售: 86-21-65642857 团体订购: 86-21-65118853
外埠邮购: 86-21-65109143 出版部电话: 86-21-65642845
上海四维数字图文有限公司

开本 787×960 1/16 印张 18 字数 214 千
2018 年 11 月第 1 版第 1 次印刷

ISBN 978-7-309-14046-0/D · 966
定价: 52.00 元